Erica Jong

Der Buddha im Schoß

Über Sex, Macht und Literatur

Aus dem Amerikanischen
von Almuth Dittmar-Kolb

campe paperback

»Der ideale Mann«: Übersetzung Volker Englich
Bearbeitung Almuth Dittmar-Kolb

Die Deutsche Bibliothek– CIP-Einheitsaufnahme
Jong, Erica: Der Buddha im Schoß: über Sex, Macht und Literatur/
Erica Jong. Aus dem Amerikan. von Almuth Dittmar-Kolb.
-1. Aufl.- Hamburg: Hoffmann und Campe, 2000
ISBN 3-455-10389-8

Originalausgabe erschien 1998 unter dem Titel
»What Do Women Want« bei HarperCollins, New York.

Umschlaggestaltung: Kathrin Steigerwald,
Foto: photonica/T. Taniguchi
Satz: Fotosatz Reinhard Amann, Aichstetten
Druck und Bindung: Clausen & Bosse, Leck
Printed in Germany

Inhalt

Für Clarice Kestenbaum,
die weiß, was Frauen wollen

Das einzige Mittel, das Dasein zu ertragen, ist, sich in die Literatur zu stürzen, wie in eine fortwährende Orgie.

Gustave Flaubert

Ich möchte einigen Lektoren und Freunden danken, von denen die Anregung zu vielen dieser Essays stammt: Marie Arana-Ward, Jack Beatty, Glenda Bailey, Rosy Boycott, Gladys Justin Carr, Lisa Chase, Anna Coote, Shelly Fisher Fishkin, Peter Kaplan, Annette Kulick, Mike Levitas, Robin Morgan, Nancy Novgorod, Rebekah Presson, Jay Parini und Robert Pack.
Das Schreiben ist ebensosehr Dialog wie Monolog, und ich kann mich glücklich schätzen, leidenschaftliche Gesprächspartner um mich zu haben.

Vorwort

Es gibt Kinder, die sind so verliebt in Worte, daß sie die Autorenfotos auf den Buchumschlägen küssen. Ich war so ein Kind. Ich wollte nie etwas anderes als Schriftstellerin werden. Diese Sehnsucht mag heute so wirken, als wollte jemand im Zeitalter des Automobils Hufschmied werden, doch meine kindliche Vorstellung von der Tätigkeit des Schriftstellers verlieh diesem Beruf schier übermenschliche Fähigkeiten. Eine Schriftstellerin saß daheim am Schreibtisch und bewegte Großes in der Welt. Ihre Macht gottgleich. Etwas erschaffen zu haben, mußte sich genauso anfühlen. Wörter über eine Buchseite laufen zu lassen war wie Regenmachen. Tinte ließ Blumen sprießen. Das Kratzen einer Feder löste Wirbelstürme und Revolutionen aus.

Da mein erster Roman tatsächlich eine Art Bewußtseinsrevolution ins Rollen brachte, konnte ich eine Zeitlang den Wahn hegen, daß Worte die Welt verändern können. Dann war es damit vorbei. Erst heute bin ich wieder soweit, Vertrauen ins Wort zu setzen – wenn auch in bescheidenerem Maße.

Ich bin mir nicht darüber im klaren, wie Schreiben etwas verändert, doch daß es das tut, steht für mich fest. Zwar nur mittelbar – wie die Pfade der Regenwürmer, die den Boden durchlüften. Und nicht immer gewollt – wie die Schweife aus glühendem Staub, die Kometen hinter sich herziehen. Doch es hat eine Auswirkung auf den Kosmos. Solange die Dinge nicht in Worte gefaßt sind, existieren sie nicht auf dieselbe Weise. Erst durch den Akt des In-Worte-Fassens werden sie zu barer Münze, die in Umlauf gesetzt werden kann.

Immer schon wollte ich diese Münze prägen, eine »Frau der Feder« sein, was auch immer diese antiquierte Bezeichnung bedeutet. Ich begann mit Gedichten, denn sie waren direkt, unmittelbar und kurz. Es war wie ein ekstatisches Anzünden von Streichhölzern in der Dunkelheit. Dann ging ich zu erzählender Prosa über, denn sie kann Satire und Gesellschaftskritik enthalten und immer noch Geschichten erzählen. Aber ich schrieb stets auch Sachtexte, Betrachtungen zu einer Vielzahl von Themen, die meine Aufmerksamkeit erregten. Eine Auswahl davon findet sich in diesem Buch.

Bereits veröffentlichte Texte habe ich gnadenlos gekürzt. Mein Ziel war es, von tausend Seiten Text vielleicht zweihundertfünfzig übrigzubehalten. Manchmal inspirierte mich ein vorhandener Text zu einem neuen. Manchmal erlaubte ich mir, noch einmal ganz von vorn anzufangen.

Der erste Abschnitt spürt den Veränderungen im Machtverhältnis der Geschlechter nach, die sich in den letzten fünfundzwanzig Jahren vollzogen haben. First Ladys pflegten früher ladylike und nicht Präsidenten-like zu sein. Mit Hillary Rodham Clinton trat etwas Neues auf den Plan, das uns stärker als irgendein anderes geschichtliches Ereignis auf eine künftige Präsidentin vorbereitet. Unser von Haßliebe geprägtes Verhältnis zu Hillary Clinton spiegelt unsere ambivalenten Gefühle gegenüber Frauen, die Macht haben. Diese Ambivalenz hat sich in den letzten Jahrzehnten verändert und wird sich noch weiter verändern, wenn unsere toughen Töchter einst die Welt übernehmen.

War Prinzessin Dianas Ikonisierung ein Fort- oder ein Rückschritt für die Frauen? Ich stelle die Frage, ohne die Antwort bereits zu wissen. Wir brauchen mehr Diskussion, bevor eine Heiligsprechung einsetzt.

Auch die Mutter-Tochter-Dialektik fasziniert mich. Nicht nur, weil ich sowohl Mutter als auch Tochter bin, sondern auch, weil ich glaube, daß der Wechsel von feministischen Zeiten mit solchen des Widerstands dagegen darauf zurückzuführen ist. Wenn das schlimme F-Wort – Feminismus – heute aus der Mode gekommen ist, dann nur deshalb, weil es mit den siebziger Jahren verbunden wird – dem mythischen Jahrzehnt, in dem unsere Töchter geboren wurden. Wie könnte etwas, das sich einst ihre Mütter auf die Fahnen schrieben, für sie etwas Radikales oder Reales sein? Trotzdem fordern unsere Töchter selbstverständlich das, wofür Feminismus steht: gleiche Bezahlung, eine partnerschaftliche Ehe und einen Platz im Weißen Haus (ohne vom Präsidenten zur Erfüllung nonpräsidialer Pflichten eingeschmuggelt zu werden).

Der Feminismus ist das ganze Klima ihres Lebens, er ist die Luft, die sie atmen. Es braucht kaum noch den Namen, und das ist gut.

Im Abschnitt über Sex geht es größtenteils um Literatur. Das hat den Grund, daß ich als Heranwachsende in der Literatur aufging »wie in einer fortwährenden Orgie« (um mit Flaubert zu sprechen), und literarische Orgien sind, vermutlich, immer noch befriedigender als reale. Die Zensur von ›*Lolita*‹ (die selbst in der zweiten Verfilmung noch ihr Unwesen treibt), Mark Twains obszöne Fluchten und Anaïs Nins Vater-Besessenheit (die ein komplettes Genre weiblicher Erinnerungsliteratur in Gang gesetzt hat) erscheinen mir eine Analyse wert, denn sie alle trugen dazu bei, die sexuelle Landschaft zu verändern. Wenn der Penis des Präsidenten keine Privatsache mehr ist, wenn wir uns manchmal nach Memoiren sehnen, worin die Tochter nicht vom Vater mißbraucht wird, müssen wir Twain und Nin, Miller und Nabokov die Schuld daran geben. Ich tue das übrigens nicht. Denn wie Anthony Burgess sagte: »Ich verspüre nie die Neigung, denen etwas vorzuwerfen, die in der Literatur nach Sex suchen; denn bei der Suche nach Sex stoßen sie vielleicht auf etwas anderes.«

Der dritte Teil stellt mein persönliches Rezept vor, um in einer Welt, die nach öffentlichen Kontroversen lechzt, geistig gesund zu bleiben. Mir hat die Dichtung das Leben gerettet. Ich denke, sie kann auch Ihres retten. Ezra Pound sagte einmal, Poesie sei das Nervensystem der Menschheit, und daß ein Lebewesen ohne Nervensystem nicht lange lebe. Mir scheint das eine ziemlich bündige Diagnose dessen, woran unsere Kultur krankt.

Wenn ich viel über Italien geschrieben habe, insbesondere Venedig, dann deshalb, weil Venedig mich immer daran erinnert, warum ich schreibe: um etwas zugleich Dauerhaftes und Flüchtiges zu erschaffen – Städte aus Wasser, Städte aus Luft.

Immer wieder kehre ich nach Venedig zurück, um einen Roman zu beginnen oder zu beenden. Seine Gaukelspiele auf dem Wasser regen die Phantasie an. Und die Fülle flüsternder Geister gemahnt mich daran, wie wenig Zeit ich habe.

Teil 1

Macht

Macht ist … zu bestimmen, welche Geschichten einst erzählt werden.

Carolyn Heilbrun

Kapitel 1

Meine Mutter, meine Tochter und ich

Eine Autobiographie zu schreiben und sein geistiges Vermächtnis abzufassen ist fast dasselbe.

Sholem Aleichem

Was wir über die Liebe wissen, kommt von unseren Müttern. Aber wir haben diese Liebe so tief vergraben, daß wir häufig ihren Ursprung nicht mehr kennen. Wenn wir verletzt wurden und das Narbengewebe unser Herz überwuchert hat, dann verwechseln wir die Narben mit dem Herzen selbst und vergessen, welcher Verwundung wir sie verdanken.

Meine frühesten Erinnerungen an meine Mutter stammen aus dem Jahr, als meine jüngere Schwester geboren wurde. Das Gefühl, der Mittelpunkt des Universums zu sein, habe ich nie gekannt, denn als ich auf die Welt kam, war meine ältere Schwester – viereinhalb gegen meine null Jahre – bereits da.

Bei der Geburt meiner jüngeren Schwester bin ich viereinhalb, und meine Mutter liegt wie eine Königin im Bett und empfängt Gäste, Kinder, Eltern, Bekannte. Sie ist schön, braunäugig mit rotbraunen Haaren, und sie trägt ein gestepptes Bettjäckchen aus Seide über einem seidenen Nachthemd. Die Frauen in meiner Familie tragen Bettjäckchen nur zu feierlichen Anlässen – Geburt, Krankheit, Tod – und verbringen den Tag selten im Bett. Wir sind alle so energiegeladen, daß wir hinter unseren Haushälterinnen herräumen, für unsere Sekretärinnen tippen und dem Party-Service das Kochen beibringen – obwohl Kochen genaugenommen kein Familientalent ist. Wenn also meine Mutter im Bett liegt und ein Steppjäckchen trägt, dann muß etwas Wichtiges dahinterstecken. Und so ist es: Tochter Nummer drei ist soeben auf die Welt gekommen.

Das Baby hat eine Erkältung, die es sich im Krankenhaus geholt hat, und die viereinhalbjährige Erica einen ansteckenden Hautausschlag, der von der Katze ihrer besten Freundin stammt. Es ist ihr streng verboten, das Baby anzufassen, das von einem Drachen von Säuglingsschwester bewacht wird. Erica fühlt sich wie eine Aussätzige und so überflüssig, daß sie denkt, es würde keinen kümmern, wenn sie wegliefe. Mit viereinhalb Jahren fällt ihr jedoch keine bessere Zuflucht ein, als die Wohnung ihrer besten Freundin ein Stockwerk tiefer – aber gerade dort hatte sie sich ja die Flechte geholt. (Später wäre sie vielleicht um die Ecke zum Süßwarenladen gelaufen – doch jedesmal wenn sie das tat, endete es damit, daß sie eines ihrer verschwitzten Zehncentstücke dazu benutzte, von der muffigen, nach Zigaretten riechenden Telefonzelle aus zu Hause anzurufen. Und jedesmal schmeichelten ihr die Erwachsenen so lange, bis sie sagte, wo sie sich aufhielt. Ihr lag so viel daran, wiedergefunden zu werden, daß sie es immer verriet. Und dann ließ sie sich überreden, wieder nach Hause zu kommen, obwohl das bedeutete, daß sie wie ein großes Mädchen die Straße überqueren mußte.)

Also bleibt sie in der Wohnung, einem weitläufigen, heruntergekommenen Palast auf der West Side, dessen doppelt hohe Vorderfenster nach Norden gehen – viele Familienmitglieder sind nämlich Maler.

Ericas Mutter wird bestimmt nicht lange im Bettjäckchen in den Kissen ruhen. Schon bald wird sie wieder auf den Beinen sein und herumrennen, »nur schnell eine Skizze« von dem Kind in der Wiege machen, der Kinderschwester einiges über Babypflege erklären, die Füllung in das Huhn geben, damit es in den Ofen kann, und Butter und Mehl für den gedeckten Apfelkuchen verkneten, den die Haushälterin backen soll. Danach wird sie mit ihren beiden »großen Mädchen« zur Ballettschule oder in den Park oder zur Eisbahn am Rockefeller Center flitzen.

Doch die Zeit – ein Tag? zwei Tage? eine Woche? – die ihre Mutter im Bett verbringt, kommt der viereinhalbjährigen Erica endlos vor. Besonders, nachdem der Drache sie anfaucht: »Untersteh dich, das Baby anzufassen, mit d e r Hand!!!«

Klein Erica hat ihrer Mutter diesen Verrat nie verziehen. Es ist zwecklos, ihr zu erklären, daß die Ahnungslosigkeit der Säuglingsschwester in Sachen Freud wohl kaum die Schuld ihrer Mutter war. Sinnlos zu sagen, daß die Säuglingsschwester wahrscheinlich ein armes Wesen war, das sein karges Leben damit fristete, von Haus zu Haus, von Säugling zu Säugling weitergereicht zu werden, ohne je auf einen eigenen Haushalt oder ein eigenes Kind hoffen zu dürfen. Nein, es war ein böswilliges Verlassen, eine Kindesaussetzung, und daran ist per definitionem die Mutter schuld. In meinem Erwachsenenbewußtsein bin ich stark und erfolgreich. In meinem Kleinkindbewußtsein bin ich ein ausgesetztes Kind.

Dies sind nur einige *meiner* Erinnerungen an die Zeit, als meine jüngere Schwester auf die Welt kam. Bestimmt hat meine Mutter völlig andere. Die Erinnerungen meiner älteren Schwester sind sicher auch anders. Und was das Baby angeht – was weiß meine kleine Schwester noch von jenen Tagen außer dem, was wir ihr erzählen? Aber irgendwo im primitivsten Teil meines Gehirns sitzt immer noch das schneidende Gefühl des Verrats, das die Geburt meiner kleinen Schwester hervorgerufen haben muß. Ich habe meiner Mutter nie ganz vergeben. Selbst nach jahrelanger Analyse im Liegen und Gesprächstherapie im Sitzen fühle ich mich

zu bestimmten Zeiten noch immer genauso wie die verlassene Viereinhalbjährige mit den abstoßenden Schuppen am ganzen Körper.
Zwischen meiner Mutter und mir herrscht nun schon lange Waffenstillstand. Sie ist dieses Jahr sechsundachtzig geworden, und ich habe meine »Angst vor fünfzig« durchlitten und überwunden; so gehen wir sehr zartfühlend miteinander um, wie Einhörner aus Glas, die sich die Hörner brechen könnten, wenn sie sich zu leidenschaftlich küssen.
Da ich selbst eine neunzehnjährige Tochter habe, verstehe ich heute die Probleme, vor denen meine Mutter bei unserer Erziehung stand. Ich hatte sogar schon den Impuls, vor meiner Mutter auf die Knie zu fallen und zu sagen: »Ich verehre dich allein schon deshalb, weil es dir gelungen ist, trotz dreier Töchter zu *überleben*!«
Heute hadert meine Tochter mit mir, wie ich einst mit meiner Mutter. Wenn Molly einen ihrer Monologe hält, bei dem niemand von ihrem bissigen Witz verschont bleibt, dann sehen meine Mutter und ich uns an und lächeln.
»Sag, daß es dir leid tut, daß du so eine *grauenhafte* Mutter warst«, sagte meine Mutter mit vor Ironie triefender Stimme. »Und *entschuldige* dich.« Heute tue ich sogar, was meine Mutter sagt.
»Molly«, sage ich. »Ich habe mein Bestes getan. Ich habe bestimmt viele Fehler gemacht. Ich möchte mich entschuldigen.«
»Ja, ja, ja«, erwidert Molly ungeduldig. Sie sieht mich mit der unverhohlenen Verachtung an, die in übermäßiger Liebe wurzelt. Ich mag mir vielleicht manchmal wie eine Viereinhalbjährige mit Flechten an den Händen vorkommen, doch für sie bin ich Kali mit der Kette aus Totenköpfen oder die riesige Statue der Athene, die einst im Parthenon stand oder Medusa mit dem Schlangenhaupt, die das goldene Vlies bewacht. Wart's nur ab, bis *du* eine Tochter hast, denke ich. Aber ich bin zu klug, um es laut zu sagen. Und so tauschen

meine Mutter und ich ein verständnisinniges Lächeln. Um eine Tochter zu erziehen, bedarf es übermenschlicher Geduld. Eine Tochter aufzuziehen ist mit Sicherheit härter als zu schreiben.

Ich habe vor kurzem einen Roman über Mütter und Töchter veröffentlicht. In *Seliges Angedenken* spürte ich vier Generationen einer Mutter-Tochter-Kette nach und zeigte dabei, wie wir von den Sehnsüchten unserer Mütter und zugleich von unserem eigenen verzweifelten Bedürfnis, uns von ihnen zu lösen, geformt werden. Die Dynamik zwischen diesen beiden mächtigen Kräften ist es, die unser Leben als Frauen im wesentlichen prägt. Ja, unsere Väter und Großväter spielen auch eine Rolle, doch was wir von unseren Müttern und Großmüttern gelernt haben, prägt uns bis ins Mark. Sobald wir selber Mütter werden, kommt alles wieder an die Oberfläche. Und was du als Tochter gesät hast, wirst du unweigerlich als Mutter ernten.

Die Art meiner Mutter, mich loszulassen, war bewundernswert. Oder lag es vielleicht an der Hartnäckigkeit, mit der ich meine Freiheit forderte? Bei Müttern und Töchtern ist es schwer zu sagen, bei wem die Initiative lag. Wir sind so ineinander verflochten, so symbiotisch, daß man Mutter und Tochter, Tänzerin und Tanz nicht immer auseinanderhalten kann.

Selbstverständlich hatte ich als Teenager oder mit zwanzig oder dreißig kaum eine Ahnung von dem, was zwischen meiner Mutter und mir vor sich ging. Wir waren in einem Kampf auf Leben oder Tod ineinander verkrallt; ich zog über sie her, direkt und hinter ihrem Rücken, prangerte sie in meinen Romanen an – selbst wenn sie verrieten, daß ich sie leidenschaftlich liebte. Selbstverständlich dachte ich, ich sei die erste Tochter in der Geschichte, die einen solchen Gefühlstumult erlebte. Und selbstverständlich war ich überzeugt, daß meine Mutter keine Ahnung von meinen Bedürfnissen hatte, scheinheilig war, als Frau wie als

Künstlerin, und meine Aufklärung dringend nötig hatte. Ich muß unerträglich gewesen sein. Aber sie nahm die meisten meiner Exzesse mit Liebe auf. Und es war ihre Liebe, durch die ich frei wurde.

Denn wie sonst als durch *Liebe* läßt sich das Geschenk der Freiheit weitergeben? Weil meine Mutter mich nie an ihrer Liebe zweifeln ließ, hat sie meine Bücher, mein Leben und sogar mein eigenes Verhalten als Mutter beflügelt. Obwohl ich wild entschlossen auf meine Unabhängigkeit pochte und nach dem Collegeabschluß jede finanzielle Unterstützung durch meine Eltern ablehnte, wußte ich doch, daß ich jederzeit wieder nach Hause kommen konnte. Als ich in meinen Romanen unangenehme Dinge über meine Mutter schrieb, sagte sie nur: »Ich lese deine Romane *nie,* weil du für mich in erster Linie eine Lyrikerin bist.« So wußte ich, ich konnte alles schreiben, was ich schreiben mußte und würde trotzdem geliebt werden.

Meine Mutter hatte ein gutes Verhältnis zu ihrer Mutter, doch das Verhältnis zu ihrem Vater war qualvoll. Er war ein brillanter Maler, der seinen beiden malenden Töchtern ein unerbittlicher Zuchtmeister war. Und da er meine Mutter für die talentiertere hielt, trieb er sie gnadenlos an. Er bedrängte sie dermaßen, daß sie sich nach der Hochzeit mit meinem Vater in die Urlust des Kinderkriegens flüchtete. Als ihre Kunst wieder an die Oberfläche kam, war sie eine Frau mittleren Alters mit drei Amazonen – uns –, die sie immer wieder ablenkten. Es war sicher nicht einfach, weiterzumalen und uns gleichzeitig alle zu bemuttern. Aber sie hat es geschafft. Noch heute malt sie an fast jedem Tag ihres Lebens.

Bei uns zu Hause wurde das Zeichnen an den erbarmungslosen Maßstäben meines Großvaters gemessen. Bevor du dich in die Welt der Phantasie wagen durftest, mußtest du als erstes nach der Natur zeichnen. Du mußtest Kohle und Contékreide beherrschen, bevor du in Farbe schwelgen durftest. Du mußtest Hunderte von Stilleben anfertigen, bevor du ein Modell zeichnen durftest. Und du mußtest einen überzeugenden Akt zeichnen können, bevor du es wagen konntest, bekleidete Menschen zu malen. Auf mich wirkte diese ganze Reglementierung so entmutigend, daß ich das Malen schließlich aufgab. Seit meinem elften Lebensjahr war ich jeden Sonnabend zur Arts Student League in New York gegangen, wo ich Seite an Seite mit ausgebildeten Malern zeichnete und einen so unmöglich hohen Maßstab an meine Leistungen legte, daß ich mich für eine hoffnungslose Versagerin hielt. Obwohl ich während der gesamten Schulzeit und auch auf dem College noch weitermachte, gab ich das Malen erleichtert auf, als ich, noch nicht zwanzigjährig, die Schreibsucht entdeckte. Die Malerei war für mich mit allzu widersprüchlichen Gefühlen besetzt.

Ich brauchte etwas, das nur mir gehörte. Das Schreiben tat das in einer Weise, die beim Malen nie möglich gewesen wäre.

Deshalb konnte ich mich in die inneren Kämpfe meiner Mutter einfühlen, die mit der Frage rang, ob sie den Beruf ihres Vaters ergreifen sollte. Sie hörte nie zu malen auf, aber ihre tiefe Ambivalenz äußerte sich darin, daß sie ihre Arbeit nie öffentlich ausstellte. Sie hatte Angst, mit ihm zu konkurrieren, weil sie befürchtete, womöglich zu siegen und ihren Vater zu »töten«.

Meine Tochter Molly ist vielleicht die mutigste in unserem Amazonen-Clan. Sie ist neunzehn und schreibt bereits an ihrem ersten Roman. In Abständen liest sie mir abends ein Kapitel daraus vor, und die Rolle, die ich in ihrem Erstlingswerk spiele, ist offensichtlich: Ich bin das Mommy-Monster.

»Mommy, ich hoffe, es macht dir nichts aus,« sagt meine Tochter spitzbübisch, »aber in meinem Roman habe ich aus dir eine totale Egozentrikerin und unrettbare Alkoholikerin gemacht ...« Sie lacht provozierend in der Hoffnung, daß ich mich aufrege. Ich denke einen Augenblick nach und dabei fällt mir ein Ausspruch meiner Freundin Fay Weldon, der britischen Schriftstellerin, über Teenager ein: auf alles, was sie sagen, nie anders reagieren als mit einem neutralen »Aha« oder »Hmm«. Teenager existieren, um ihre Eltern zu provozieren. Du kannst dich nur dagegen wehren, indem du dich nicht provozieren läßt.

Tatsächlich kann ich mich in dem Charakter, den Molly als »meine Mutter« in ihrer mörderisch komischen ersten Erzählung bezeichnet, nicht wiedererkennen. Aber wer bin ich, sie zu kritisieren? Wenn noch nicht einmal ich verstehe, daß Dichtung keine Wahrheit ist, wer zum Teufel sollte es dann tun? Ich benutze meine eigenen Angehörigen seit fünfundzwanzig Jahren als komische Figuren – wie kann ich meiner Tochter dieses Grundrecht absprechen?

»Du bist auch bestimmt nicht beleidigt, Mommy?« fragt Molly – in der Hoffnung, ich sei es doch.

»Ich freue mich schon jetzt auf den Geldsegen«, antworte ich und nehme sie in den Arm.

Wer in einer Künstlerfamilie aufwächst, lernt früh, daß alles, was sich im Hause befindet, als Malvorlage dient. Der Kürbis mag für einen Kuchen gedacht sein – doch zuerst muß er für ein Stilleben Modell stehen. Auch das Baby in der Wiege ist nur das neueste Maler-Modell der Familie. Meine Mutter und mein Großvater stehen einträchtig davor und skizzieren, skizzieren, skizzieren. Meine Schwester wurde mit einem goldenen Bilderrahmen um den Kopf geboren. Genaugenommen gilt das für uns alle. Und wenn die Familie keine Zeit zum Posieren hat? Dann malst du dich eben selbst. Mein Großvater hatte immer einen Spiegel hinter seiner Staffelei stehen, und wenn kein anderes Modell da war, konnte er immer noch sich selbst malen. Er porträtierte sich in jedem Lebensabschnitt und uns natürlich auch. Es gibt Dutzende von Porträts von mir, in jedem Alter und in den unterschiedlichsten Kostümierungen. Auf einem der Bilder bin ich fünf und trage ein schwarzes Samtkleid mit einem elfenbeinfarbenen Spitzenkragen, dazu einen weichen schwarzen Samthut mit schwarzen Pompons aus Marabufedern. Ich sehe so aus, als säße ich Rembrandt Modell, dem Lieblingsmaler meines Großvaters. Auf einem anderen Bild bin ich siebzehn und trage einen japanischen Hochzeitskimono mit einem antiken Obi. Mein Haar ist zu steifen Rollen frisiert und wird mit Lackkämmen gehalten, wie bei einer blonden Geisha. Mein Gesicht ist mit weißem Reispuder gepudert. Ein scharlachroter Lippenstifttupfen läßt meine Unterlippe wie das Zentrum einer Schießscheibe aussehen. Immer wenn ich dieses Porträt betrachte, erinnere ich mich an den Sommer, als ich siebzehn war und wir in Japan wohnten.

All diese Porträts haben mir auf mancherlei Weise Kraft gegeben. Auch wenn manche nicht ganz meinem Geschmack entsprechen und manche nicht gerade schmeichelhaft sind, bin ich auf jeden Fall froh, daß es sie gibt. Mein Leben ist reicher, weil sie existieren. Meine Erinnerungen sind in einer Porträtwand im Eßzimmer meiner Mutter eingefangen.

Ich war also während meiner gesamten Kindheit der Gegenstand von Kunstwerken. Ich entwickelte das Gefühl, Kunst zu machen sei so natürlich wie zu atmen.

Aber Kunst hervorzubringen ist auch ein Prozeß der Metamorphose. In Mollys erstem Roman bin ich vielleicht ein Ungeheuer, aber höchstwahrscheinlich werde ich in ihrem letzten ein Engel sein. Meine Mutter mag in »Angst vorm Fliegen« scharfe Ecken und Kanten haben, in »Keine Angst vor Fünfzig« sind diese Kanten so weich wie ein Schal aus Kaschmir und Seide. Ich habe viel mehr Mütter als nur eine. Und jede von ihnen ist die Entsprechung zu einer bestimmten Phase meines Lebens. Jede verkörpert eher eine Veränderung, die sich in *meinem* Inneren abgespielt hat, als eine Verwandlung meiner Mutter. Je sicherer ich mir meiner Identität bin, desto weniger gebe ich meiner Mutter die Schuld für alles. Mit zunehmendem Alter werde ich milder und mit mir meine Mutter.

Diese Geschichte hat kein Ende. Solange ich lebe, werde ich mein Tochtersein im Licht meines Mutterseins immer wieder neu definieren. Weil ich Schriftstellerin bin, werde ich diese Veränderungen mit Worten verarbeiten. Da das Schreiben meine wichtigste Methode ist, um bei klarem Verstand zu bleiben, muß ich schreiben, damit ich weiß, was ich denke. Aber es wird nie eine endgültige Inkarnation meiner Mutter, meiner Tochter oder meiner Person geben. Wir sind alle unvollendete Werke, an denen noch gearbeitet wird.

Was konstant bleibt, ist die Metamorphose selbst. Kurt Vonnegut schrieb in einem seiner Romane, daß die Menschen wie Tausendfüßler seien, die unterschiedliche Gesichter zur Schau tragen, während sie ihre lange, gefährliche Reise von der Kindheit zum Alter machen. Ich habe dieses Bild immer geliebt. Jede von uns ein Tausendfüßler, der durch die Zeit marschiert.

Meine Mutter ist ein Tausendfüßler und meine Tochter auch. Manchmal kreuzen sich unsere Pfade, während wir auf unseren dreitausend Füßen durch die Gegend trapsen. Aber wir haben bereits unzählige Spuren im anderen hinterlassen, uns gegenseitig geprägt. Wir besitzen die gleiche DNS, die gleichen Träume, den gleichen Schneid. Falls es Molly bestimmt ist, die wagemutigste von uns allen zu sein, entspricht das nur meinen Erwartungen. So viele Generationen von Frauen geben ihr Kraft. So viele Mütter und Großmütter haben zu ihrer Entwicklung beigetragen. Möge sie ihren Träumen zu folgen wagen, wo immer sie sie hinführen! Wozu sind Träume gut, wenn wir nichts riskieren? Wozu sind all die Kämpfe unserer Mütter, Großmütter, Urgroßmütter gut, wenn wir nichts riskieren? Damit wir uns nicht falsch verstehen: Diese Ahninnen sehen uns zu. Wenn wir sie enttäuschen, enttäuschen wir uns selbst.

»Wenn Frauen zurückblicken, tun sie dies durch die Augen ihrer Mütter«, sagte Virginia Woolf. Und durch uns blicken unsere Mütter nach vorn, in die Zukunft.

Kapitel 2

Die First Lady und ihre Kritiker:
Von den Wechselfällen eines Lebens als Hillary Rodham Clinton

Wenn ich etwas nicht mag, dann dies – »First Lady« genannt zu werden. Ich finde, das klingt nach Reitpferd.
Jacqueline Kennedy

Als Hillary Rodham Clinton die Bühne der Nation betrat, war das kein frischer Wind, sondern eher ein Orkan. Da stand eine, die so war wie die Mehrheit der Amerikanerinnen: eine berufstätige Mutter, die ihre Ansichten unverblümt vertrat – ganz offensichtlich eine starke Frau. Anders als Nancy Reagan, die mit ihrem Astrologen heimlich den Terminplan des Weißen Hauses manipulierte, oder als Jacqueline Kennedy, die stets mit gurrender Flüsterstimme betonte, Mann und Kinder gingen grundsätzlich vor, oder als Barbara Bush, die behauptete, daß sie ganz bewußt nichts unternähme, um George mit ihrer vernünftigen Einstellung zum Schwangerschaftsabbruch zu beeinflussen – anders als ihre Vorgängerinnen war HRC eine Frau der neunziger Jahre. Sie hatte keine Angst zu zeigen, welche Kraft in ihr steckte. Schon ihr Auftreten gab zu verstehen: Die Zeiten haben sich geändert, heute müssen sogar Frauen auf der Hut sein. Die Masche mit dem Mann als Beschützer zieht nicht mehr – jetzt heißt es: jede Amazone für sich selbst.

Mir gefiel Hillary Clintons Ihr-könnt-mich-alle-mal-Haltung vom ersten Augenblick, und anfänglich wunderte ich mich, daß ich mich damit in der Minderheit befand. Als sie sich dazu bekannte, daß ihr Mode total egal war, und als sie stolz ihren provinziellen Geschmack in Einrichtungsfragen preisgab, war ich begeistert. Endlich, dachte ich, gibt eine mal öffentlich zu, wieviel *Zeit* all dieses Fünfziger-Jahre-holde-Weiblichkeits-Getue kostet. Endlich haben wir eine First Lady, die nicht kuscht, sich nicht bei den Modezeitschriften und der Nahrungsmittelindustrie anbiedert und es ablehnt, die Handelsvertreterin der Nation zu spielen und die Werbetrommel für amerikanische Produkte zu rühren. Das einzige, das mich an Hillary Clinton überraschte, war, wie wenig Amerika auf eine Frau wie sie vorbereitet war.

Ja, wir freuten uns kurzzeitig über ihre feministische Einstellung. Erinnern Sie sich noch an die Buttons mit der Aufschrift »1992: Wählt Hillarys Ehemann«? Das war die Hillary-Phase Nummer eins. Aber der Gegenschlag ließ nicht lange auf sich warten, und wir mußten eine Zeit durchmachen, in der Männer wie Frauen sich in ihrem Haß auf Hillary einig waren.

Und das war das Erstaunliche: Sogar Frauen wie sie schienen sie plötzlich nicht mehr leiden zu können. War sie etwa dabei, ein schreckliches Geheimnis preiszugeben, das wir uns nicht einmal selbst eingestanden? War es ein typischer Fall von »Töte den Überbringer schlechter Nachrichten«? Oder wollten wir nur nichts davon wissen, daß es für die Amerikanerin von heute »Schlafmangel« heißt, statt »Ich träumt', ich würd' in meinem *Maidenform*-BH nach Paris reisen«.

Das sind keine leichtfertigen Fragen. Vielleicht ist der Grund, daß die karrierebesessene amerikanische Frau dermaßen für Martha-Stewart-Kitschhandwerk und La-Perla-Wäsche anfällig ist (»Victoria's Secret« ist davon die Einkaufspassagen-Version), ein unbehandelbarer Fall von Nostalgie: Nostalgie für die guten alten Zeiten, als Frauen noch Muße hatten,

Brot zu backen, Unaussprechliches in Seide zu kaufen, ihre Dielenböden zu verzieren, Möbel abzubeizen, sich die Kleider auszuziehen, um dann, in ein Nichts aus Marabufedern gehüllt, durchs Schlafzimmer zu tänzeln (statt im Flanellpyjama in einen komaähnlichen Erschöpfungschlaf zu versinken).

Die Nostalgie für das Zeitalter der Schleifchen und Volants ist schwer auszurotten, zumal Hillary Clinton (zumindest in Clintons erster Amtszeit) ein etwas unglückliches Mahnmal unseres verlorenen Müßiggangs war. Selbst ihre treuesten Fans fanden sie deprimierend. Obwohl ich mit allem übereinstimmte, was Hillary Clinton in ihrem Buch »Eine Welt für Kinder« über Erziehung sagt, fühlte ich mich von ihrem schulmeisterlichen Ton abgestoßen. (Wie hätte ihr Ton in einem Wahljahr auch anders sein sollen? Kein Anliegen durfte unbeachtet bleiben, jede Hand mußte geschüttelt, jeder fleißigen Wahlhelferin gedankt werden.)

Der frühe Chor der Hillary-Hasser führte uns die häßlichsten Seiten von Amerikas heimlichem Krieg gegen die Frauen vor. Senator D'Amato war nicht nur dabei, Frauen und Kinder in Armut und Ohnmacht zu stoßen (und das im Namen einer Reform der Sozialhilfe), er beabsichtigte auch, die First Lady zu demütigen. Und der brummige Bill Safire, der keine Skrupel hatte, mit Richard Nixon zusammenzuarbeiten, benutzte in seinen Äußerungen über HRC Ausdrücke, die normalerweise für Hitler reserviert sind. Aber was mich ganz besonders wunderte, war die große Anzahl von Hillary-Hassern im Lager der Demokraten – und daß unter ihnen so viele Frauen waren.

Wegen dieser unbarmherzigen Opposition gegen Hillarys Stärke wurde ihr Äußeres bei Anbruch der zweiten Amtsperiode einer kompletten Retusche unterzogen – Kleidung, Auftreten, Fotos für die Presse. Zeitweilig verzichtete die Erste Dame auf jegliche politische Äußerung und war nur noch mit Amerikas Erster Tochter Chelsea auf vermeintlichen Dienstreisen ins Ausland zu sehen. Diese Verwandlung der allerersten »anmaßenden« First Lady in den Abklatsch des dekorativen Weibchens war ein unzweideutiges Signal für alle anmaßenden amerikanischen Frauen: »Zurück, marsch, marsch! Die Zeit ist noch nicht reif für euch.« Das war Phase zwei der Hillary-Saga.

Ursprünglich hatte HRC auf ihrem Recht bestanden, Macht auszuüben, auf sich selbst aufzupassen und stark zu sein. Weibliche Rollenspiele hatte sie nicht nötig, sie lehnte alles Gezierte und Affektierte ab. Kurz, sie verstieß gegen sämtliche Verhaltensregeln der Politikergattin – und wegen dieser Pioniertat wurde sie während der zweiten Präsidentenkampagne fast gänzlich aus der Öffentlichkeit verbannt.

Noch zwei Minuten vor der letzten amerikanischen Präsidentenwahl des zwanzigsten Jahrhunderts (im November 1996) war Hillary Rodham Clinton die umstrittenste First Lady, die Amerika je hatte – im Ausland bewundert, daheim gehaßt, von Journalistinnen mißtrauisch beäugt –, und das, obwohl die Clinton-Regierung mehr für die amerikanischen Frauen getan hatte als alle vorhergehenden. Man verdächtigte HRC, an Größenwahn zu leiden, und unterstellte ihr, sie habe mit dem Verschwinden von Dokumenten, dem Anheuern von Spionen, dem Selbstmord eines Beraters – der angeblich ihr Liebhaber war – zu tun und sie habe einen Meineid geschworen. Sie wurde in der Presse angeprangert und in politischen Karikaturen verhöhnt. Selbst ihre Bewunderer betrachteten sie mit Argwohn. Konnte Hillary Rodham Clinton überhaupt irgend etwas richtig machen? Warum fand sie nicht die geringste Anerkennung für all das Positive, das sie tatsächlich getan hatte? Schließlich hatte sie die Themen Gesundheitsfürsorge und Rechte der Kinder auf die nationale Tagesordnung gesetzt – keine geringen Leistungen.

Im Jahr 1996 (politisch gesehen also in grauer Vorzeit) hatte ich einen Artikel im *New York Observer* geschrieben, in dem ich behauptete, Hillary Rodham Clinton sei das jüngste Opfer von Amerikas Haß auf begabte, intelligente Frauen, die ihre Talente und ihre Intelligenz nicht unter den Scheffel stellen. Als William Safire von der *New York Times* HRC als »geborene Lügnerin« bezeichnete, legte er mit Sicherheit einen anderen Maßstab an als bei früheren First Ladies. Ist harmloses Lügen in der Öffentlichkeit nicht eine der vorgeschriebenen Rollen der First Lady? Kann man von einer Person, die im Laserlicht der Öffentlichkeit steht, überhaupt verlangen, daß sie die ganze Zeit offen und ehrlich ist? Hat man Pat Nixon jemals gefragt, was sie davon hielt, daß ihr Mann Beweismittel vernichtet hatte, oder Jackie Kennedy, wie sie die Frauengeschichten ihres Mannes fand? Wurde Nancy Reagan auf Irangate angesprochen? Ganz gewiß nicht. Aber es brauchte nur irgendein Dokument aufzutauchen und schon wurde HRCs gesamter Genpool angezweifelt. Ganz offensichtlich hatte man sie in einen ausweglosen Double-bind manövriert: Sie sollte gleichzeitig Marie Antoinette und Dickens' stumme, ständig strickende Madame Defarge spielen. Niemand hätte das gekonnt, nicht einmal die talentierteste Schauspielerin. Immer wenn wir Frauen zu Fall bringen wollen, unterwerfen wir sie endlosen und unmöglichen Prüfungen, wie einst in den Hexenprozessen. Wenn sie ertrinken, sind sie unschuldig, bleiben sie oben, sind sie schuldig. Ziemlich genau so hat Amerika versucht, seine klügsten Politikerinnen loszuwerden, von Victoria Woodhull und Emma Goldman bis zu Eleanor Roosevelt und Geraldine Ferraro. Und es bestand kein Zweifel, daß nicht wenige Leute HRCs Niederlage herbeiwünschten. Sie repräsentierte die neue Frau des 21. Jahrhunderts, worin sich unsere Töchter bereits üben, und sie war ihnen unheimlich. Bevor man sie für den demokratischen Parteitag 1996 auf dümmer trimmte und ihre Ecken und Kanten rosa und hellblau übertünchte (als Reaktion auf Liddy Doles südstaatlichen Zuckerbaby-Charme), hatte sie keinen Grund gesehen, ihren Grips zu verstecken; sie erwartete, daß sie den Kampf um die Präsidentschaft als gleichberechtigte Partnerin ihres Mannes führen konnte, und sah nicht ein, warum sie über Kochrezepte und Haarfrisuren plappern sollte (egal, wie verzweifelt sie ihre Frisuren wechselte).

Damals, 1992, als es noch hieß »Wählt Hillarys Ehemann«, hatte Hillary Rodham Clinton sich standhaft geweigert, das obligatorische Klischee des gefügigen Vorzeigepüppchens zu erfüllen, mitsamt den aufgesetzten Schmeicheltönen, die Politikergattinen so weibchenhaft und harmlos wirken lassen, sowie die Bereitschaft erkennen zu lassen, nur so *zu tun* als ob sie im Hintergrund die Fäden zöge. Als Amerika nicht bereit war für eine wie sie – und statt dessen den doppelzüngigen Südstaatencharme von Elizabeth Hanford Dole vorzog, nahm auch Hillary eine Zeitlang Zuflucht zu Pastellfarben und Perlen. Weibliche Unaufrichtigkeit wirkt in Amerika immer noch beruhigend, Aufrichtigkeit dagegen verunsichert uns.

So also wurde Hillary Clinton zum Opfer des amerikanischen Unbehagens gegenüber starken Frauen – oder jedenfalls habe ich so lange diese Ansicht vertreten, bis ich es selbst mit Hillary und ihren Wächtern zu tun bekam. Aber nach meinen Erlebnissen mit dieser unheiligen Allianz kam mir der Gedanke, daß HRCs schlechte Presse wohl doch damit zusammenhängt, daß sie das Talent hat, sich selbst in den Fuß zu schießen.

Dabei hatte ich durchaus nicht erwartet, daß es leicht sein würde, an sie heranzukommen. Schon zu Beginn meiner Recherche war mir klar, daß beide Clintons pressescheu waren, hatten sie doch von Leuten wie William Safire, Maureen Dowd, Gail Sheehy, Sally Quinn und selbst von dem sanften, ironischen Henry Louis Gates, Jr. Prügel bezogen. Doch da ich fest entschlossen war, HRC gegen ihre Verunglimpfer zu verteidigen, sprach ich verschiedene Bekannte der beiden Clintons an, um eine Audienz bei Hillary selbst zu bekommen, ein vollständiges halbprivates Interview, mit nur den unentbehrlichen *spin doctors* dabei – Medienberatern, die dafür sorgen, daß alles den richtigen Dreh kriegt. Bewaffnet mit Empfehlungsschreiben, die meine ehrlichen Absichten bezeugten und die von Clinton-Spezis wie Letty Cottin Pogrebin, Judy Collins und Kathie Berlin stammten, schrieb ich an HRCs Presseleute und ihre oberste »persönliche Assistentin«, legte noch den wohlwollenden Essay dazu, den ich bereits geschrieben hatte und nannte das britische Presseorgan, von dem mein Auftrag stammte – die *Sunday Times.* Darauf folgte eine fröhliche Jagd, bei der meine Aufrichtigkeit und Hartnäckigkeit getestet und ich am Telefon von einer Reihe von Inquisitorinnen verhört wurde, von Lisa Caputo, Hillarys damaliger Pressechefin, über Melanne Verveer, ihrem persönlichen Faktotum, bis zu verschiedenen jungen Leuten aus ihrem Mitarbeiterstab, die für die Terminabstimmung verantwortlich waren. Man wollte einfach alles von mir wissen, von »Was beabsichtigen Sie zu schreiben?« über »Wieviel Zeit brauchen Sie für das Treffen mit der First Lady?« bis zu »Wie gedenken Sie, in diesem Blatt die Wahrheit zu schreiben?« (Die *Sunday Times* hatte, sehr zu meinem Nachteil, als eine der ersten Publikationen etwas über Bill Clintons Qualitäten als Schlüpfer-Stürmer ausgeplaudert.) Da die schädlichsten Enthüllungen über Bill Clintons Affären in der *Sunday Times* veröffentlicht wurden, verursachte mein Auftrag keine geringe Konsternierung unter den Hillary-Wächtern, die schon früh wissen wollten, wie ich überhaupt »einen ehrlichen Artikel« für dieses schreckliche Blatt schreiben könnte. Man kann nicht behaupten, daß die amerikanischen Medien ihrer Pflicht, Clintons moralische Untadeligkeit in Frage zu stellen, nicht nachgekommen seien, doch die *Sunday Times* war als erste am Ziel. Das machte es mir nicht leichter. Als ich Lisa Caputo erklärte, daß ich die First Lady bereits gründlich recherchiert hätte und nur noch etwas Zeit bräuchte, um mit ihr von Frau zu Frau zu sprechen und ein *Gefühl* für ihre Persönlichkeit zu bekommen, gingen überall rote Flaggen hoch. Ich hatte den Eindruck, daß ich kaum etwas Schlimmeres hätte sagen können.

»Ich mache so etwas nicht dauernd,« sagte ich zu Lisa Caputo. »Ich gehöre nicht zur ›Presse‹, ich bin Schriftstellerin und Lyrikerin.«

»Wir wissen durchaus, wer Sie sind«, erwiderte Caputo in einem Ton, der nichts Gutes verhieß.

»Haben Sie meinen Artikel im *New York Observer* gelesen? Ich sympathisiere wirklich mit der First Lady. Ich finde, daß sie für uns alle den Kopf hinhält, für alle starken Frauen ... Ich möchte sie als würdige Nachfolgerin von Eleanor Roosevelt darstellen.« Bei dem Zauberwort »Eleanor Roosevelt« muß etwas in Caputos Kopf klick! gemacht haben, denn nun wurde ich zu einem »Kurzinterview-hinterm-Absperrseil« mit der First Lady eingeteilt.

Selbst für dieses Mini-Interview zog sich die Planung länger als einen Monat hin. Lisa Caputo und ich sprachen nicht weniger als fünfmal darüber miteinander, ob ich Hillary bei der Verleihung eines College-Abschlusses ehrenhalber in New Jersey treffen oder ob ich – zusammen mit »anderen prominenten Frauen« – eine Wahlspendenveranstaltung der Demokraten in New York besuchen sollte. Nach vielem Hin und Her stand fest, daß letzteres der bevorzugte Treffpunkt war. So organisierte Caputo für mich die Teilnahme an einem Wahlkampfauftritt Hillary Clintons vor der *New York Women's Democratic Leadership Conference.*

Ich traf frühzeitig am Madison Square Garden ein, wurde von den Torwächtern überprüft und für koscher befunden (mein Name stand auf der Liste) und einem anderen Hillary-Wächter übergeben. Es folgte eine halbe Stunde Konfusion, weil man sich nicht einig war, an welcher Stelle ich auf die First Lady und ihre Günstlinge warten sollte, welchen Fahrstuhl oder welche Treppe nach oben ich benutzen

müßte und wer mich begleiten würde. Auf den Fersen meiner geschäftigen und überaus wichtigen Führer hechelte ich beflissen kreuz und quer durch das Stadion. Schließlich wurde ich in einem oben gelegenen, intimen Konferenzraum mit zentraler Bar abgeliefert, um dort zusammen mit den angekündigten »anderen prominenten Frauen« der Ankunft der Ersten und Zweiten Dame zu harren.
Gerüchte vom nahenden Kommen verbreiteten sich in der bereits etwas fußkranken Menge. Die sogenannten prominenten Frauen hielten sich seit einer Stunde oder noch länger an die Drinks und wagten nun nicht, zur Toilette zu gehen, aus Angst, den feierlichen Einzug zu verpassen. Schließlich kam in der Menge spürbar Bewegung auf. »Die First Lady kommt!« rief jemand, und die Worte hallten von allen Seiten des Raums wider, in dem wir uns inzwischen wie die Sardinen drängten. Würde sie sich aus dem Osten oder Westen nahen? Da der Raum zwei Eingänge hatte, sammelten sich die Gläubigen vor beiden. Mutmaßungen wurden angestellt. »Von dort wird sie kommen!« ertönte eine Stimme. »Nein, von da!« eine andere. Und schließlich kamen Hillary und Tipper tatsächlich in Sicht, umringt von ihren Hofdamen. Und traten vor uns, hoffähige Damen auch wir. Das Warten schien endlich ein Ende zu haben. Wir drängten nach vorn, um besser sehen zu können.
Hochrufe, Pfiffe, spitze Schreie. Tipper Gore und Hillary Rodham Clinton bestiegen die Rednertribüne, während ein Faktotum das Mikrofon überprüfte. Tipper Gore wurde vollmundig vorgestellt, während die Menge weiter lärmte. Tipper Gore wirkt ebenso warm und weich wie Hillary Clinton kühl und kompromißlos. Mit ihrem runden, blonden, amerikanischen Aussehen wirkt sie wie unser aller Pfadfindermutter, Grundschullehrerin, Lieblingsschwägerin. Sie ist so alltäglich-wie-Blaubeer-Pie und weizenblond-wie-Kansas-im August, daß es schwer ist, nach ihr aufzutreten. Nach einer ziemlich kurzen Ansprache von Tipper, voller Dankesbe-

zeugungen für die Organisatorinnen und Lob für die First Lady, war Hillary an der Reihe.

Wenn Hillary Clinton eine Rede hält, ist schon die Mühe, die sie auf alles, was sie tut, verwendet, unübersehbar. Es imponiert mir, wenn sich jemand Mühe gibt. In der Politik jedoch ist Mühelosigkeit, ein Sinn für *sprezzatura* (ein charmantes italienisches Wort für die Kunst, Schwieriges leicht aussehen zu lassen) sehr viel wertvoller. Hillary sprach gut; sie spricht immer gut. Immer kann ich jedes Wort unterschreiben, das sie sagt. Aber es kann einem unmöglich entgehen, daß sie nicht einmal einen Anschein von Wärme ausstrahlt. Sie törnt die Zuhörerinnen mit ihren Anspielungen auf deren versammelte politische Idole an – insbesondere die Suffragetten und Eleanor Roosevelt –, und sie überzeugt als höchst belesene Frau und standhafte Feministin. Aber sie überzeugt uns nicht als eine Frau wie du und ich – eben die Gabe, mit der Tipper Gore so reichlich gesegnet ist. Hillary Rodham Clinton hat sich stets unter Kontrolle.

Nach ihrer Ansprache wurde Hillary zum Treffen mit ihrer andächtigen Gemeinde geleitet, zu der auch ich gehörte. Die Hillary-Wächter scheuchten uns hinter ein Absperrseil und formierten uns zu einer Warteschlange, und alle, denen man eine Audienz bewilligt hatte, wurden genauestens instruiert, wo ihr Platz in der Reihe war. Männer vom Secret Service patrouillierten raschen Schritts das Seil entlang, auf daß keine der Pilgerinnen ihr zu nahe käme. Hillary schritt die Reihe ab, wobei ihre persönliche Assistentin und ihre Pressefrau sie über die Identität der jeweiligen Anhängerin informierten. Während ich auf die göttliche Erscheinung wartete, kam ich mir etwas albern vor – nein, total idiotisch. Im Laufe meines Lebens bin ich mancher Ikone unserer Zeit begegnet: Nobelpreisträgern, Popstars, die berühmter als Jesus waren, Film-Idolen, die nicht unbehelligt auf die Straße gehen können, Politikern mit oder ohne hohes Amt. Aber das Warten auf Hillary fand ich erniedrigend. Was ich hatte kennenlernen wollen, war die Frau hinter der Maske. Schließlich ist das meine Spezialität. Doch hier ließ man mich nur einen Blick auf die Maske werfen, dazu noch einer auf Hochglanz gebrachten, mit vielen Lackschichten. Ich war fest entschlossen, aus der Audienz das Beste herauszuholen, auch wenn sie noch so kurz war, doch die blicklosen Augen, das eingefrorene Lächeln, der eher zu feste Händedruck erinnerten mich an mich selbst als Zombie beim Absolvieren einer 25-Städte-Lesereise.

Was konnte ich sagen? *Ich bewundere Sie so? Ich brauche mehr Zeit mit Ihnen? Ich weiß, wie das ist, wenn man mit so viel Dreck beworfen wird?* Ich sagte dies alles und noch mehr, während wir uns die Hand gaben, und ich benutzte denselben Trick, den meine Fans so oft bei mir anwenden, ich ließ ihre Hand nicht wieder los.

»Rufen Sie das Weiße Haus an und lassen Sie sich mehr Zeit geben«, sagte sie, an ihr Mädchen für alles gewandt, die das garantiert mitbekam. Und schon war sie weg, schüttelte die winzige braune Hand eines kleinen afro-amerikanischen Mädchens, begrüßte hier eine Spendenbeschafferin, dort eine Prominente – die ganze lange Reihe entlang ihrem Ziel entgegen, dessen Auftakt die große Rede war, die sie vor den demokratischen Menschenmassen unten im Stadion halten sollte.

Es war vorbei. In meiner Verzweiflung stürzte ich mich auf Caputo.

»Die First Lady ist einverstanden. Ich soll mir einen Termin geben lassen,« erklärte ich ihr. Caputo sah mich ungläubig an. Dann blickte sie zu Hillary und dann wieder zu mir.

»Rufen Sie mich nächste Woche an. Wir müssen morgen noch in drei weitere Bundesstaaten.«

»Lisa«, flehte ich, »ich muß unbedingt mit der First Lady *reisen*, etwas Zeit mit ihr verbringen. Ihre politischen Anliegen kenne ich auswendig, und ihr Buch habe ich auch gelesen. Ich komme mit, gleich heute Abend. Besorgen Sie mir

doch einen Platz.« Ich muß ein Bild des Jammers geboten haben.
»Das Flugzeug ist zu klein. Der Präsident nimmt das große. Es ist nichts mehr frei.«
Tröstet es mich, daß Caputo zwei Monate später »abdankte«? Nicht sehr.
Unten im großen Stadion hatten sich Tausende von Frauen versammelt, um die offizielle Rede der First Lady zu hören. Viele waren von den Gewerkschaften und den Demokratischen Clubs von Stadt und Staat New York in Bussen hergebracht worden. Es war ein Regenbogen aller Rassen – lauter Arbeiterfrauen in ihrem schönsten Sonntagsstaat. Ich wurde zum VIP-Abschnitt geleitet, wo ich mich zu den Prominenten, den Journalisten, den Großspendern setzte, doch mußte ich die ganze Zeit daran denken, wie heuchlerisch diese Trennung in Plebs und Aristos war. Eine derartige Einteilung in einer Demokratie nagt an einem, auch wenn man zu den angeblich Bevorzugten gehört.
Die großartige Jessye Norman rauschte in einem Seidenkaftan auf die Bühne. Würde sie etwa zusammen mit Judy Collins singen? Welch ein Fest für die Sinne das wäre! Doch unerklärlicherweise war Jessye Norman nur hier, um Judy Collins anzusagen, die taktvoll erwiderte, sie ginge sonstwo hin, wenn sie nur von der Operndiva vorgestellt würde. Judy sprach über die Geschichte des Lieds »Bread and Roses«. Dann sang sie es, engelsgleich. Das Publikum tobte.

Als HRC endlich das Wort ergriff, hatten wir bereits mindestens zwei Stunden dort verbracht – größtenteils mit Warten. Und *beinahe* war ihre Rede das Warten wert. Sie erwähnte immer wieder die Suffragetten und ihren Kampf um das Frauenstimmrecht und kündigte an, wir würden bei der nächsten Präsidentschaftswahl Zeuginnen seiner endgültigen Verwirklichung sein. Es war eine Rede, die sowohl auf die breite Masse wie auf die intellektuelle Elite abzielte. Für alle war etwas dabei – ob Gewerkschaftsmitglieder, feministische Akademikerinnen oder die Frauen, die sich als Beschafferinnen von Wahlkampfspenden betätigten. Und tatsächlich sollte Clinton, dank Hillarys Hilfe, am Ende noch einmal der hauptsächliche politische Nutznießer der Gleichberechtigungsfrage sein. Natürlich half ihm auch die verblüffende Dummheit der Republikanischen Partei, die weiterhin ihre programmatische Wahlerklärung geflissentlich so formulierte, daß die mächtige »Christliche Koalition« in Bezug auf den Schutz des ungeborenen Lebens zufriedengestellt war. Hillarys Rede war eindeutig zu entnehmen, daß die Demokraten alles daran setzen würden, den weiblichen Stimmenanteil für sich zu gewinnen. Und das gelang ihnen auch – zumindest bei der Präsidentschaftswahl 1996. Das Gerichtsurteil »Roe kontra Wade« jedoch wird weiterhin untergraben, und das Recht auf Selbstbestimmung der Frau ist in ganz Amerika bedroht.

Als ich die *Women's Democratic Leadership Conference* verließ, hatte ich das Versprechen in der Tasche, mehr ungestörte Zeit mit der First Lady zu bekommen, und war entschlossen, den zugesagten Termin festzumachen. Wieder und wieder rief ich im Weißen Haus an. Ich sprach mit Freunden der Clintons und mit Freunden von Freunden der Clintons. Ich tat alles, außer 650.000 Dollar für den Wahlkampf zu spenden – oder was kostet eine Übernachtung in Lincolns Schlafzimmer? Danach wurde die Angelegenheit einen weiteren Monat von den Terminplanern verschleppt, und ich mußte mir noch einen Monat lang immer wieder sagen lassen, ich möge doch nächste Woche wieder anrufen. Während dieser Zeit hörte ich wiederholt von Clinton-Anhängern und -Strategen, die ich interviewte, daß Hillary Rodham Clintons Troß ein unfehlbares Talent dafür habe, aus Sympathisanten Gegner zu machen. Sie konnten wahrhaftig Freund und Feind nicht voneinander unterscheiden – eine fatale Schwäche in der Politik. Lag es daran, daß dort, wo Angst und Unsicherheit herrscht, guter Rat keine Chance hat und einzig Kriecher und Speichellecker Gehör finden? Hatte sich die First Lady so sehr von den kritischen Stimmen aus der Fassung bringen lassen, daß sie sich versteckte, wo sie besser frei heraus geredet hätte und sich verschanzte, wo sie offen hätte sein sollen? War sie eine Frau, die immer alles unter Kontrolle haben muß und sich vor ihren Bewunderern ebenso sehr fürchtet wie vor denen, die ihr übel wollen?

Als ich meine Unterlagen über Hillary Rodham Clinton noch einmal durchging, bevor ich über sie zu schreiben begann, fiel mir auf, wie oft sie öffentlich geäußert hat, sie wolle endlich wissen, warum sie nichts gegen die feindseligen Anwürfe der Presse ausrichten könne. Mehrmals versammelte sie wichtige Redakteure und Kolumnisten um sich und fragte, warum sie in der Presse so schlecht wegkomme und was sie tun könne, um daran etwas zu ändern. Entweder gab man ihr keine ehrliche Antwort oder sie hat nicht richtig zugehört. Möglicherweise fehlt ihr auch das diplomatische Talent, ihrem Gegenüber ein Gefühl seiner eigenen Wichtigkeit zu vermitteln. Nach Begegnungen mit ihr haben viele Leute den Eindruck, sie seien geringschätzig behandelt worden. Mir ging es jedenfalls so.

Liegt es daran, daß Hillary Clinton sich über ihre politische und historische Bedeutung nicht ganz im klaren ist und daher die Verwaltung ihrer Gesprächstermine Amateuren überläßt? Zu diesem Schluß kam ich nach monatelangem Umgang mit »ihren Leuten«. Die Zustände waren chaotisch und voller Widersprüche. Die eine Hand wußte nicht, was die andere tat. Nachdem Hillary mir höchstpersönlich mehr Zeit zugesagt hatte, wurde mir von ihren Mitarbeitern das Wasser abgedreht. Anscheinend waren sie von den Angriffen auf die First Lady so traumatisiert, daß sie nicht mehr zwischen ehrlicher Begeisterung und journalistischem Schmu unterscheiden konnten. Wobei dies alles nicht erwähnenswert wäre, wenn Hillary Clinton nicht dauernd öffentlich darüber geklagt hätte, daß sie die Feindseligkeit der Presse nicht verstehen könne.

Warum hat ihr nicht jemand aus dem Außenministerium einen Schnellkurs in Diplomatie erteilt? Warum leisteten die Leute, deren Aufgabe es schließlich war, sie der Öffentlichkeit darzustellen, so kümmerliche Arbeit? Und warum beschloß das Clinton-Wahlkampfteam, Hillary im zweiten Wahlkampf des Präsidenten die längste Zeit des Sommers »verschwinden zu lassen« (wie Russell Baker in der *New York Times* es nannte)? Bei ihrer Rückkehr war sie eine neue, sanftere Hillary, die sich in Pastelltöne kleidete und alle dreißig Sekunden »mein Mann« sagte, aber es fiel uns keinen Deut leichter, an diese neue Inkarnation zu glauben. Das Dumme war, daß sie sich einmal zu oft neu erfunden hatte – und was bei Rockstars wie Madonna funktioniert, geht bei First Ladys nicht. Wir wollen, daß unsere Rockstars bizarr und unsere First Ladys ganz normale Menschen sind. Aus HRC kann aber nie eine ganz gewöhnliche Frau werden, und wenn sie 127 Jahre alt wird.

Der bunte Reigen von Hillary-Images sowie bestimmte Verhaltensweisen der First Lady, mit denen sie sich reichlich oft selbst geschadet hat, sind schon deshalb bedauerlich, weil sowohl die Clinton-Regierungen als auch die Clinton-Ehe Geschichte gemacht haben. Als Paar geben die Clintons Anlaß zu bedeutenden politischen und geschlechterpolitischen Fragen. Sie sind das erste Ehepaar, das gemeinsam zum Präsidenten der USA gewählt wurde. Es steht fest, daß Bill Clinton ohne HRCs Parteinahme dieselbe Kloake hinuntergespült worden wäre, wie einst Gary Hart. Nur weil seine Frau zu ihm hielt bei jenem ersten Interview mit Barbara Walters im Jahre 1992, und weil er nicht direkt leugnete »in der Ehe Anlaß zu tiefem Schmerz gegeben zu haben« und Hillary dabei helfend seine Hand hielt, nur deshalb war es möglich, daß der erste Clinton-Wahlkampf Umstände überdauerte und überwand, die sich bei anderen Präsidentschaftskandidaten als tödliche Sex-Krisen erwiesen hatten. Seither sind die Clintons souverän über eine Sex-Krise nach der anderen hinweggesegelt. Ihre Ehe scheint dabei um so stärker zu werden, während Amerika allem Anschein nach immer gelangweilter auf Sex-Skandale reagiert.

In der zweiten Amtsperiode ist dies zum beherrschenden Muster geworden. Hillary hat sich zu Bills Beschützerin und Krisenmanagerin aufgeschwungen. Die Hillary der Phase drei ist die Ehefrau des 21. Jahrhunderts, die ihre Kritiker schließlich zum Schweigen bringt, weil sie sich nicht mehr verletzen läßt.

In früheren Zeiten hat Amerika mit überführten Ehebrechern nicht lange gefackelt. Einzig ihre »bessere Hälfte« konnte diese Männer retten. Wenn die ihm vergab, dann vergaben wir auch. Ohne Hillary Rodham Clintons Vergebung wäre Clinton von seinen Trieben zu Fall gebracht worden. Doch weil sie ihn so entschlossen beschützte, hat die Präsidentschaft über seine gelegentlichen hormonellen Störfälle triumphiert, ja sie sogar bedeutungslos erscheinen lassen. Hillary hat fast im Alleingang die Politikerehe revolutioniert. Amerika erweckt sogar den Eindruck, als sei es, dank HRC's Gattinnen-Gelassenheit, auf sexuellem Gebiet erwachsener geworden.

Zwei für den Preis von einem. Wählen Sie einen, und Sie erhalten den anderen gratis dazu. Ursprünglich war Hillary die Zugabe. Nie zuvor in der amerikanischen Politik hatte ein Paar auf diese Weise den Wahlkampf bestritten oder das Amt ausgeübt. Das sehr amerikanische Ideal eines »Power-Paars«, das mehr ist als die Summe seiner Teile, wurde während der Präsidentschaft Clintons perfektioniert. Nachdem Monica Lewinsky und Kathleen Wiley ruchbar geworden waren, baute Hillary Clinton ihre Machtstellung in der Ehe weiter aus. Sie allein konnte noch für Bill Clintons untadeligen Charakter bürgen. Und wenn auch niemand mehr an seine Untadeligkeit glaubte, so gewann doch

Hillary immer weiter an Statur. Während der Afrikareise im Frühjahr 1998 wirkte sie fast wie die Große Mutter aus der Urzeit.

In allen drei Phasen Hillarys öffentlicher Inkarnation scheint Bill Clinton von Hillary zu profitieren: Sie bestätigt seine Glaubwürdigkeit als Vertreter feministischer Politik bei der Wählerschaft, während er sich weiterhin wie die Hinterwald-Version von Senator Bob Packwood aufführen kann – öffentlich für die Sache der Frauen eintritt, um sie als Individuen im Privaten zu betatschen.

Mich fasziniert die Frage, welchen Pakt die Clintons miteinander geschlossen haben, und ich bin sicher, daß es einem erheblichen Teil der Wähler genauso geht. Soweit ich sehen kann, spiegelt diese Ehe unsere Epoche besser als jede andere Politikerehe. Offensichtlich hat Hillary Rodham Clinton sich schon als Jurastudentin ausgerechnet, daß die Zeit wohl noch nicht reif sei für eine Frau als Präsidentin, aber für einen so ehrgeizigen, smarten und sympathischen Typ wie Bill Clinton durchaus. Und sie wäre diejenige, die ihn beraten, anfeuern, ausbuhen, ihm Zucht und Ordnung beibringen und ihn sponsern würde (schließlich würde sie die Hauptverdienerin sein, wenn sie das auch zum Großteil seiner Position verdankte).

Wie sehr sein Südstaaten-Charme sie damals auch bezaubert und wie sehr sie ihn geliebt haben mag, in jedem Fall haben seine politischen Ambitionen sie genauso angesprochen. Ich finde übrigens nicht, daß es falsch ist, wenn Eheleute einen Pakt schließen. Man könnte sogar sagen, je mehr ein Ehepaar miteinander verbindet, desto größer die Chance, zusammenzubleiben. Doch ist die Vereinbarung, die diese beiden geschlossen haben, für eine amerikanische Politikerehe sehr radikal. HRC hat nie die Verschönerung der Highways zu ihrem Spezialgebiet auserkoren (wie Lyndon Baines Johnsons Ehefrau Lady Bird) oder sich für Warnaufkleber auf Rock-Schallplatten stark gemacht (das war eine Ein-Frauen-Kampagne der Zweiten Dame Tipper Gore). Hillary beanspruchte für sich das Zentrum der Bühne, und zwar mit Top-Themen der *Politik* – auch wenn ihre politischen Vorstellungen vielleicht naiv waren. Diese Verwegenheit verblüffte uns zuerst. Aber warum sollte sich eine First Lady eigentlich auf sogenannte Frauenthemen beschränken? Hillary hat sich schon immer für Politik interessiert und wollte sich nie in ein ideologisches Ghetto einsperren lassen. Sie war schon immer sehr viel ernsthafter als Bill, sogar auf dem College und später beim Jurastudium. Er war jemand, der gefallen wollte, und sie eine Frau, für die Intelligenz an erster Stelle stand, was wiederum mit sich brachte, daß viele Männer – und Frauen – keinen Gefallen an ihr fanden. Sie tat sich mit Bill Clinton nicht zuletzt deshalb zusammen, weil er der erste Mann war, der keine Angst vor ihrer Intelligenz zu haben schien, sondern diese ganz im Gegenteil als Herausforderung und Attraktion betrachtete. Er hatte sich vorgenommen, »das schlauste Mädchen der Klasse zu heiraten«, wie einer seiner alten Kumpel aus Arkansas, Roger Morris, erzählte, der Autor von »Die Clintons. Eine amerikanische Karriere«. Die Schönheitsköniginnen war er leid. »Die oder keine«, informierte er seine Mutter, und als er sie 1972 mit nach Hause brachte, damit sie seine Familie kennenlernte, ermahnte er diese, nur ja nett zu Hillary zu sein. Obwohl Bill nach seiner Heirat mit Hillary offensichtlich nostalgische Gefühle für Schönheitsköniginnen hegte – und Verwendung für sie hatte –, so zog ihn ihr Grips doch noch mehr an. Er fand Hillary spannend. Ich glaube, er findet das immer noch.

Eines der Probleme für eine intelligente, ambitionierte Frau ist es, Männer zu finden, die Grips antörnt. Hillarys ursprüngliche Gefühle für Bill hatten wahrscheinlich eine Menge mit ihrer Begeisterung darüber zu tun, daß sie auf einen furchtlosen Mann gestoßen war. Später, so scheint es, hatte sie bereits so viel in diese Ehe investiert, daß sie nicht

bereit war, alles hinzuschmeißen, nicht einmal angesichts seiner zwanghaften Untreue.
Und das ist das Seltsame an dem öffentlichen Image, das dieses revolutionäre Präsidentenpaar verbreitet: Sie wurden als Team gewählt, da sie ihren kameradschaftlichen Teamgeist während des ersten Wahlkampfs bewußt betonten, doch sie haben sich radikal geweigert, die *Bedingungen* ihrer Ehe öffentlich zu machen, außer daß sie zu Anfang eingestanden, daß er ihr weh getan hatte. Das paßt nicht zusammen, und daher rührt ein Großteil des Problems. Wenn Sie für ein Ehepaar stimmen, dann halten Sie es für ihr gutes Recht, etwas über die Bande zu erfahren, die dieses Paar zusammenhalten. Hillary und Bill bestehen jedoch darauf, daß dies zu ihrem Privatleben gehört und niemanden etwas angeht. Nur ärgert es die Leute, daß sie beides zugleich wollen. Aber wie um alles in der Welt könnten die Clintons die Details von Bill Clintons Sexualleben eingestehen?
Je mehr wir über Bill Clinton lesen, desto deutlicher wird, daß er seine Position dazu benutzt, Affären zu haben und daß die Frauen nicht so unwillig sind, wie sie tönen. Er macht das schon lange bevor Monica Lewinsky und Kathleen Willey auf den Plan kamen und die Nation dazu zwangen, seine Seitensprünge als nationalen Zeitvertreib zu betrachten. Aber läßt sich wirklich von sexueller Belästigung sprechen, wenn alles darauf hindeutet, daß Bill Clinton, wie einst Jack Kennedy, von hingerissenen Anbeterinnen umgeben ist? Handelt es sich dabei nicht um eine der Vergünstigungen, die mit der Macht einhergehen? Ist die Rolle des Alpha-Männchens im Rudel nicht gerade deshalb so begehrenswert?
Ich nehme an, daß Bill Clintons Liebesleben nicht besser oder schlechter ist als das der übrigen Politiker. Wenigstens treten seine legislativen und exekutiven Initiativen durchgängig für die Rechte der Frauen und das Recht auf straffreie Abtreibung ein. Wie wir alle hat auch seine Persönlich-

keit die verschiedensten Facetten. Ich schätze an ihm, daß er ein Mensch mit all seinen Widersprüchen ist. Widersprüchlichkeit ist schließlich der Kern des Menschseins. Selbstverständlich bin ich mit Bill Clintons schweinischem Verhalten gegenüber Frauen nicht einverstanden, aber da ich annehme, daß Schweinereien bei männlichen Politikern an der Tagesordnung sind, bin ich zumindest froh, daß sein Programm feministisch ist. Wenn dies jemandem wie ein Abklatsch der Einstellung erscheint, die Clintons eigene Frau dazu einnimmt, dann erklärt das auch, warum meine Empathie für Hillary Clinton so groß ist. Sie sitzt in derselben Falle wie so viele starke, intelligente Frauen. Sie hat einen Pakt mit dem Teufel geschlossen, und jetzt muß sie damit leben.

Vieles an Hillary Rodham Clintons Geschichte ist paradox. Sie gehört zur Generation der »Babyboomer«, wuchs in einer hochmoralischen Familie – methodistisch und republikanisch – in einem aufstrebenden, rein weißen Vorort Chicagos auf und entwickelte sich im Wellesley College zu einer Sympathisantin des linken Flügels der Demokratischen Partei. Als Jurastudentin in Yale war sie strebsam, einsam, ernst, trug Flanellhemden und dicke Brillengläser, und war für ihren durchdringenden Verstand und ihren Fleiß bekannt. Das Leben ihrer Mutter war durch Kompromisse gekennzeichnet, doch wünschte sie, daß Hillary es ihr nicht nachtun sollte – eine sattsam bekannte Mutter-Tochter-Geschichte. Ihr Vater war streng, sparsam und nicht leicht zufriedenzustellen. Und nun stelle man sich vor, daß ein Mädchen wie sie den »good ol' boy« aus dem Süden erobert, einen, der immer mit den preisgekrönten Schönheiten ausgegangen war! Das gibt einem eine kleine Vorstellung davon, wieviel es ihr bedeutet haben muß, daß ausgerechnet er »total auf sie abfuhr« (wie es ein alter Freund ausdrückte). Hillary Rodham Clinton bleibt für mich auch deshalb eine reizvolle Gestalt, weil sich an ihrem Lebenslauf ablesen läßt, welch seltsame Kompromisse intelligente Frauen machen. Sie hatte bereits ihre politischen Ansichten geändert, hatte sich von den reaktionären methodistischen Glaubenssätzen ihrer Eltern gelöst. Doch es sollten noch weitere komplette Umschwünge folgen. Ihr Äußeres, ihr Name, ihre Ideale – alles sollte sich ändern müssen zur höheren Ehre Bill Clintons und für die Macht, die ihr das gemeinsame Kopfkissen verlieh. Wenn Hillary Rodham Clinton oft den Eindruck einer zornigen, unausgeglichenen Frau macht, die ständig ihr Image überarbeitet, so deshalb, weil das stimmt. Wäre es denn überhaupt möglich, daß sie *nicht* zornig wäre? So wie früher die adlige Chinesin mit ihren eingebundenen Füßen mußte sie sogar ihre Anatomie verformen, um dorthin zu gelangen, wo sie hin wollte. Sie legte ihren eigenen starken Ambitionen Fesseln an, um sich nach Arkansas zu verpflanzen und die seinigen zu verteidigen. Sie gab zeitweilig ihren Mädchennamen auf, wurde ihrer aus den späten sechziger Jahren stammenden Modemuffligkeit untreu, machte hinsichtlich ihrer Leidenschaft für soziale Gerechtigkeit und ihres angeborenen Ekels vor Heuchelei Kompromisse. Und während er ihren Feminismus als Schild benutzte, hinter dem er sich und seine Seitensprünge verbergen konnte, ging er so weit, alles, woran sie glaubte, dem Gespött der Leute vorzuwerfen. Da er sich immer ganz klar zu seinem Ehrgeiz bekannt hatte, erst ein Top-Politiker in Arkansas und dann Präsident zu werden, blieb sein Kurs sich immer gleich. Ihrer dagegen änderte sich andauernd – und mit ihm ihre Frisur, ihre Augen, ihr Name. Es muß einen Punkt gegeben haben, an dem sie vor der Entscheidung stand, ob es all das wert war. Wie sonst kann eine kluge Frau solche Verwandlungen rechtfertigen? Sie mußte sich wieder und wieder für das Leben an seiner Seite entscheiden. Kein Wunder, daß sie im Gegenzug bestimmte Forderungen aufstellte, wie z. B. die Leitung der Gesundheitsreform zu übernehmen und sein Leben in der Öffentlichkeit zu regeln. Sie hätte sonst das Gefühl einer totalen Auslöschung gehabt. Mir imponiert, daß sie überhaupt die Kraft hatte, Forderungen zu stellen. Aber der Machtkampf innerhalb der Ehe wirkte sich unweigerlich auf das Machtgefüge der Nation aus – und eben das ist das radikal Neue an Clintons Präsidentschaft.

George Bush benutzte den ersten Tag seiner Präsidentschaft, um Leuten, die gegen Schwangerschaftsabbruch demonstrierten, öffentlich zu gratulieren, und dabei sogar noch anzudeuten, daß Barbara Bush, die First Lady, seine Meinung nicht teile. So etwas gab es für Bill Clinton nicht. Er und Hillary waren in politischer Hinsicht an der Hüfte zusammengewachsen, ganz gleich unter welchem Streß ihre Ehe stand. Ihre Präsidentschaft hat neu definiert, was zum öffentlichen und was zum privaten Bereich gehört. Und daher ist sie historisch so bedeutsam. In der Politik marschieren die Clintons im Gleichschritt, auch wenn sich ihre Ehe vielleicht chronisch am Rande des Scheiterns befindet.

»Zwischen uns herrschte eine tiefe Übereinstimmung über die Dinge, die uns am Herzen lagen« sagte Hillary in einem Interview für den Film »The Man from Hope« (»Der Mann aus einer Stadt namens Hoffnung«), der im Wahlkampf 1992 gezeigt werden sollte. Dieses aufschlußreiche Zitat – in der Endfassung des Films nicht mehr enthalten – verdeutlicht die Natur des Paktes, der dieser Ehe zugrunde liegt. »Bill und ich sind aneinander gebunden, weil wir unter anderem wirklich glauben, daß wir die Verpflichtung haben, etwas zurückzugeben und dazu beizutragen, daß andere Menschen ein besseres Leben führen können«, fuhr Hillary fort (so zitiert sie Bob Woodward in »The Choice«). Das Tragische an ihrer Geschichte ist, daß ein derartiger Idealismus durch ein bedenkenloses politisches Engagement ersetzt werden *mußte,* und diese Deformation des Prinzipiellen kam sie offensichtlich härter an als ihn.

Hillary Rodham Clintons Imageproblem hatte mehrere Gründe. Einer war zweifellos die Unfähigkeit ihres Mitarbeiterstabs. Ein weiterer war die unleugbare Tatsache, daß keine intelligente Frau in der Öffentlichkeit auftreten kann, ohne daß man in ihr eine hinterhältige Lady Macbeth oder ein absolutes Miststück wittert (das liegt aber mehr an uns als an Hillary). Aber das schwerwiegendste Problem ist, daß Hillary Clinton auf dem Bildschirm kalt und allzu beherrscht wirkt, und zwar, weil es die Wahrheit ist. Sie hat ihr Image so oft neu aufgeschüttelt, es den PR-Fritzen zuliebe so oft verändert, daß es unecht wirkt. Eben weil es nicht authentisch ist!

Das Fernsehen ist im Grunde ein grobes Medium. Es taugt nicht viel, um Ideen zu präsentieren; es hat die Tendenz, alles zu vereinfachen und komplexe Themen entweder zu einem Einheitsbrei zu verrühren oder in sensationsgeile Schlagzeilen von Revolverblättern zu verwandeln. Aber in bezug auf Persönlichkeit ist es ein deprimierend verläßliches Lackmuspapier: Warmherzige Persönlichkeiten wie Bill Clinton kommen warm rüber, künstlich zusammengeflickte wie Hillary Clintons öffentliches Erscheinungsbild wirken unecht. Wir glauben ihnen nicht, wir spüren, daß sie bloße Konstrukte sind. Diese Sprache kann nicht lügen – daran kann auch der teuerste Image-Polierer nichts ändern.

Bill Clinton ist nun einmal, was er ist – ein warmherziger, tränendrüsendrückender Populist, ein Mann, der alles daran setzt, den Leuten zu gefallen, sie zu erobern und aus ihren Schwächen Kapital zu schlagen. Er ist der geborene Verkäufer, »der auf einem Lächeln durch die Welt reist«, wie Arthur Miller es in seinem »Handlungsreisenden« ausgedrückt hat. Hillary Clinton jedoch ist eine Intelligenzbestie, die wie eine Schönheitskönigin aus Arkansas auszusehen versucht, eine strebsame Juristin, die sich abmüht, eine zufriedene Hausfrau darzustellen, eine überzeugte Feministin, die ihre

Identität unter den Ambitionen ihres Ehemanns begraben hat. Nichts paßt wirklich zusammen – es sind allzu viele Widersprüche – und deshalb sind wir nie ganz von ihr überzeugt. Wir warten ständig darauf, daß Lady Macbeth wieder die Bühne betritt und sich das Blut von den Händen wäscht.

Wir sollten Mitleid mit Hillary Clinton haben, statt sie zu schmähen. Sie ist das perfekte Beispiel dafür, warum Frauen mit Grips es schwer haben. Die ständigen Transformationen ihres öffentlichen Images verraten die schrecklichen Verrenkungen, die auch von uns erwartet werden. Wir sollen hübsch aussehen, aber schlau sein (allerdings nur heimlich). Uns öffentlich anpassen, im stillen Kämmerlein weinen. Ordentlich Geld verdienen, aber ja keinen aggressiven Eindruck machen. Alles schlucken, was unsere Männer von uns verlangen, und doch, auf welche Weise auch immer, unsere eigene Persönlichkeit behalten. Hillary Rodham Clinton führt uns vor Augen, daß diese widersprüchlichen Forderungen unmöglich alle zugleich zu erfüllen sind. Und die Fernsehkamera funktioniert wie ein Lügendetektor und zeigt ihr tiefsitzendes Unbehagen an all den erzwungenen Metamorphosen.

Für Hillary und ihre Generation symbolisierte »nichts ihre neue Rolle und ihr Opfer treffender, als der Entschluß, ihren Mädchennamen abzulegen«, schrieb Roger Morris.

Er erzählte eine Episode, in der der Clinton-Berater Jim Blair meinte, man könne mit den Wählern von Arkansas, von den Hillbillys bis zum weißen Lumpenpack, nur auf eine Weise Frieden schließen: »Macht daraus eine Zeremonie auf den Stufen des Kapitols. Bill setzt seinen Fuß fest auf Hillarys Kehle, packt sie an den Haaren und sagt: ›Weib, von heute an wirst du meinen Namen tragen, und damit basta.‹ ... Dann hißt ihr die Flagge, singt ein paar schöne Hymnen, und ihr habt es hinter euch.« Eine humorige Geschichte, doch nicht ganz so lustig, wenn du Hillary Rodham

Clinton bist. Die Weigerung, in der Identität der Ehefrau auf- bzw. unterzugehen, ist für meine Generation ein heißes Thema. Eine Frau kann in dieser Sache nach außen hin nachgeben und doch innerlich vor Wut schäumen. Wie bei so vielen anderen Hillary-Veränderungen ließ sich der damit verbundene Streß nie verbergen. Emma Goldman hat einst gesagt, daß man in der Politik »ein Dummkopf oder ein Schurke« sein muß. Hillary ist mit Sicherheit nicht dumm, und ihr Unbehagen über ihre Rolle in der Öffentlichkeit zeigt, daß sie, bewundernswerterweise, nur ungern die Schurkin ist. Die zerstörten Existenzen, die sie und Bill Clinton in ihrem Kielwasser zurücklassen – von Lani Guinier über Vince Foster bis zu Monica Lewinsky –, können ihr wohl kaum verborgen geblieben sein.

Man ist versucht zu sagen, Hillary sei die Verkörperung der »hohlen Frau«*, doch das Gegenteil ist der Fall: In ihr brodelt es von Widersprüchen, und deshalb wagt sie es nicht, Gefühle zu zeigen. »Entspannt« ist selbst heute noch kein Wort, das auf sie anwendbar wäre. Sie strahlt eine Aura aus Selbstdisziplin und grimmiger Durchhaltekraft aus. Es ist unmöglich, den Menschen hinter der Maske zu erkennen. Und doch erscheinen die vielen Geschichten von Hillary, die nach vollkommen gefaßten, öffentlichen Auftritten in Tränen ausbricht oder Wutanfälle bekommt, völlig glaubhaft. Sie hat immer den Eindruck erweckt, als halte sie sich mit Haarspray zusammen.

Was mutet uns an diesem Bild vertraut an? Eine Frau wird den Ambitionen ihres Mannes geopfert. Ihre Persönlichkeit wird deformiert. Sie bekommt den größten Teil der Medienschelte ab, während er sich alles erlauben kann. Man könnte fast meinen, daß sie an seiner Stelle die Prügel bezieht – und darüber hinaus stellvertretend für all die Frauen, die die vorgeschriebenen Grenzen der Politikergattin als Anzieh-

* Anspielung auf T. S. Eliot's »The Hollow Men« (»Die hohlen Männer«)

püppchen überschreiten. Hillary Rodham Clinton kommt mir mit jedem Tag mehr wie die Heilige Johanna vor. Sie akzeptiert es Woche für Woche, als Hexe verbrannt zu werden, damit ihr Mann in den Meinungsumfragen gut dasteht. Immer wieder übernimmt sie die Rolle des Sündenbocks für ihre Hälfte des Clinton-Duos, sie spielt das Hinterteil, das die Schläge einsteckt, so daß der lächelnde Clinton-Kopf triumphieren kann. Sie ist Iphigenie, die für einen günstigen Wind geopfert wird, Alkestis, die an Stelle ihres Mannes den Styx überquert. Sie ist die Frau, die sich demütigen läßt und die Ehe rettet, so daß Bill Clinton erfolgreich dasteht. Bill Clinton steht in Hillarys Schuld. Tief. Der einzige Unterschied zwischen ihm und den anderen Typen ist, daß er das anscheinend auch weiß.

Erst während des Sex-Skandals in der zweiten Amtszeit lebte Hillary Clinton ihre Möglichkeiten wirklich aus. Als sie Bill gegen die Vorwürfe, ein Schürzenjäger zu sein, in Schutz nahm, machte sie sich nicht lächerlich, sondern erweckte den Eindruck, als einzige unter den Mächtigen die Dinge im Verhältnis zu sehen. Es war, als sei sie die Präsidentin und er der Erste Ehemann. Es war offensichtlich, daß Stärke und Durchhaltevermögen bei ihr lagen. Wenn er Rückgrat zeigte, hatte er es ihr zu verdanken. Und das war der Punkt, an dem Hillarys Geschick sich endgültig wendete. Je weniger der Präsident imstande schien, seine Impulse zu kontrollieren, desto höher stieg die First Lady in unserer Gunst. Wir verstanden zwar immer noch nicht ganz, worauf sich diese Ehe gründete, aber es war klar, daß sie es war, die alles zusammenhielt. Nie zuvor hatte die Stärke einer Frau sich entscheidender auf unser Land ausgewirkt.

Meine Vorhersage ist: Hillary Rodham Clinton wird letztendlich soviel verändern wie ihr Vorbild Eleanor Roosevelt. Dadurch, daß sie als Blitzableiter für uns alle agiert, hat sie das Rollenangebot für amerikanische Frauen erweitert. Ihre

Position bleibt prekär, aber vielleicht wird dadurch die Geschichte der Frauen einen anderen Verlauf nehmen. Falls eines Tages eine Frau Präsidentin der USA wird, wird das zu einem großen Teil Hillarys Verdienst sein. Sie bereitet uns darauf vor, weibliche Führungspersönlichkeiten, die ihre Intelligenz nicht verstecken, zu akzeptieren. Sie hat uns bereits dazu gebracht, Frauen zu akzeptieren, die öffentlich eine andere Meinung vertreten als ihr Mann. Sie hat die Politikerehe im Alleingang revolutioniert.

Ich möchte an dieser Stelle sagen: *Bravo, Hillary, du bist die zeitgemäße Inkarnation von Ms. Liberty*. Danke, daß du »die Pfeil' und Schleudern des wütenden Geschicks« erduldet hast. Deinetwegen wird eines Tages auch das rückständige Amerika – so wie Großbritannien, Irland, Indien und Israel – imstande sein, eine Frau zum Staatsoberhaupt zu wählen.

Kapitel 3

Monster-Mütter

Was ist ein Zuhause ohne eine Mutter?
Alice Hawthorne

»Mommy die Schuldige?« So lautet die Überschrift über dem Artikel in der *New York Daily News*, in dem noch einmal der Kindermädchenprozeß durchgekaut wird, das erste Thema, das die Medien-Öffentlichkeit in den Bann schlägt, seit wir uns alle bis zum Erbrechen mit den süßlichen Elegien auf Diana, Prinzessin von Wales, vollgestopft hatten. Die *Daily News* beweist damit wieder einmal die Berechtigung des alten Spruchs: »Vox populi äußert sich vornehmlich als Grunzen.« Die *News* versorgt angeblich das anspruchslose Massenpublikum, das weder die *New York Times* noch das *Wall Street Journal* liest, doch in Wirklichkeit lesen die meisten, die im Wort-Business arbeiten, alle drei, und die *New York Post* und den *New York Observer* obendrein. Ohne die *News* erfährt man einfach nicht, welche Sachen lieber *nicht* gedruckt werden sollten. Und gerade daran läßt sich die Schwankung des Zeitgeists am besten ablesen. Momentan steht der Zeitgeist darauf, Müttern die Schuld am Tod ihrer Kinder zu geben.

Die Lehre, die der Au-Pair-Fall uns erteilt, lautet nämlich folgendermaßen: Louise Woodward war zwar erst neunzehn, unerfahren, morgens schläfrig und abends mondgesichtig, doch *die wahre Schuldige* war Dr. Deborah Eappen, weil sie dreimal in der Woche als Augenärztin arbeitete, statt ganz-

tags zu Haus beim Kind zu bleiben. Niemanden interessiert, daß sie an den Tagen, wo sie arbeitete, mittags zum Stillen nach Hause kam, daß sie an den anderen Tagen Milch auf Vorrat abpumpte und daß sie, obwohl gestandene Ärztin, ihre Arbeitszeit drastisch reduziert hatte – was man einer jungen Ärztin im Praktikum gar nicht erst gestattet hätte. Am Ende ist und bleibt sie diejenige, der man die Schuld an dem abscheulichen Verbrechen der Kindstötung gibt.
In einer Zeit, in der die meisten Mütter arbeiten, weil es nicht anders geht, ist es erstaunlich, daß dieser Fall dazu führte, daß Menschen außer sich die Talkshows anriefen und schäumten, Dr. Deborah Eappen verdiene es, daß ihr Sohn tot sei, weil sie ihn mit einem neunzehnjährigen Kindermädchen allein gelassen habe.

So viel zu fünfundzwanzig Jahren Emanzipation der Frau. Und so viel zu selbstzufriedenen Kommentatoren, die behaupten, wir lebten im post-feministischen Zeitalter. Noch immer geht der primitive Aufschrei: »Tötet die Mutter!« Sie hat ein Kindermädchen eingestellt, und darauf steht Steinigung.
Natürlich wußten wir Amerikaner bereits, daß von Sozialhilfe lebende Mütter Monster sind. Der gute Bill Clinton, Fürsprecher der Frauen und Kinder, hat das widerwärtigste Sozialhilfegesetz der amerikanischen Geschichte unterzeichnet – ein Gesetz, das besser in Dickens' Zeit gepaßt hätte und das praktisch die Wiedereinführung des alten Armenhauses mit Arbeitszwang bedeutet, in einem Amerika, das die Jahrtausendwende ansteuert. Aber wir wissen ja schon, daß die Armen nichts Besseres verdient haben. Armut ist schließlich unamerikanisch. Amerika hat sämtliche Definitionen für respektable Armut und achtbare Arme (wie Kinder, Mütter, Blinde, Lahme) abgeschafft und beschlossen, daß diese ganz allein für das Haushaltsdefizit aufkom-

men müssen, das uns männliche Politiker eingebrockt haben. Schließlich haben Kinder keine Wählerstimmen – im Gegensatz zu Bankern. Letztere haben außerdem eine Lobby, etwas, das arme Kinder sich bekanntlich nicht leisten können. Wir haben also keine ehrbaren Armen in diesem Land, das ich so reichlich mit meinen Steuern unterstütze, aber ebensowenig haben wir irgendwelche Gesetzesinitiativen zur Regelung der Kinderbetreuung, ganz zu schweigen von der Kinderbetreuung selbst.

Sogar wenig fortschrittliche Länder – La Belle France zum Beispiel – verfügen über Mutterschutz, Krippen und Kindergärten, doch hier in Amerika vertrauen wir auf das Walten der rohen Naturkräfte und betrachten daher so etwas wie Krippen für Kleinkinder als »schleichenden Sozialismus« – und hier ist niemandem schleichender Sozialismus gestattet, ausgenommen dem Militär und den Superreichen, die keine Steuern zahlen.

Also gut, Sozialhilfe-Mütter sind also Monster, aber was ist mit unternehmerisch tätigen Müttern? Was ist mit Frauen, die das Kinderkriegen hinausschieben, bis sie mit dem Studium fertig sind, und die ihre Kinder mit dreißig oder vierzig bekommen und Teilzeit arbeiten? Nun, jetzt wissen wir, daß auch sie Monster sind. Warum? Weil sie nicht ganztags zu Hause bleiben. Anscheinend sind alle Mütter Monster – die Mittellosen genauso wie die mit der akademischen Ausbildung. Alle miteinander haben sie es verdient, mitansehen zu müssen, wie ihre Kinder sterben.

Moment mal. Was geht hier ab? Schreiben wir das Jahr 1898 oder 1998? Anscheinend macht das keinen Unterschied. Was das Muttersein anbelangt, könnten wir uns ebensogut in Dickens' England, Ibsens Norwegen oder Hammurabis Babylon befinden. Mütter sind grundsätzlich Monster. Monster, weil sie arm sind oder auch, weil sie reich sind. Egal wie gut oder schlecht situiert, Mütter befinden sich immer in der Verliererposition.

Die arme Louise war nett, aber etwas inkompetent. Vielleicht hat sie den armen kleinen Matty tatsächlich durchgeschüttelt – medizinisch ließ sich das nicht eindeutig nachweisen. Aber sie kommt aus England, und die Engländer haben bekanntlich eine Vorliebe für Züchtigungen mit Stockschlägen, Schütteln ist für die noch gar nichts. Doch schlimmer noch als Louise war Deborah: eine Arztgattin (und selber Ärztin, aber wen interessiert das schon?), die weiter arbeiten wollte!

Beide Frauen sind gründlich durch den Schmutz gezogen worden. Niemand beschimpft jedoch Dr. Eappen Nummer zwei (den mit Penis), und niemand kreischt, *sein* Kind habe es verdient zu sterben. Von Matty spricht auch niemand. Er ist bloß ein totes Kind. Tote Kinder haben weder eine Wählerstimme noch eine Lobby. Nein, das Maul zerreißen sich alle nur über die Frage, welche Frau schuld hatte.

Die Mutter oder das Kindermädchen? Die Lady oder der Tiger? Frauen sind – per definitionem – die Schuldigen. Entweder haben sie das Kind vernachlässigt oder sie haben es mißhandelt. Welche Rolle der Vater oder Großvater spielte, danach fragt niemand. Wenn ein ganzes Dorf nötig ist, um ein Kind großzuziehen, wie Hillary Clinton in ihrem Bestseller »Eine Welt für Kinder« behauptet, dann besteht dieses Dorf nur aus zwei Personen, der Monster-Mutter und dem Monster-Kindermädchen. Alle anderen sind aus dem Schneider. (Die Regierung eingeschlossen, die berufstätige Mütter dank Steuer- und Einwanderungsgesetzen sowie nicht vorhandener Kindertagesstätten benachteiligt und bestraft.)

Was mag sich in Dr. Deborah Eappen abspielen, die erst ihren kleinen Sohn verliert und dann diesem Chor von Harpien (denn die Frauenhasser sind häufig weiblichen Geschlechts) gegenübertreten muß? Stellen Sie sich das traumatische Erlebnis vor, erst das Kind zu verlieren, dann alles Leid bei der Gerichtsverhandlung noch einmal zu durchleben, nur um schließlich noch das dritte Trauma der Verurteilung durch die Sensationspresse zu erleben. Dr. Deborah hatte ihren Job ja gerade deshalb ausgesucht, weil sie dort flexible Arbeitszeiten hatte. Genau wie ihr Mann, Dr. Sunil Eappen. Aber niemand zeigt mit dem Finger auf ihn. Falls wir wirklich schon so weit auf dem Weg zur idealen, gleichberechtigten Partnerschaft gekommen sind, warum redet dann niemand über die beiden als Paar? Nein, einzig die Frauen werden mit dem Verbrechen in Zusammenhang gebracht. Kindermädchen und Mutter stehen allein vor dem Exekutionskommando der Klatschpresse.

Betrachten wir den Kindermädchenprozeß als einen Lackmustest für gesellschaftliche Veränderungen, dann müssen wir zu dem Schluß kommen, daß sich nur sehr wenig verändert hat. Kein Wunder, daß die Generation Y voll von jungen Frauen ist, die im Haus bei den Kindern bleiben wollen! Sie haben mit angesehen, wie es ihren ausgelaugten Mütter aus der Generation der Babyboomers ergangen ist, und es gefällt ihnen überhaupt nicht. Wenn der emanzipatorische Fortschritt auf der Mutter-Tochter-Dialektik beruht (wovon ich überzeugt bin), dann steht uns eine neue Generation von kinderreichen Nur-Hausfrauen bevor, deren Probleme mehr mit denen unserer Großmütter zu tun haben als mit unseren. Im Jahr 2013 wird dann Betty Friedans Buch »Der Weiblichkeitswahn« wieder genau so relevant sein wie 1963 – und unsere Enkelinnen werden sich wieder neu gruppieren und die feministischen Reformen von Grund auf wieder in Gang setzen müssen.

Kein Wunder, daß sich der Feminismus seit den Zeiten Mary Wollstonecrafts in einem ständigen Vor und Zurück von Ebbe und Flut bewegt hat. Und das Grundproblem, das uns alle angeht, haben wir *noch immer nicht* gelöst: Wer hilft uns beim Aufziehen der Kinder?

Kapitel 4

Warum ich gern eine Hexe wäre

Man hat Frauen als Hexen verbrannt, nur weil sie schön waren.
Simone de Beauvoir

Als ich vor fünfzehn Jahren für mein Buch »Witches« (»Hexen«) recherchierte, hielt man es noch für ziemlich abartig, über den weiblichen Anteil am Göttlichen zu sprechen oder zur Rehabilitation der Hexen die von den Inquisitoren in die Welt gesetzten Verleumdungen aufzuklären. Hexenzauber und Magie setzten sich aus einem Wust von Legenden, falschen Informationen und Halloween-Requisiten zusammen. Es gab zwar Frauen, die sich als moderne Hexen oder Wiccans bezeichneten – ich habe zahlreiche kennengelernt –, aber hinsichtlich ihrer Ursprünge herrschte bei ihnen die gleiche Verwirrung wie bei allen übrigen Leuten. Zum Teil bezeichneten sie sich als göttinnengläubig oder als moderne Heidinnen. Andere gehörten der Frauenbewegung an und wollten die weiblichen Wurzeln des Religiösen wieder entdecken; ihre Rituale waren ebenso verworren wie sie ernstgemeint waren. Allesamt konnten sich nicht so recht entscheiden, ob sie nun zu Kräutern greifen und damit heilende weiße Magie ausüben oder – was spannender zu werden versprach – lieber als böse Hexe mit Teufeln ins Bett gehen sollten.
Diese Verwirrung spiegelte sich auch im volkstümlichen Bild der Hexe wider. In pikaresken Filmen wie dem *Zaube-*

rer von Oz traten sowohl gute als auch böse Hexen auf, in Gruselstreifen wie *Rosemarys Baby* gab es nur böse. Wen beteten die Hexen denn nun an – Satan oder eine gütige Große Mutter? Aber so hätte kaum jemand die Frage formuliert. Es blieb meinem Buch über die Hexen vorbehalten, erstmals diese Überlegung vor einer breiten Leserschaft anzustellen, und darauf beruht sicher ein Großteil seines Erfolges.

Tatsächlich ist die Hexe eine Nachfahrin der alten Göttinnen, die Geburt und Tod, Nähren und Zerstören zugleich verkörperten, und daher ist es nicht verwunderlich, daß beide Aspekte zu ihr gehören. Aber immer wenn Religionen verfallen und ihre Götter durch andere verdrängt werden, spielt sich der gleiche Prozeß ab: Die Götter der alten Religion werden unweigerlich zu den Teufeln der neuen. Schlangen, einst als Symbole magischer Kraft verehrt, wurden später verachtete Sinnbilder des Bösen. Und die einst als allmächtig betrachteten Frauen wurden später dazu verurteilt, unter Schmerzen Kinder zu gebären und dem Manne untertan zu sein. Die Symbole bleiben bestehen, doch ihr Gehalt verkehrt sich ins Gegenteil. Die Schlange, die einst den kretischen Göttinnen heilig war, wird in der Genesis zur Inkarnation des Teufels. Eva, die erste Frau, verwandelt sich von einem Wesen, das Leben schenkt, zu einem, das den Tod bringt. Gut und Böse werden vertauscht. Das sind die Wege der Religion.

Das derzeitige Hexenbild enthält jahrtausendealte Relikte zahlreicher Religionen. Wie die Mauern einer Kreuzritterburg im Nahen Osten steht es auf einem Fundament, das sich aus den Resten unterschiedlicher Epochen zusammensetzt. Wie Hekate und Diana werden auch Hexen mit dem Mond und dessen Kräften in Verbindung gebracht. Wie Aphrodite und Venus kann eine Hexe Liebestränke bereiten und durch die Lüfte fliegen. Alle Eigenschaften der Hexe wurden einst einer Göttin zugeschrieben.

Überall in der alten Welt wurden Göttinnen verehrt. Sie repräsentierten das Weibliche in einer aufs Wesentliche reduzierten Form. Ischtar, Astarte, Aphrodite (wie sie schließlich genannt wurde) herrschten über Liebe, Fortpflanzung, Fruchtbarkeit – und die meisten männlichen Götter gehorchten ihrem Drängen. Die Gestalt mit den vielen Brüsten, die für Blumen, Getreide und alles Erblühen verantwortlich war, rührte an eine Grunderfahrung des Menschen. Für uns, die wir alle von Frauen auf die Welt gebracht wurden, ist das Göttliche ein natürlicher Bestandteil der Frau. Jeder Glaube, der die Mutter vom Thron verstößt, erlebt mit Sicherheit, daß sie sich in anderer Form wieder einschleicht – etwa als Maria, die Mutter des geopferten Gottessohnes.

Der Hexenkult in Europa und Amerika ist im Grunde ein Rückgriff auf die Göttlichkeit des Weiblichen innerhalb einer patriarchalischen Gesellschaft. Wenn man den Menschen lange genug einhämmert, daß Gott der Vater ist, erwacht eine nostalgische Sehnsucht nach der Großen Mutter. Und wenn die Frauen von den religiösen Ritualen ausgeschlossen werden, üben sie ihre Magie in Feld, Wald und – in der eigenen Küche aus. Will sagen, weibliche Macht läßt sich nicht auslöschen, sondern höchstens unterdrücken.

Gib ein wenig Honig in ein Glas. Schreibe deinen geheimsten Wunsch auf ein Stückchen Packpapier und versenke es in dem Honig. Konzentriere deine ganze Energie auf dein Ziel (es sollte etwas »Süßes«, Freundliches sein), und dein Wunsch wird dir schließlich erfüllt werden. Was zählt, ist die Intention. Sie muß positiv sein. Und je mehr Hexen im Kreis sitzen und sich auf ein gemeinsames Ziel konzentrieren, um so mehr Macht gewinnt die Magie. Der Wunsch nach Magischem ist nicht auszurotten. Im Krieg und in der Liebe nehmen selbst angeblich völlig rationale Menschen Zuflucht zu magischen Handlungen. Wir haben ja zugleich das primitivste aller Stammhirne und das höchstentwickelte aller Großhirne. Zwischen ihren jeweiligen Erfordernissen herrscht ein prekäres Gleichgewicht.

Vielleicht ist es uns sogar lieber, die Hexe als Außenseiterin und Betreiberin verbotener Künste zu betrachten, denn das scheint ihre Macht noch zu erhöhen. Möglicherweise schämen wir uns dafür, daß wir andere unserem Willen unterwerfen möchten, und würden deshalb lieber eine Zauberkundige für ihre Dienste bezahlen, als uns unsere Wünsche offen einzugestehen. Vielleicht wollen wir lieber nicht für Zauberei verantwortlich sein, die auch nach hinten losgehen könnte.

Da wir daran glauben, daß Hexen Wünsche erfüllen können, brauchen und fürchten wir sie gleichzeitig. Wenn sie wirklich die Macht haben, unsere Feinde zu vernichten, könnten sie dann nicht auch uns töten? Wenn sie die Macht haben, Liebe zu gewähren, könnten sie uns diese dann nicht auch entreißen? Hexen erinnern uns an die dunkle Seite menschlichen Begehrens. Aus diesem Grund finden wir regelmäßig Gründe, um sie auf dem Scheiterhaufen zu verbrennen.

In seinem Buch »Die weiße Göttin« behauptet Robert Graves, wahre Dichtung sei wie eine Anrufung der dreigestaltigen Göttin der Antike (die über Geburt, Tod und Fortpflanzung herrscht), und die Treue des Dichters zu ihr bestimme die Authentizität seines Werks. »Das vordringliche Thema der Poesie«, schreibt Graves, »sind die Beziehungen zwischen Mann und Frau und nicht die zwischen Mann und Mann, wie es die apollinischen Klassiker gern sähen.« Der männliche Dichter umwirbt die Göttin mit Worten, um an ihrem Zauber teilzuhaben. Er naht sich ihr zugleich als demütiger Bittsteller und als ihr Priester. Was bleibt für die dichtende Frau? Sie muß selbst zu einer Inkarnation der dreiheitlichen Göttin werden und alle ihre Wesenszüge, ob kreativ oder destruktiv, in sich vereinen. Deshalb ist es so gefährlich, eine Dichterin zu sein. Sie hat immer etwas von einer Hexe.

Adelaide Crapseys* Gedicht »Die Hexe« macht dies anschaulich:

Als Mädchen einst am Nil ich stand
und sah die Wüstensterne steigen.
Mein Liebster, der die Sphinx ersann,
trank seine Träume aus meinen Augen.

In Hellas trug ich einen Namen heiß,
in Italien war ich Madonna einst
für einen jungen Malerknaben
und Mätresse eines Medici.

Und hast du gehört (ich hab es gehört),
wie ratlose Männer mit Mienen so hohl
ihr Urteil fällten: Die Dirn' weiß zuviel,
und hängten sie in Salem.

Auf Jugendliche üben Hexenkünste eine starke Faszination aus. Junge Mädchen, von der Gesellschaft ihrer Macht beraubt und von ihren körperlichen Veränderungen überwältigt, sind ganz vernarrt in die Idee, einen Hexenzirkel zu gründen. Jedweder Firlefanz, der mit Magie zu tun hat, wird aufgegriffen und nach eigenem Gusto verwendet.

Die Tatsache, daß ich ein Buch über Hexen schrieb, machte mich in den Augen der Töchter meiner Freundinnen zu einem Wundertier. Übrigens wurde es von allen meinen Büchern am häufigsten mit dem Bann belegt – wahrscheinlich weil die Vorstellung weiblicher Göttlichkeit noch immer vielen Menschen ein Greuel ist. Einmal bekam ich ein Polaroid-Foto zugeschickt, das ein halb versengtes Exemplar

* Adelaide Crapsey (1878–1914), eine wenig beachtete Dichterin zu Ende des neunzehnten und Beginn des zwanzigsten Jahrhunderts, beschäftigte sich häufig intensiv mit Frauenthemen.

von »Witches« zeigte. In dem beiliegenden Brief stand: »Mein Vater hat Ihr Buch verbrannt. Können Sie mir vielleicht ein neues schicken?« So viel zur Wirksamkeit von Zensur.

Je weniger Macht Menschen haben, desto größer wird ihre Sehnsucht nach magischen Kräften, was auch erklärt, warum in einer sexistischen Gesellschaft die Magie zu einer weiblichen Domäne wird. Und worum geht es bei den meisten Zaubersprüchen? An erster Stelle steht der Liebeszauber, normalerweise dicht gefolgt vom Schadenzauber, bei dem einem Feind etwas angehext wird. Wenn Männer sich mit Zauberei befassen, geht es eher um unbegrenzte Macht (man denke an Faust) oder Unsterblichkeit (die Pharaonen im alten Ägypten). Heutige Magnaten, die ein Vermögen für das Einfrieren ihres Leichnams ausgeben, zeigen auch wenig Neigung, sich mit Liebeszauber zu befassen. Ihre Liebe ist Selbstliebe. Sie haben einzig das Überdauern der eigenen Gene im Sinn, an einem Verschmelzen mit einem geliebten Menschen ist ihnen nicht gelegen.

Hexerei ist und bleibt also eine weibliche Obsession.

John Updike gelang es in seinem Roman »Die Hexen von Eastwick« dem weiblichen Drang zur Magie auf den Grund zu gehen. Frauen, denen man die Macht versagt, benutzen ihren Hexenzirkel, um sich zu heimlichen Herrscherinnen ihrer kleinen Stadt aufzuschwingen. Ihre Magie läßt sich nicht von ihrer Sexualität trennen. Und das ist natürlich der springende Punkt.

Ich wäre liebend gern eine Hexe. Ich würde wahnsinnig gern lernen, wie ich alles, was sich unserer Kontrolle entzieht, dank geheimer Zaubersprüche meinem Willen unterwerfen könnte. (Wer würde das nicht?) Ich glaube, mein Motiv, »Witches« zu schreiben, war tatsächlich die Hoffnung, ich würde dabei lernen, mein eigenes Geschick mit Hexerei zu meistern. In dieser Beziehung erging es mir wie Fanny, der Hauptfigur meines dritten Romans, die sich auch zum Studium der Hexenkünste hingezogen fühlte, weil es ein Mittel zum Erlangen von Herrschaft war. Die Heldin von »Fanny. Die wahre Geschichte der Abenteuer der Fanny Hackabout-Jones« ist eine hilflose Waise aus dem achtzehnten Jahrhundert, die von ihrem Pflegevater vergewaltigt wird und sich der Hexerei zuwendet, weil sie hofft, damit das Machtgefälle zu den Männern zu beseitigen und sich mit ihnen auf eine Stufe zu stellen. Ich dachte mir einen Zirkel von proto-feministischen Hexen aus, die die mangelnde Macht der Frauen in der Gesellschaft durch Zauberei und Fliegenkönnen zu kompensieren versuchen. Sie weihen Fanny in ihre Kunst ein, und die neu erworbene Macht bleibt bis zum Ende ihres Lebens bei ihr und hilft ihr – wenn auch auf andere Weise, als sie ursprünglich erwartet hatte. Die Zauberkunst in »Fanny« erweist sich als die gleiche Magie, mit der Mütter ihre Töchter inspirieren und umgekehrt. Es ist die uralte, Leben schenkende Weisheit der Frauen.

Es hat sich einiges für die Frauen getan seit der Zeit, als ein Gott in weiblicher Gestalt völlig unvorstellbar war. Inzwischen ist die Vorstellung einer inspirierenden Göttin fast schon ein Gemeinplatz geworden. Trotzdem sind die Frauen den Männern in politischer und wirtschaftlicher Hinsicht immer noch nicht gleichgestellt. Wird es je dazu kommen? Und besteht unsere Stärke immer noch darin, Leben zu schenken? Wenn ja – ob man uns je dafür vergeben wird?

Da die Göttin der Geburt zugleich die des Todes ist, beschuldigt man die Frauen, nicht nur das Leben, sondern auch den Tod in die Welt gebracht zu haben. Aus demselben Grund wird die Hexe einerseits als jung, schön und mit Blüten geschmückt dargestellt und andererseits als schauerliches, mit Spinnweben überzogenes, altes Weib. Sie repräsentiert die Gesamtheit der Lebensstadien, und wenn sie uns Angst macht, dann aus dem Grund, weil der Kreislauf des Lebens angst macht. Unerbittlich folgen sie einander und erinnern uns an die Unbeständigkeit alles Lebendigen.

Es gab Zeiten, in denen es weniger beunruhigend schien, schöne junge Männer zu verehren – Michelangelos David, die idealen Knaben der platonischen Dialoge –, denn man konnte sie sich leichter als losgelöst von Wandel und Verfall vorstellen. Von Zeit zu Zeit machen unsere religiösen Glaubenssysteme diesen Umbruch von der Verehrung der weiblichen Zyklen von Geburt bis Tod zu der isolierten Vollendung jugendlicher Männlichkeit durch. Die sokratische Vorstellung, wahre Liebe sei nur zwischen Männern möglich, bedeutet sowohl eine Verleugnung der Frau wie ein Leugnen des Todes. Die Ablehnung blutiger Monatszyklen, plärrender Kleinkinder und chthonischer Rachefeldzüge gewinnt in vielen Gesellschaften wieder an Boden. Man macht die Frau zum Sündenbock für die Sterblichkeit und bestraft sie, als sei sie für sämtliche Launen der Natur verantwortlich, Mutter Natur persönlich – was sie natürlich ist.

Da wir die Erben einer Weltanschauung sind, die den Mann mit der Vernunft und die Frau mit der Natur gleichsetzt, sind wir noch immer im Banne der Vorstellungen, die zu den Hexenverbrennungen führten. Erst wenn wir das Wesen der Hexe wirklich verstehen, verstehen wir die Frauenfeindlichkeit unserer Gesellschaft. Und dann können wir auch verstehen, weshalb man die Frauen jahrhundertelang verunglimpft hat. Die Hexe ist eine Projektion der schlimmsten Befürchtungen bezüglich der Frauen. Ob die Hexe Kinder mästet, um sie zu verspeisen, wie in Hänsel und Gretel, oder ob sie in einem Schlammloch versinkt und verschwindet wie in »Der Zauberer von Oz«, stets ist sie in einer Dimension angesiedelt, wo aus den primitiven Ängsten der Kinder reale Wünsche werden.

Liebe scheint dank magischer Liebespüppchen in greifbare Nähe zu rücken. Unter der Erde schimmern goldene Berge.

Eine magische Formel genügt, und die Feinde sind verschwunden oder die Blumen beginnen zu blühen. Wenn es ihr paßt, kann die Hexe dafür sorgen, daß sich Menschen in Nichts auflösen, daß ein Jahr lang nur Frühling herrscht oder daß der Löwe beim Lamm liegt. Sie kann fliegen und es anderen ermöglichen zu fliegen. Sie kann den Tod aufheben.
Zweifellos möchten wir so sein wie sie, und ein Buch über Hexenkünste ist da bloß der Anfang. Wie bei allen geheimen Künsten müssen wir erst Lehrlinge werden, um zaubern zu können. Die größten Geheimnisse der Zauberkunst sind nirgendwo abgedruckt. Eine Hexe gibt ihr *grimoire*, ihr Hexeneinmaleins an ihre Nachfolgerin weiter, und nur diese kann die verschlüsselten Bannsprüche und Rezepte entziffern. Wenn eine echte Hexe ihre Geheimnisse der Öffentlichkeit preisgeben würde, würde sie umgehend ihre Macht einbüßen.
»Geteilte Macht ist verlorene Macht«, sagen die Hexen. Der Legende nach sollen echte Zauberbücher zwar gelegentlich gedruckt worden sein, doch noch bevor man das Buch binden konnte, gingen die Seiten urplötzlich in Flammen auf. Deshalb mußte ich sehr vorsichtig sein, als ich »Witches« veröffentlichte. Wie der Weber eines schönen Teppichs, der nicht den Zorn Allahs erregen will, mußte ich kleine Irrtümer einarbeiten. Ich mußte bestimmte Botschaften verschlüsseln und bei meinen Rezepten und Zauberpraktiken bestimmte Zutaten oder Vorbereitungsschritte auslassen. Denn sonst wäre das Buch nur noch ein Häufchen Asche gewesen, noch bevor jemand es gelesen hätte. Aber die kluge Leserin, die künftige Hexe, das Naturtalent in Sachen Hexerei, wird beim Lesen eines Buchs über Hexenkünste stets eine Schreibfeder in der Hand halten, die sie in unsichtbare Tinte getaucht hat. Von einer verborgenen Macht geleitet, wird sie damit all das hinzusetzen, was in meinem Text fehlt. Dank Übung und tiefer Konzentration wird die Hand der Schülerin die Lücken der Formel ausfüllen. Ge-

nau wie das Orakel von Delphi Worte sprach, deren Sinn es selbst nicht erkennen konnte, wird die Hand der echten Zauberlehrlingin die Wahrheit niederschreiben. Achten Sie auf jene Worte. Sie sind alle Hexerei, die Sie brauchen.

Kapitel 5

Blut und starke Nerven:

Eine Schriftstellerin am Ende des 20. Jahrhunderts

Es war besser, in einem Gefängnis zu sein, wo man gegen die Wände trommeln, als in einem, das man nicht sehen konnte.
Carson McCullers

In Cynthia Ozicks Shortstory »Virility« (»Männlichkeit«) kommt ein untalentierter Dichter zu Ruhm und Ehre, als er die Gedichte seiner talentierten Tante unter seinem Namen veröffentlicht. Der Titel dieses Buchs ist »Männlichkeit«, und dementsprechend wird es für seine »maskulinen« Vorzüge gelobt: Kraft, Stärke, Beherrschung. Anerkannt von der Kritik und von den Frauen geliebt, kassiert der Dichter hohe Honorare bei Lesungen und erfreut sich eine Zeit lang eines uneingeschränkten Erfolgs, wie ihn nur ein Mann in der Männerwelt erringen kann. Als die Tante stirbt, bricht er zusammen. Von Reue überwältigt, veröffentlicht er ihre letzten Gedichte unter ihrem eigenen Namen und gesteht seinen Schwindel. Schließen die Kritiker nun daraus, Genie kenne kein Geschlecht? Loben sie das Werk der Dichterin endlich um seiner selbst willen? Natürlich nicht. »Hübsche, jungmädchenhafte Verse«, schreiben die Kritiker. »Schwache, frauentypische Empfindungen.« Eine Rose mit einem anderen Namen duftet eben nicht so süß. Das Gedicht eines männlichen Poeten riecht männlich. Ist eine Frau die Verfasserin, riecht dasselbe Gedicht nur noch schwach.

Eine der denkwürdigsten und leicht schaurigen Erinnerungen aus meiner Collegezeit verbindet sich mit dem Besuch eines berühmten Kritikers in unserem Seminar für Creative Writing, wo er mit donnernder Stimme folgendes verkündete: »Frauen können keine richtigen Schriftsteller sein. Sie haben keine Ahnung von Blut und starken Nerven, vom Auf-die-Straße-Kotzen, Nutten-Ficken und davon, früh um fünf über die Place Pigalle zu stolzieren ...« Das erstaunlichste war aber die Reaktion darauf – beziehungsweise, daß es keine gab. Das Ganze spielte sich 1961 oder 62 ab, und da saßen wir nun, wir angehenden Schriftstellerinnen, und hörten uns ohne ein Wort des Widerspruchs dieses Gewäsch an. Mit im Schoß gefalteten Händen, züchtig niedergeschlagenen Augen, das Herz noch niedergeschlagener, lauschten wir lammfromm der männlichen Stimme der Autorität, die uns weismachen wollte, was Frauen schreiben können und was nicht.

Seit damals hat sich einiges verändert. Als ich das College besuchte (1959–1963), gab es noch keine Kurse in *Women's Studies*, keine Anthologien mit Schwerpunkt auf weiblichen Autoren, keine öffentliche Frauenbewegung. Dichtung, das hieß William Butler Yeats, James Dickey, Robert Lowell. Ohne es überhaupt zu bemerken, ging ich davon aus, daß die Stimme eines Dichters männlich zu sein hatte. Dabei erhielt ich durchaus eine gute literarische Bildung, keine Frage. Barnard war ein wunderbarer Ort, wo eine Studentin tatsächlich einen akademischen Grad dafür erhielt, daß sie in der Bibliothek bändeweise Chaucer und Shakespeare, Byron und Keats verschlungen hatte; doch die gesamte weibliche Seite unseres literarischen Erbes sollte ich erst Jahre später für mich entdecken, als ich in den Sog der Frauenbewegung geriet.

Kein Kritiker, und sei er noch so berühmt, würde es heute wagen, dergleichen vor einem College-Publikum zu äußern, auch wenn er als Privatmann noch so sehr davon überzeugt wäre. Heute wird Sexismus ein bißchen besser verschleiert, ist aber keineswegs ausgestorben. Ebensowenig würden die Teilnehmerinnen eines College-Seminars heute sanftmütig dasitzen und sich derartigen Stuß anhören. Dies gehört zu den Dingen, die erst nach meinem Collegeabschluß aufkamen, und ich bin stolz darauf, daß ich zu dieser Entwicklung beigetragen haben. Wenn ich heute in einem College zu einer Lesung eingeladen werde, stelle ich jedesmal fest, daß die Studenten und Studentinnen Werke zeitgenössischer Autorinnen lesen und diskutieren, als habe es die Zeit nie gegeben, wo ein Kritiker behaupten konnte »Frauen können keine richtigen Schriftsteller sein« – nicht einmal im Spaß. Ich bin für diese Wende dankbar, denn sie kam nicht ohne Schmerzen zustande. Auch handelt es sich dabei nicht unbedingt um eine bleibende Veränderung. Es ist gut möglich, daß wir, so wie einst die Frauenrechtlerinnen der zwanziger Jahre, es noch erleben müssen, wie das Interesse an weiblichen Leistungen wieder einmal im Schatten eines reaktionären Sexismus verblaßt, um erst Jahrzehnte später ein weiteres Mal mit Feuereifer neu entdeckt zu werden.

Es ist schon paradox, daß dieser Kritiker – es war der inzwischen verstorbene Anatole Broyard – ausgerechnet »Blut und starke Nerven« als das hervorhob, was den weiblichen Autoren angeblich fehlt, denn es liegt auf der Hand, daß gerade das weibliche Geschlecht mit den rohen Säften und Kräften der Natur aufs engste vertraut ist. Aber wir können den Kritiker besser verstehen, wenn wir uns daran erinnern, daß die Schriftstellerinnen des 19. Jahrhunderts für ihre Empfindsamkeit und übermäßige Wohlanständigkeit (was angeblich wahre Größe ausschließt) verunglimpft wurden, während sie in den letzten zwanzig Jahren von männlichen Kritikern gerade wegen ihrer Unschicklichkeit verdammt wurden – die sich anscheinend ebensowenig mit geistiger Größe verträgt. Egal was Frauen tun oder lassen – wenn es nach den Chauvinisten geht, schließt es in jedem Fall Größe aus. Wir müssen diese Art der Argumentation als das ansehen, was sie ist: ein Vorurteil.

Zu Beginn der »neuen« Frauenbewegung (Ende der sechziger, Anfang der siebziger Jahre) gab es in den Werken weiblicher Autoren so viel Blut und starke Nerven, daß man sich fragte, ob schreibende Frauen noch irgend etwas anderes taten als zu menstruieren und ihre Wut rauszulassen. Aus dem engen Gefängnis der Schicklichkeit befreit, endlich befreit vom Zwang, Sanftmut zu heucheln, dankbar dafür, daß wir endlich unseren befreienden Zorn spüren konnten, schäumten wir vor Wut und Spott und menstruierten uns durch ganze Bände von Prosa und Lyrik. Für Autorinnen, die sich einen heilsamen Rest von Ironie bewahrt hatten, war dies völlig in Ordnung, doch in vielen Fällen war die Wut stärker als das Schreiben. Auch zeigte der literarische Feminismus nach einiger Zeit die Tendenz, zur Konvention zu erstarren. Wut wurde für die Generation von Schriftstellerinnen, die Ende der sechziger und Anfang der siebziger Jahre mündig wurden, fast in der gleichen Weise zur allgemeinen Pflicht wie Anstand und Sanftmut es für eine frühere Generation gewesen waren. Die Feministinnen bewiesen bis zum Exzeß, daß sie genauso rigide dogmatisch sein konnten wie jede andere Gruppe. Sie hatten keine Hemmungen, Kunstwerke aus politischen Gründen zu kritisieren oder Gedichte und Romane abzulehnen, weil sie sich mit angeblich konterrevolutionären Themen befaßten.

Das war bedauerlich. Es war aber auch, wie ich annehme, unvermeidlich. Der Zorn darüber, daß Talent patriarchal erstickt wurde, war so viele Jahrhunderte lang unterdrückt, daß viele Schriftstellerinnen, als sie ihrer Wut freien Lauf lassen konnten, zugleich ihren Sinn für Humor völlig einbüßten. Aber es konnte niemand behaupten, es sei unwichtig, sich seines Zornes bewußt zu werden. Das war vielmehr eine wesentliche Phase des weiblichen Schreibens. Nichts ist destruktiver für den Geist und letztendlich für die Kreativität als falsche Demut und uneingestandene Wut. Nichts ist befreiender für eine Frau oder eine Schriftstellerin, als die Freuden des Masochismus fahren zu lassen und statt dessen den Kampf aufzunehmen. Aber wir dürfen nie vergessen, daß Kämpfen nur der Anfang ist. Virginia Woolf weist in »Ein Zimmer für sich allein« darauf hin, daß viele Bücher von Frauen durch Wut und Bitterkeit im Zentrum zerstört wurden. Wut öffnet die Tür zum Geist, aber dann muß der Geist Nahrung bekommen. Das ist sicher nicht einfach, denn Schriftstellerinnen werden sehr leicht verdammt, ganz gleich, was sie tun. Wenn wir lieb und behutsam auftreten, werden wir verdammt, weil wir nicht »stark« genug sind (und nichts mit Blut am Hut haben), und wenn wir vor Wut schäumen, dann beschuldigt man uns, »kastrierend«, amazonenhaft und allzu grob zu sein. Wie klingt die authentische Stimme der Schriftstellerin? Weiß das jemand? Kann irgend jemand sagen, wie sich die authentische Stimme der *Frau* anhört? Klingt sie lieblich und leise wie die Stimme von Shakespeares Cordelia oder wütend und kraftvoll wie die Stimme der Lady Macbeth?

Meiner Meinung nach ist das Problem, daß die Frauen nie lange genug in Ruhe gelassen wurden, um ganz *sie selbst* zu sein und es allein herauszufinden. Die Männer brauchen uns so sehr und haben solche Angst davor, uns zu verlieren, daß sie ihre Macht benutzten, um uns einzusperren – erst hinter massive Burgmauern, und als das nicht mehr ging, hinter Mauern aus Märchen und Gerüchten. Diese Märchen, die vor allem verhindern sollten, daß wir uns unserer eigenen Stärke bewußt wurden, haben viele Generationen von Frauen verwirrt. Angeblich waren wir schwach; doch mit zunehmendem Alter wurde uns klar, daß wir stark waren. Angeblich liebten uns die Männer, weil wir unselbständig waren, doch als wir älter wurden, erkannten wir, daß sie uns – wenn auch gegen ihren Willen – wegen unserer Unabhängigkeit liebten, und wenn sie es nicht taten, dann merkten wir, daß uns dies nicht immer sonderlich tangierte. Wir entdeckten, daß wir uns nur dann weiterentwickelten, wenn wir uns selbst ein bißchen liebten und unsere Stärken obendrein, und so erkannten wir, paradoxerweise, daß wir nur dann erwachsen werden konnten, wenn wir das Gegenteil von dem taten, was die Gesellschaft von uns erwartete. Man gab uns zu verstehen, daß unser Charme in unserer Hilflosigkeit liege, doch um zu überleben, mußten wir stark sein und uns zu helfen wissen. Man sagte uns, wir seien von Natur aus unentschlossen, doch sehr oft schien unser Überleben davon abzuhängen, daß wir unsere eigenen Entscheidungen trafen. Man behauptete, daß bestimmte willkürliche Definitionen der Frau auf unveränderlichen Naturgesetzen beruhten, biologische »Fakten« seien, doch häufig war unsere Existenz davon abhängig, daß wir diese angeblich unwandelbaren Dinge abänderten, ja sogar davon, daß wir den Lebenssinn in einer ständigen Veränderung sahen.

Wenn ich auf die Jahre seit meiner Collegezeit zurückblicke und versuche, alles, was ich gelernt habe, zusammenzufassen, dann ist es genau dies: keine Angst vor Veränderungen zu haben und nicht zu erwarten, daß mein Leben immer so bleibt, wie es ist. Alles, was mir in den letzten Jahren an Gutem widerfahren ist, entsprang ausnahmslos meiner Bereitschaft zur Veränderung – daß ich das Unbekannte wagte und genau das tat, wovor ich mich am meisten fürchtete. Jedes Gedicht, jede Seite Prosa, die ich schrieb, wurde im Zustand der Angst, gelegentlich sogar der Panik geschrieben und immer in der Ungewißheit über die Reaktion der Öffentlichkeit. Jede Lebensentscheidung, die ich traf – vom Berufswechsel über den Wechsel des Partners bis zum Wechsel des Wohnorts – wurde mit Zittern und Zagen getroffen. Ich habe nicht aufgehört, ängstlich zu sein, aber ich habe aufgehört, mich von der Angst beherrschen zu lassen. Ich habe Angst als einen Teil des Lebens akzeptiert, insbesondere die Angst vor der Veränderung, die Angst vor dem Unbekannten. Ich bin weiter vorangegangen trotz meines klopfenden Herzens, das mit jedem Pochen sagte: Kehr um, kehr um; wenn du dich zu weit vorwagst, bedeutet es deinen Tod!

Ich halte mich für eine ziemlich typische Angehörige des weiblichen Geschlechts. Was meine Ängste und Gefühle betrifft, unterscheide ich mich nicht von meinen Leserinnen. Durch das Schreiben gelange ich vielleicht an Orte und in Situationen, wohin ich sonst nicht kommen würde, aber wenn ich nachts im Dunkeln wach liege, gehen mir dieselben Gedanken im Kopf herum wie jeder Frau. Ich habe nichts übrig für Frauen, die es weit gebracht haben und die jetzt meinen, ihr Erfolg habe sie aus dem normalen Verlauf eines Frauenlebens herausgehoben. Ich zucke zusammen, wenn ich sie zu ihren ängstlichen, noch nicht flüggen Schwestern sagen höre: »Ich habe es geschafft, obwohl ich kaum eine Chance hatte. Du kannst das auch.« Als Schriftstellerin glaube ich, daß meine Quelle der Inspiration eben darin liegt, daß ich nie vergesse, wieviel ich mit anderen Frauen gemeinsam habe, und daß ich weiß, wie sehr sich unsere Fesseln gleichen. Ich schreibe nicht über Superfrauen, die über sämtliche Konflikte erhaben sind. Ich schreibe über Frauen, die – wie die meisten von uns – hin und her gerissen sind zwischen gestern und morgen, zwischen den Frustrationen unserer Mütter und den extravaganten Hoffnungen, die wir für unsere Töchter hegen. Ich weiß gar nicht, worüber eine Autorin noch schreiben könnte, wenn ihre Figuren allesamt problemlose Superfrauen wären. Konflikte sind die Seele der Literatur.

Sicher fände ich es nicht schlecht, wenn die Welt so beschaffen wäre, daß meine Tochter sich frei entscheiden könnte, *keine* Feministin zu sein, und – falls sie Schriftstellerin werden wollte – die Freiheit hätte, *nicht* über weibliche Konflikte zu schreiben, und nicht davon auszugehen bräuchte, daß der Zufall ihrer Geschlechtszugehörigkeit sie dazu zwingt, ihrem Schaffen eine bestimmte kreative Richtung zu geben. Ich würde eine Welt begrüßen, in der Feminismus überholt ist. Aber ich würde auch gern eine Welt sehen, in der Männer frei von männlichen Vorurteilen schreiben und in der phallozentrierte Legenden als ebenso bizarr wahrgenommen würden wie die absurden Exzesse militanter feministischer Rhetorik, und in der das Bewußtsein so wahrhaft androgyn geworden wäre, daß das Adjektiv »feministisch« schon ein veraltetes Wort wäre, das keiner mehr recht verstünde. Ich wünschte, ich könnte glauben, daß unsere Gesellschaft sich bereits in diese Richtung bewegt. Doch das ist nicht der Fall. Nach einem kurzen Flirt mit der Idee der Gleichstellung, der durch die sogenannte neue Frauenbewegung hervorgerufen wurde, gleitet die Gesellschaft jetzt zurück in ihren altgewohnten Sexismus – natürlich mit einigen trendigen neuen Schlagworten versehen.

Einige radikale Feministinnen haben diesem Prozeß des Zurückgleitens Vorschub geleistet, indem sie genauso einseitig dogmatisch wurden wie der dogmatischste männliche Chauvinist und sich von dem lossagten, worin die meisten Frauenleben verankert sind: Kinder, die sie lieben, und Männer, mit denen sie zu leben lernen. Es ist unrealistisch, daß die Frauen, nachdem sie Millionen Jahre menschlicher Evolution in Familien und Stammesgemeinschaften gelebt haben, urplötzlich keine geselligen Wesen mehr sein sollten und statt dessen zu Einsiedlerinnen oder feministischen Kommunardinnen werden. Das menschliche Bedürfnis nach Gesellschaft und Sexualität ist weit stärker als alle intellektuelle Theorie. Deshalb geht es nicht darum, die Frauen davon abzuhalten, Familien zu gründen, sondern daran zu arbeiten, daß ihre Position in der Familie nicht so sehr der einer Beinahe-Sklavin gleicht, sondern mehr der eines autonomen Individuums.

Was bedeutet dies alles für eine Schriftstellerin unserer

Zeit? Meistens, daß sie sich in einem Dilemma befindet. Als scharfe Beobachterin der Gesellschaft kann es ihr nicht entgehen, daß Frauen noch immer benachteiligt werden (häufig in einer Weise, die diese emotional verkrüppelt oder physisch vernichtet), doch als Künstlerin kann sie nicht zulassen, daß ihre Visionen durch die kurzlebigen Dogmen politischer Bewegungen korrumpiert werden. Es ist einfach nicht möglich, ein gutes Buch zu schreiben, das die grundsätzliche Richtigkeit des Lesbentums oder der Heterosexualität, des Kinderkriegens oder des Verzichts auf Kinder, der Liebe zu Männern oder des Männerhasses »beweist«. Für selbstgerechte Einstellungen ist kein Platz in der Literatur. Natürlich wird eine gute Beobachterin starke Empfindungen für die Unterdrückung um sie her hegen, für die unmenschliche Einstellung des Mannes zum Mann, des Mannes zur Frau, der Frau zur Frau, aber ihre Sichtweise muß im wesentlichen persönlich bleiben und nicht abstrakt-politisch. Bücher werden nicht von Komitees geschrieben, jedenfalls keine guten. Und die Schriftstellerin hat das gleiche Recht wie jede Künstlerin auf ihre im wesentlichen individuelle und nur ihr eigene Sichtweise. Wenn wir ihre Bücher nach ihrer politischen Korrektheit beurteilen, erzwingen wir ihr einen schlechten Dienst, so als beurteilten wir sie nach ihrem Aussehen oder ihrer Entscheidung in der Wahlkabine. Bestimmt ist die Geschichte voll von solchen Vorurteilen – wobei der größte Teil nicht von Frauen stammt –, aber sie stehen immer im Widerspruch zum Erschaffen eines Kunstwerks.

Nachdem ich dies losgeworden bin, muß ich dankbar bekennen, daß die neue Frauenbewegung mein Schreiben und mein Leben befreit hat. Und zwar nicht, indem sie mir irgendwelche dogmatischen Glaubenssätze an die Hand gab, sondern weil sie es mir leichter machte zu glauben, daß andere dasselbe fühlen wie ich. Literatur, so wie wir sie früher kannten, war die des weißen, wohlhabenden Mannes. Die weibliche Erfahrungswelt war fast völlig ausgespart. Durch die neue Frauenbewegung lernte ich davon auszugehen, daß meine Gedanken, Alpträume und Wunschvorstellungen die gleichen wie die meiner Leserinnen waren. Jedesmal, wenn ich eine Phantasievorstellung von mir beschrieb, die ich für total privat, bizarr und abartig hielt, entdeckte ich, daß Tausende von fremden Menschen dieselbe private, bizarre Phantasie gehabt hatten. Kurz gesagt, ich habe gelernt, mir selbst zu vertrauen.

Es kommt mir so vor, als ob die Schriftstellerinnen heute, nachdem sie eine ganze Literatur von weiblicher Wut und weiblicher Nabelschau hervorgebracht haben, nun in die nächste Phase eintreten – die Phase der Empathie. Ohne unsere schwer errungene Wut zu vergessen und ohne zu vergessen, wie viele puritanische Stimmen noch immer unsere Sexualität einer Zensur unterwerfen möchten, sind wir jetzt frei dafür geworden, die ganze Welt der Gefühle in unseren Texten auszuloten – und nicht auf ewig in der Phase hängenzubleiben, wo es darum ging, unseren verdrängten Zorn wiederzufinden. Zorn ist ein starker Antrieb für die Kreativität, doch wohl kaum der einzige. Stärker noch als Zorn ist die emotionale Neugier, das Mittel, durch das wir uns in andere Seinsformen und Lebenswege, andere historische Epochen und Galaxien hineinversetzen.

Neugier ist mutiger als Wut. Entdecken ist ein nobleres Vorgehen als Kämpfen. Das Unbekannte winkt uns heran, es läßt seinen Sirenengesang ertönen und unsere Herzen vor Bangigkeit und Sehnsucht lauter schlagen. Ich sehe uns eine Welt betreten, in der Schriftstellerinnen ohne die Schere im Kopf, ohne Angst vor der Kritik schreiben werden, ich sehe jedoch nur selten, daß die Kritiker Schritt halten. Manchmal denke ich, daß die Reaktion auf Bücher von Frauen sich seit der Zeit der Kurzgeschichte mit dem Titel »Männlichkeit« nicht verändert hat, auch wenn jetzt eine neue Generation junger Autorinnen rückhaltlos voran strebt.

Die Literatur wie das Leben befinden sich inmitten einer unvollendeten Revolution. Die Entdecker stachen ohne Rettungsausrüstung in See. Aber noch immer werden sie von Piraten verfolgt, die ihre Decks entern und ihre Schiffe versenken wollen. Und manche dieser Piraten sind, und das finde ich traurig, andere Frauen.

Kapitel 6

Jane Eyres ungebrochener Wille

Alles in allem ist die Autobiographie der Jane Eyre ein antichristliches Werk.

Elizabeth Rigby

Wenn ein Buch von den Lesern geliebt und von den zeitgenössischen Kritikern gehaßt wird, steht zu vermuten, daß gerade eine Bewußtseinsrevolution im Gang ist. Bei »Jane Eyre« war dies mit Sicherheit der Fall. Der Autor mit dem Pseudonym Currer Bell wurde beschuldigt, »den denkbar größten Verstoß eines Romanschreibers gegen die Sittlichkeit begangen zu haben, nämlich einen nichtswürdigen Charakter für die Leserschaft interessant zu machen.« Es hieß, daß Buch sei verderblich und vulgär, weil es dem Publikumsgeschmack für »illegitime Romanzen« Vorschub leiste. Und was den Charakter der Heldin betraf, so hieß es: »Jane Eyre ist durchgängig die Verkörperung eines verstockten und undisziplinierten Geistes ... sie hat die schwerste Sünde unserer gefallenen Natur ererbt – die des Stolzes.«
Diese Vorwürfe wurden von einer Rezensentin namens Elizabeth Rigby im *Quarterly Review* von 1848 erhoben, ein Jahr nach der Erstveröffentlichung des Romans, als dieser bereits ein Riesenerfolg war. Die Kritikerin war zugleich bemüht, das Gerücht zu widerlegen, »Currer Bell« sei eine Frau, und zwar mit der Begründung, daß die Schilderungen von Kochkunst und Mode keiner weiblichen Feder entstammen konnten. Sie vertrat auch die Meinung, das Buch werde

dem Stand der Gouvernanten mehr schaden als nützen, und um das Maß vollzumachen, verdammte sie Jane Eyre als eine Frau »die wir weder in unseren Bekanntenkreis aufnehmen noch zu einer Freundin erheben oder als Verwandte wünschen sollten, und deren Beschäftigung als Gouvernante auf jeden Fall zu vermeiden sei.«

Derartige moralische Verunglimpfungen wären zu absurd, um zitiert zu werden, wenn sich darin nicht bereits dieselben Vorwürfe ankündigten, die gegen jeden bedeutenden Roman des 19. und 20. Jahrhunderts erhoben werden sollten, in dem eine Frau nicht als Klischeefigur, sondern als Mensch in seiner ganzen Komplexität dargestellt wurde. Ja, sie lassen sogar schon die heutigen Angriffe auf den Zorn, die Anmaßung und die nonkonformistische Haltung der Frauen ahnen – ob sich diese nun in der Literatur oder im Leben manifestieren. Denn Jane ist tatsächlich eine Frau, die sich ständig widersetzt. Sie lügt auch dann nicht, wenn dies ihr Fortkommen erleichtern würde. Vom ersten Augenblick an, in dem wir ihre Bekanntschaft machen, kämpft sie gegen ihr ungerechtes Los und läßt sich nicht dazu bewegen, Demut als ihre einzige Wahl anzuerkennen. In vielfacher Hinsicht ist sie die erste moderne Heldin der Romanliteratur.

Die anhaltende Beliebtheit von »Jane Eyre« bei den Leserinnen beruht mit Sicherheit auf Janes unbeugsamem Geist. Obwohl sie jeden Grund hat, sich entmutigt und niedergeschmettert zu fühlen, läßt Jane sich nicht unterkriegen. Ihr Wille bleibt ungebrochen. Weder schön noch reich noch von einer liebevollen Familie umsorgt, besitzt Jane doch das Kostbarste, das eine Frau haben kann: Selbstachtung. Allein das würde schon genügen, um die Heldin zu einem leuchtenden Vorbild zu machen. Niemand kann ihr das Bewußtsein ihres eigenen Werts nehmen. Das ist gleich am Anfang des Buchs spürbar, als die zehnjährige Jane zu ihrer angeblichen Wohltäterin Mrs. Reed (die sie ungerecht bestraft hat, indem sie sie von ihren eigenen Kindern – Janes Kusinen und Vetter – absonderte) sagt: »Sie sind es nicht wert, mit mir zu verkehren.« Wir lieben Jane, weil sie weiß, was sie wert ist – ein unverzeihlicher Fehler bei Mädchen und Frauen.

Es ist ihre innere Festigkeit, die sie an der Lowood School rettet, wo unfaire Strafen verhängt werden und wo die Mädchen, die dorthin geschickten wurden, Hunger leiden und krank werden. Helen, die ungerechte Strafen demütig hinnimmt, stirbt. Jane überlebt, weil sie sie nicht akzeptiert. Es ist auffällig, wie oft Jane, wie von einer unwiderstehlichen Macht besessen, genau das sagt, wovon sie weiß, daß sie es lieber bleiben lassen sollte. Sie handelt aktiv, obwohl ihre gesamte Erziehung auf ein passives Verhalten abzielt. Sie sagt die Wahrheit statt der erwarteten Schmeicheleien. Sie sehnt sich nach der großen weiten Welt, obwohl man erwartet, daß sie ihr Los geduldig ertragen soll. »Ich konnte es nicht ändern; die Ruhelosigkeit lag in meiner Natur«, sagt sie, während sie im dritten Stock von Thornfield Hall »auf und ab« schreitet. »Frauen empfinden genauso wie Männer«, meint Jane. »Sie brauchen ebenso wie ihre Brüder einen Tätigkeitsbereich, in dem sie ihre Fähigkeiten entfalten können.«

Wenn ein Buch so viele Nachahmer gefunden hat wie »Jane Eyre« und so viele schlechte Kopien, Verfilmungen und Bearbeitungen erzeugt hat, dann ist es nötig, zurück zum Text zu gehen und ihn noch einmal so anzusehen, als wäre es das erste Mal. Was an diesem Roman imitiert wurde, war in den meisten Fällen nicht der Widerstandsgeist der Heldin, sondern das düstere Haus mit seinem dunklen Geheimnis, der finstere Held und die unter einem Unstern stehende Liebschaft der beiden Hauptfiguren. Diese Dinge sind meiner Meinung nach jedoch die *unbedeutendsten* Elemente der Geschichte. Wenn Jane eine passive Heldin wäre, würden uns weder die romantischen Zinnen des düsteren Thornfield

noch der bärbeißige Charme des Mr. Rochester in den Bann schlagen. Doch Janes Geradlinigkeit, die Modernität ihres Ringens um Selbständigkeit ziehen uns in die Handlung hinein. Vom ersten Augenblick an wissen wir, daß Jane Eyre etwas Besonderes ist.
Mich als Schriftstellerin interessiert an »Jane Eyre« am meisten die Art und Weise, wie Charlotte Brontë ihr autobiographisches Material so umgestaltet, daß sie einen Mythos schafft, der größer und gewaltiger ist als die Teile, aus denen er sich zusammensetzt. Anscheinend hatten Charlotte und ihre Geschwister tatsächlich eine widerwärtige Tante, die erfolglos versuchte, die Stelle ihrer toten Mutter einzunehmen. Anscheinend wurden sie tatsächlich in ein strenges Wohlfahrtsinternat geschickt, das ganz ähnlich wie Lowood war. Und Charlotte war tatsächlich in einen verheirateten Mann verliebt – Monsieur Heger, Direktor einer Schule in Brüssel, an der sie eine Zeit lang unterrichtete. Aber die Art und Weise, wie Charlotte diesen Stoff *veränderte*, ist viel interessanter als die Frage, wo Roman und Leben übereinstimmen. Sie läßt die Auseinandersetzung nicht in einer Schule in Brüssel spielen, sondern auf einem abweisenden Landsitz im Norden Englands, in dem der Hausherr rastlos kommt und geht. Das Haus symbolisiert das Schicksal der Frau im 19. Jahrhundert: das Eingeschlossen- und Gefangensein, ohne Hoffnung auf Entkommen. Nicht nur Jane ist hier gefangen, sondern auch Janes Alter ego, Bertha Mason, die wahnsinnige Ehefrau im Dachgeschoß. Und das Geheimnis dreht sich um die Entdeckung der verrückten Ehefrau, deren Existenz selbst dann noch geleugnet wird, als ihre Wutausbrüche das Leben der Hausbewohner bedrohen.
Es war ein Geniestreich Charlotte Brontës, eine dreifache Repräsentation der Frau des 19. Jahrhunderts zu finden: die lebhafte Jane, die sinnliche Bertha und das Haus, das dazu verurteilt ist, wegen seines brennbaren Inhalts in Flammen

aufzugehen. Wenn Bertha die verweigerte Sexualität darstellt, dann ist Jane die verweigerte Freiheit, aber beide sind Aspekte der in der Falle sitzenden Frauen. Thornfield Hall selbst repräsentiert die altmodischen Regeln, die den Frauen auferlegt sind, die aber ebensowenig weiterbestehen können wie ein Haus, in dem eine Wahnsinnige gefangen gehalten wird.

Sicherlich waren der Autorin all diese Symbole nicht bewußt. Sonst hätte sie sie nicht so überzeugend darstellen können. Doch das Unbewußte ist der größte Schatz des künstlerischen Menschen. Es läßt aus der Schlacke der Autobiographie das Gold des Mythos hervorgehen.

»Jane Eyre« hat die Form einer Pilgerreise, in deren Verlauf ein kleines Mädchen, das älter als seine Jahre ist, unter sehr beengten Umständen heranwächst und nach und nach einen Weg findet aufzublühen. Aber erst einmal muß sie viele Prüfungen bestehen. Sie muß verschiedene heuchlerische Männer abweisen, die sich anmaßen, über sie bestimmen zu wollen. Sie muß das einzige Vorbild ablehnen, das ihr andere Frauen geben, nämlich das Schicksal des weiblichen Opfers. Sie muß das Werben ihres potentiellen Geliebten zurückweisen, bis er durch seine eigene Odyssee gereinigt und verwandelt ist.

Um mit Jane Eyre gleichzuziehen, muß Rochester allen anderen Frauen entsagen, zusehen, wie sein Erbe in Flammen aufgeht, ein Auge und eine Hand verlieren und statt seiner früheren Arroganz Dankbarkeit an den Tag legen. Erst als er sich derart gewandelt hat, steht einem Happy End mit Jane nichts mehr im Weg.

Charlotte Brontës Brillanz bestand darin, einen Mythos zu erschaffen, der eine Verkörperung weiblichen Wunschdenkens darstellt. Das Universum von »Jane Eyre« gehorcht weiblichen Gesetzen. Janes Erfolg als Romanheldin beruht darauf, daß sie gegen sämtliche Vorschriften verstößt, die über die Frau des 19. Jahrhunderts verhängt waren. Sie nimmt kein Blatt vor den Mund, wo sie unterwürfig auftreten sollte, und ist aufmüpfig, wo sie dankbar sein sollte. Jane Eyre hat anscheinend noch nie zu hören bekommen, daß sie häßlicher als Aschenputtels Stiefschwestern sei und kein Recht habe, einen reichen Verehrer abzuweisen, solange sie nicht weiß, daß sie selbst über eine Erbschaft verfügt. Es handelt sich hier um ein Märchen, bei dem sämtliche Regeln auf den Kopf gestellt werden. Kein Wunder, daß die Leserinnen den Eindruck hatten, hier dringe ein Lichtstrahl mitten ins Herz der Finsternis.

Es ist bemerkenswert, in welchem Maße der Roman sich auf die Empfänglichkeit der Heldin für Träume und Visionen stützt – als wolle die Autorin sagen, daß nur eine Frau, die ihre verborgensten Träume kennt, eine starke Überlebende in einer so frauenfeindlichen Welt sein kann. Träume spielen eine entscheidende Rolle in »Jane Eyre«. In der Nacht, bevor Jane den bereits verheirateten Rochester heiraten will, hat sie einen prophetischen Traum, »Thornfield Hall war eine düstere und trübselige Ruine«, »Schlupfwinkel für Eulen und Fledermäuse.« Das Haus ist nur noch »eine sehr hohe ausgehöhlte und brüchige Mauer« und Jane nähert sich ihr mit einem unbekannten kleinen Kind in den Armen.

Vielleicht verkörpert das Kind in diesem Traum die Unschuld, die Jane bald verlieren soll. Am folgenden Tag wird die Hochzeit in der Kirche abgesagt, weil Rochesters Bigamie ans Licht kommt. Da er Bertha Mason als eine »bekleidete Hyäne« betrachtet und der Meinung ist, er sei unter Vorspiegelung falscher Tatsachen dazu verleitet worden, sie zu heiraten, hat Rochester keine Skrupel, seine irre Ehefrau zu betrügen. Doch Jane weigert sich, obwohl sie ihn liebt, sich in seinen Irrtum hineinziehen zu lassen. Er hat Bertha ihres Geldes wegen geheiratet, und diese Falschheit ist nicht so leicht aus der Welt zu schaffen. In diesem weiblichen Universum wird einem Mann eine zynisch eingegangene

Ehe nicht vergeben, auch wenn dies üblich ist in der Gesellschaft, in der er lebt. Deshalb verläßt Jane, wenn auch mit gebrochenem Herzen, Thornfield Hall. Sie irrt durch die dunklen Wälder ihres Schicksals, entdeckt, daß sie selbst eine reiche Erbin ist, ein anderer Mann (der strenge Pastor St. John) will sie zur Ehe zwingen, alles während Rochesters Seele sich reinigt.

Rochester mag zwar arrogant und von männlichem Anspruchsdenken erfüllt sein, doch er ist nicht kaltherzig und berechnend wie St. John. Gerade St. John bringt Jane zu der inneren Gewißheit, daß sie nur aus Liebe heiraten kann. Er will Jane heiraten, weil sie sich gut als Missionarin in Indien eignet, und nicht, weil er sie liebt. Jane empfindet dies wie Fesseln, die sich immer fester um sie legten. Sie kann nicht zulassen, mit einem Mann zusammenzusein, dessen »Stirn gebieterisch, aber nicht offen« ist, dessen Augen »niemals einen weichen Ausdruck annahmen«. Wenn sie sich weigert, ihn zu heiraten, bleibt ihr immer noch die Zuflucht zu »ihrem unzerstörten Selbst; meine ursprünglichen, nicht versklavten Gefühle blieben mir erhalten, wenn ich in den Augenblicken der Einsamkeit eines Austausches bedurfte. In meinem Innern könnte ich mir verschwiegene Kammern bewahren, die er nie betreten dürfte.« Als seine Ehefrau würde sie zu einer »gefangenen Flamme«, die sich von innen her verzehrt.

Jane ist möglicherweise die erste Heldin der Romanliteratur, die weiß, daß sie ihre eigene Identität mehr braucht als eine Ehe. Ihre Entschlossenheit, ihre eigene Person nicht für die Liebe aufzugeben, könnte auch eine zeitgenössische Heldin auszeichnen.

Jane kann erst dann zu Rochester zurückkehren, als sie sagen kann: »Jetzt bin ich eine unabhängige Frau.« Und sie kann sich ihm erst hingeben, als *er* sagt: »Wenn ich die Stimme meiner Jane höre, ... erklingen für mich die schönsten Lieder dieser Welt.« »Mir traten die Tränen in die Augen, als ich dieses Geständnis seiner Abhängigkeit vernahm«, sagt Jane. Sie kann Rochester tatsächlich erst heiraten, als er weiß, daß er ebenso stark von ihr abhängig ist wie sie von ihm. Die jeweilige Odyssee, die hinter beiden liegt, hat sie gleich gemacht, Jane ist zur unabhängigen Frau und Rochester von seinen Ansprüchen geheilt worden. Nur auf diese Weise können eine Frau und ein Mann in einer patriarchalischen Gesellschaft einander gleichgestellt sein.

Mythen, die Wahrheiten aussprechen, die wir am eigenen Leib erfahren haben, ziehen uns an. Der Roman »Jane Eyre« hat immer noch Bestand, weil er die Wahrheit darüber sagt, wodurch die Vermählung zweier Gemüter möglich wird. Der Schuh paßt – weit besser als der Aschenputtels. Die Männer müssen von ihrer Arroganz befreit und die Frauen müssen finanziell unabhängig werden, damit eine Verbindung des wechselseitigen Gebens und Nehmens zwischen den Geschlechtern Bestand haben kann. Charlotte Brontës Unbewußtes war ihrer Zeit weit voraus.

Kapitel 7

Die Prinzessin als Ikone

Ich habe seit meiner Hochzeit nicht mehr gelacht.
Mrs. Inchbald

Ich kannte Diana, Prinzessin von Wales, nur als Ikone (unser neuer Ausdruck für Mega-Berühmtheiten eines Kalibers, das noch die Jungfrau Maria übertrifft) und bin ihr nie persönlich begegnet, doch unsere Leben verliefen fast zwei Jahrzehnte lang parallel, und ich habe noch nie eine berühmte Frau so genau beobachtet wie sie.

Sie betrat die Szene in jenem Sommer, in dem meine dritte Ehe zerbrach, und da sie den Irrglauben des »Und so lebten sie glücklich bis an ihr seliges Ende ...« gerade in einem Stadium meines Lebens verkörperte, wo ein derartiger Wahn besonders schmerzt, mochte ich sie nicht besonders. Ich war Mutter einer dreieinhalbjährigen Tochter und hatte mich mit Leib und Seele einer Verbindung verschrieben, die nicht mehr zu retten war. Diana durchschritt derweil das Kirchenschiff der St. Paul's-Kathedrale wie in einem Werbespot für alles, was ich gerade verloren hatte. Ich verbrachte ihren Hochzeitstag damit, mich mit Champagner abzufüllen, bis ich schließlich in einem Gästebett des Strohdachhäuschens meines englischen Verlegers in Berkshire das Bewußtsein verlor. Es war nicht gerade ein Trost, daß ich von *Paris Match* den Auftrag gehabt hatte, über das königliche Paar zu schreiben, mein Artikel jedoch abgelehnt worden war – ich hatte mir nämlich herausgenommen, Betrachtungen darüber anzustellen, warum im Jahre 1981 ausgerechnet die Jungfräulichkeit Dianas eine solche Rolle spielte. *Jungfräulichkeit?* Das Wort hatten wir nicht mehr gehört seit den Tagen Doris Days (über die ein Witzbold gesagt haben soll: »Ich kannte sie schon, bevor sie Jungfrau war«).

Ich ließ mich also gerade scheiden, als Diana sich trauen ließ. Und was noch schlimmer war: All der Zinnober, den meine Altersgenossinnen und ich in jahrelangem Bemühen über Bord geworfen hatten, feierte plötzlich ein triumphales Comeback: Rüschen, Diademe, Reifröcke, Puffärmel, dicke Verlobungs-Brillis und – auch das noch! – Jungfräulichkeit. Was zum Teufel ging da vor? Gerade hatten wir noch im Chor gerufen: *Schluß mit Unterhaltszahlungen*, und schon war eine neue Generation von Frauen (geboren, als wir gegen den Vietnamkrieg demonstrierten) fleißig dabei, unsere weggeworfenen Krinolinen aufzusammeln und darin durch die Gegend zu stolzieren! Sie hatten die Versorgungsehe entdeckt, als sei das etwas noch nie Dagewesenes. Und wir hinkten der Zeit hoffnungslos hinterher.

Ich war ein Single und fing gerade an, Gefallen daran zu finden, als Diana in schneller Folge den Erb- und den Reserveprinzen auf die Welt brachte. Wir ahnten noch nichts von Anorexie, Bulimie oder Camilla Parker-Bowles, und deshalb hörten die Fotos von Diana, der jungfräulichen Mutti, nicht auf, uns zu iritieren. Sie sah dünner aus. Hüte wie fliegende Untertassen wurden durch Hüte wie chinesische Woks ersetzt und diese wiederum durch übertopfartige Gebilde, aber immer noch ließ man dieses abstoßend rückwärtsgewandte Wunschbild der Weiblichkeit vor uns paradieren. Eine Ehe wie die von Diana war genau das, wovor meine Generation die Flucht ergriffen hatte, und nun wurde sie als Ideal hingestellt. Die achtziger Jahre standen in voller Blüte. Limousinen waren in Mode, kurze Ballonröcke und Masters-of-the-Universe-Figuren. Wer konnte sich darauf einen Reim machen? Ich beschloß, daß die Welt verrückt sei, und machte weiter wie bisher – zog meine Tochter auf, schrieb meine Bücher und zahlte meine Hypothek ab.

Doch inzwischen zeigten sich die ersten Risse in dem Märchen. Auf den Fotos der Sensationsblätter – wenn auch noch nicht auf den Souvenirhandtüchern – blickten Diana und Charles in entgegengesetzte Richtungen. Irgend etwas stimmte nicht im Paradies. Ich hatte ein süßes Mädchen, sie zwei entzückende Jungen, doch sie magerte immer mehr ab und stürzte sich Treppen hinunter. Die Sache mit der Jungfräulichkeit, die Saphirringe und ewiges Eheglück im Gefolge hat, schien nicht zu funktionieren. Ja, aber ... was sollte das heißen? Etwa, daß die Geschichte vom Aschenputtel nur ein Märchen war? Sag bloß! Wir schrieben das Jahr 1989, und ich bereitete die Hochzeit mit meinem besten Freund vor, doch Diana stand anscheinend kurz vorm Zusammenbruch.

Wir wurden in den Wäldern von Vermont von einer Friedensrichterin getraut; meine Morgengabe war kein dicker Klunker, sondern eine Erstausgabe des *Ulysses.* Ich trug ein Gedicht vor, das ich für ihn geschrieben hatte, und er sprach die hebräischen Hochzeitsgebete. Wunderbarerweise heiratete ich einen Mann, mit dem ich niemals müde wurde zu reden, während Diana entdeckte, daß sie ihrem Prinzen nichts zu sagen hatte. Ebensowenig wie er ihr. Die Anproben und Anfälle gingen unvermindert weiter. Im Sommer '92, als Andrew Morton veröffentlichte, was Diana aus ihrem Plaudertäschchen gefallen war, wurde das Märchen als bloßes Phantasiegebilde enthüllt. Der Prinz hatte eine Mätresse. Und die Prinzessin hatte eine Erbse unter der Matratze – so groß wie Camillas Pferd. Dianas gepriesene Jungfräulichkeit hatte ihr nichts genützt. Als die Turmuhr zwölf schlug, war der Palast in schönster Unordnung.

Nun begann der Ehekrieg. Als Shy Di sich als die Verschmähte zu voller Größe aufrichtete, schien Charles nicht die geringste Ahnung zu haben, warum sie sich so aufregte. Sie hatte doch ihre Diamanten und Perlen; was zum Teufel wollte sie denn noch? Doch nicht etwa Liebe! Eine Edeltochter, die nicht weiß, daß Liebe nicht im Handel inbegriffen ist – ja, gibt's denn das? Anscheinend ja. Anscheinend hatte sie die Geschichte vom Aschenputtel für bare Münze genommen. Wirklich reichlich altmodisch von ihr. Selbst die Königin war beunruhigt. Und Philip, der perfekte Prinzgemahl – der auf Fotos immer so untadelig rüberkam, aber seine eigenen Ansichten in puncto Mätressen hatte –, er konnte es auch nicht glauben. Kannte das Mädel denn die Regeln nicht? Wie man sich bettet, so liegt man. Was ist das denn für eine Prinzessin, die sich über die Größe ihrer Erbse beklagt?

Die desillusionierte Diana kam nicht ganz so gut an wie Shy Di, die Jungfrau. Die Presse kann mit Jungfrauen und Huren umgehen – aber was tun mit einer Prinzessin, die weder das eine noch das andere ist?

Dianas nächster Lebensabschnitt war heikel. Ihre Presse wurde immer schlechter, als Trennung und Scheidung in bedrohliche Nähe rückten. Diana mußte etwas unternehmen, um die Lage zu retten. Sie hatte das scheue Reh gespielt. Jetzt war der Augenblick gekommen, sich als Frau von Welt darzustellen. Aber diese Rolle in den Griff zu kriegen ist härter, und an den Zeitungsartikeln über Diana lassen sich die Risiken ablesen. Sie wurde angeprangert, weil sie ein eigenes Liebesleben haben wollte, und man verfolgte sie bis ins Fitneß-Studio und zum Psychospezialisten für Eßstörungen. Ihre Seele wurde auf Filme gebannt, und mit jedem Foto wurde ihre spirituelle Mitte noch mehr verletzt. Selbst ihre Freunde, die Paparazzi, hatten es jetzt darauf abgesehen, sie mit irrem Blick zu erwischen. Weder jungfräulich noch bereit, den Mund zu halten und wie ein artiges Mädchen von der Bildfläche zu verschwinden, wurde sie zu einer Art Medienwitz. Und anscheinend war

dies der Augenblick, wo sie sich humanitären Anliegen zuwandte.
Was sah sie gesund und in Form aus, während sie Aidskranken die Hand hielt, wie langgliedrig und lieblich mit einem einbeinigen Landminenopfer auf dem Schoß! Es waren die besten Fotos ihres Lebens. Genau solche Bilder hatte die Benetton-Werbung angepeilt, jedoch ohne sie hinzukriegen. Designermode macht sich einfach toll im Kontrast zu Lumpen. Alle Modemagazine waren sich darin einig. Waren sie tatsächlich so scharf darauf, ihre Fotos auszuschlachten, daß sie irgendwelches dummes Zeug hinschrieben, nur um die Auflage zu steigern? Die Antwort darauf war ein schallendes Ja.
Warum sollte ich daran zweifeln, daß Diana ein gutes Herz hatte? Aber ich bin überzeugt, daß es ihr nie in den Sinn kam, auf ihr Kleidergeld zu verzichten und es den Opfern von Landminen zum Kauf von Prothesen zu spenden. Genauso wenig, wie sie nie darauf gekommen ist, daß sich mit einem einzigen Paar Ohrringen mit Südseeperlen und Diamanten eine komplette Anti-Landminen-Organisation ein Jahr lang finanzieren läßt.
Dann machte Diana einen falschen Schachzug bei ihrer Karriereplanung, den viele von uns aus eigener Erfahrung kennen. Sie begann ihre Freiheit als Single zu genießen und ging mit einem Wüstenscheich auf Segeltour – und womöglich gar ins Bett. Die Prinzessin mit den goldenen Haaren und der dunkelhäutige Ägypter! Das war ein öffentlicher Verstoß gegen die Kardinalregel für goldene Prinzessinnen.
Deshalb gab es sogar noch vor Dianas Tod erste Anzeichen für einen Sinneswandel der Medien. Hatten wir das etwa gewollt – einen arabischen Stiefvater für den Erb- und den Reserveprinzen? Für die Boulevardpresse war Dodi-Di ein gefundenes Fressen. Fotos wurden »digital verbessert«, damit »der Kuß« besser zu erkennen war. Diana wurde als medi-

terrane Nixe präsentiert, so wie einst Jackie O. als Nixe der Ägäis. Die Undinen ließen ihre glitzernden Fischschwänze blitzen, doch über ihnen zogen sich bereits dunkle Wolken drohend zusammen.

Hätten sich die Windsors jemals damit abfinden können, daß Diana sie von sämtlichen Titelseiten verdrängte? Di als Geschiedene lieferte noch bessere Storys als Gemahlin Di. Dodi-Di war eine Götterspeise, nach der man sich alle zehn Finger leckte. Man denke nur an die zu erwartenden Shoppingtrips, die Yachten, die weit verstreuten Wohnsitze. Und die Legion von Designern, Inneneinrichtern und Juwelieren, die von dieser Verbindung profitieren würde! Und dann, ganz plötzlich, waren Di und Dodi tot. Mein erster Gedanke war: Das war der Geheimdienst Ihrer Majestät. Aber ich gebe gern zu, daß ich zu konspirativem Denken neige.*

Tatsächlich war Diana schon so weit gegangen, wie es ihr in diesem Leben möglich war. Jungfrauen können nicht ewig Jungfrauen bleiben, Huren dürfen sie nicht werden, und deshalb müssen sie sterben. Sehen Sie sich an, wie es Jungfrauen ergeht: Von Julia bis Dornröschen bringt der Kuß ebenso oft den Tod wie das Glück.

Im Tod hatte sich die Vergöttlichung Dianas vollendet. Sie fuhr auf in jenes Reich, in dem bereits Marilyn Monroe, Evita Peron, Jean Harlow, Amelia Earhart und Sylvia Plath weilen – allesamt gestorben, solange sie noch jung und fotogen waren. Wenn es etwas gibt, worauf die Welt noch giftiger reagiert als auf aufsässige *junge* Frauen, dann sind das aufsässige *alte* Frauen. Jung zu sterben war schon immer der beste Karriereschachzug einer Frau.

* Allerdings immer noch weniger als die ägyptische Presse, die zu der Zeit, als ich dies schrieb, Spekulationen über die Rolle des Mossad hinsichtlich Dodi-Dis Tod anstellte. Ihrer Theorie nach wollten die Juden Dis Tod, damit sie nicht zum Islam konvertieren konnte wie ihre Freundin Jemima Goldsmith. Da haben wir eine Verschwörungstheorie, die die Ununterdrückbarkeit des Antisemitismus bis zur Absurdität vorführt.

Seien wir ehrlich: Dianas wahre Tragödie wäre es gewesen, ihre Schönheit überlebt zu haben und gezwungen zu sein, es allein mit guten Werken zu packen. Man stelle sich vor, sie hätte wie Mutter Teresa ausgesehen oder auch nur wie Prinzessin Anne. Mit welchen gefühlvollen Kommentaren hätte die Presse sie dann wohl bedacht? So jedenfalls hoben sie die mit sechsunddreißig Jahren gestorbene Ikone in den Himmel und ließen den Marilyn-Monroe-Song »Candle in the Wind« für sie recyceln.

Das Recycling des Popsongs führt uns vor Augen, daß die Ikone stärker ist als das Individuum. Wir brauchten eine tote Ikone, und wir bekamen sie. Schließlich eignet sich zum Auflagemachen keine Prinzessin so gut wie eine tote Prinzessin.

Wer weiß schon, wie Diana *wirklich* war? Sie ist eine Ikone, und Ikonen werden weitgehend nach ihrem Äußeren beurteilt. Ja, sie sah aus, als hätte sie ein gutes Herz. Sie war die Königin des Fototermins, des Interviews zur besten Sendezeit, der Regenbogenpresse. Ob sie ein guter Mensch war, war nie die Frage.

Die Dinge, die Diana für die Wohltätigkeit tat – Gala-Veranstaltungen besuchen, für Fotoreporter posieren – sind tatsächlich lästig (ich persönlich *hasse* beides), aber wohl kaum eine solche Last, wie acht Stunden täglich für seinen Lebensunterhalt zu schuften, bar aller Kindermädchen, Chauffeure und Therapeuten. Sie war höchstwahrscheinlich ein liebes Mädchen (warum sollte ich das bezweifeln?), und sie hatte mehr Einfühlungsvermögen als die landläufige Upperclass-Tochter, aber zum Schluß war sie natürlich immer noch genau das, ein Herrschaftskind. Interessanter als ihre eigene Selbstverherrlichung ist, wie ich finde, die Verherrlichung, die sie von der Allgemeinheit erfuhr.

Angenommen, es gab hinter ihrer Maske noch eine andere Frau, eine, die verunsichert war und nicht wußte, welche Rolle sie spielen sollte, so wie es vielen von uns geht. Eine

Frau, die Gutes tun wollte, die eine gute Mutter und treue Ehefrau sein und ein zurückgezogenes Leben führen wollte. Diese reale Frau wurde von der Ikone Diana verdrängt und von der öffentlichen Diana ausgelöscht. Und das ist die Tragödie, die schwerer wiegt. Wir leben in einer Welt, in der Berühmtheit einen so hohen Stellenwert genießt, daß wir nicht wahrhaben wollen, in welchem Ausmaß sie das Leben eines Menschen zerstört. Als Diana noch zu jung war, um zu wissen, was sie tat, schloß sie einen faustischen Pakt: Sie entsagte ihrem Privatleben für alle Zeiten. In dem großartigen Pantheon der Idole aufgenommen, erstarrte das liebe unschuldige Mädchen, das sie wahrscheinlich einst war, zu einem Kultbild. Dianas Tragödie begann lange vor ihrem Tode, nämlich schon damals, als ihr Gesicht auf den Geschirrtüchern landete. Sie verzichtete auf ein reales Leben, um Hauptdarstellerin einer öffentlichen Seifenoper zu werden. Und daraus führt kein Weg zurück ins wirkliche Leben.

Kapitel 8

Facelift ins Millennium

Behutsam müssen die Chirurgen das Skalpell bewegen!
Unter ihren feinen Schnitten bebt der Halunke – Leben!
Emily Dickinson

»Jugend ist an junge Leute verschwendet«, soll George Bernard Shaw gesagt haben. Recht hat er, denn solange wir einen taufrischen Teint und zarte Züge haben, neigen wir dazu, schrecklich hart gegen uns selbst zu sein. Mit fünfzig sind wir schon nachsichtiger. Doch nun wird unser Fleisch nachtragend.

Ich blicke in den Spiegel und sehe, daß sich da, wo sich einst Rosenwangen rundeten, die Hängebacken meines Großvaters abzuzeichnen beginnen. Auf der Straße haste ich an meinem Spiegelbild im Schaufenster vorüber und sehe meine Großmutter. Welch eine Beleidigung ist diese Metamorphose, die sich ausgerechnet dann ereignet, wenn ich mich so unbeschwert und frei fühle wie nie zuvor in meinem Leben! Warum muß ich gerade jetzt, wo ich mich jünger denn je fühle, älter aussehen?

»Wir drapieren es nur hier und da ein bißchen neu«, sagt der erste Schönheitschirurg, den ich aufsuche. Seine Finger berühren sanft die schlaffe Haut an meinem Hals.

»Und dann machen wir Ihre Nase etwas schmaler,« sagt der nächste. »Und straffen Ihre Stirn«, sagt der dritte. In den folgenden fünf Jahren laufe ich immer wieder aus solchen Beratungsgesprächen hinaus. Ich will gar nicht wissen, was man alles mit einem Skalpell bewirken kann. Ich werde mich an mein Gesicht gewöhnen, es annehmen, so wie der liebe Gott es von mir erwartet. Es hat etwas Unheimliches und Seltsames, daß ich mein Gesicht wie ein altes Kostüm in die Änderungsschneiderei geben kann. Ich mag meine Falten und Runzeln sogar. Ich habe sie mir verdient. Warum sollte ich diese Ehrenzeichen eines intensiv gelebten Lebens abgeben?

Ich halte nichts davon, daß Frauen auf Grund ihres Aussehen beurteilt werden, daß Altern gleichbedeutend mit Häßlichwerden sein soll oder daß Jugend und Schönheit Synonyme sind – also, warum sollte ich mein Gesicht verändern lassen? Es altert weiter vor sich hin, während ich weiter versuche, mich damit abzufinden.

Aber dann kommt eine meiner Freundinnen mit einem neuen Gesicht aus Kalifornien zurück. Die finsteren Stirnfurchen sind weg, die hängenden Mundwinkel ebenso, und ihre innere Einstellung ist auch geliftet. Ich hole mir einen Termin bei dem Zauberer von San Francisco.

Noch heute kann ich es kaum fassen, daß ich dreitausend Meilen weit flog, mich in der Praxis eines Fremden hinlegte und zuließ, daß er mir eine Narkose verpaßte und mich aufschnitt wie einen Weihnachtsbraten. Es war eine Spontanhandlung – doch als ich aus der Narkose erwachte, war ich überzeugt, einen entsetzlichen Fehler gemacht zu haben. Mein Gesicht fühlte sich wie eine Maske an, die mir ein böser Geist aufgeklebt hatte. Unter meinen Augen waren schwarzblaue Schwellungen. Alles erschien mir zweifelhaft. Ich war sicher, daß zugleich mit meinen Stirnfalten auch meine Fähigkeit zu schreiben entfernt worden war – ja, sogar meine Fähigkeit zu denken.

Mein Leben lang habe ich mich durch rastlose Aktivität ausgezeichnet – nun war ich gezwungen, mich still zu verhalten. Es war ein Gefühl, als sei ich tot. Oder als befände ich mich in einer Art Zwischenwelt zwischen meinem früheren

und einem künftigen Leben. Da saß ich nun und wartete darauf, daß mein Gesicht abheilte, ich wieder ich selbst würde und der Zauberbann brach, unter dem ich stand.
Andere Frauen, die dieselbe Prozedur durchgemacht hatten, empfanden total anders. Sie jubilierten und waren selig, die Falten los zu sein. Was war nur mit mir los? Ich hatte das Gefühl, ich hätte gegen ein moralisches Gebot verstoßen und könnte jeden Moment dafür grausam bestraft werden.
Schon immer schien es mir eine Diskrepanz, als Intellektuelle auch hübsch sein zu wollen. Ich meinte, beides zugleich stünde mir nicht zu. Als Teenager versuchte ich, mein niedliches Äußeres erst unter einer Fettschicht, dann mittels einer galoppierenden Magersucht zu verbergen, die dazu führte, daß meine Haut mit Eiterpickeln übersät war und meine Augen rot gerändert tief in den Höhlen lagen. Ich haßte meinen Körper – haßte ihn dick, haßte ihn dünn. Das ging soweit, daß ich das eine nicht mehr vom anderen unterscheiden konnte. Ich spürte überquellendes Fleisch, wo nichts als Haut und Knochen waren; mein Gehirn brachte meine Körperwahrnehmung völlig durcheinander. Ich hätte nicht sagen können, wie ich aussah. Dünn war gleich jungfräulich und dick war gleich schlampig, und ich schwankte zwischen diesen Extremen hin und her, ohne zu wissen, wie ich wirklich aussah oder wer ich war.
Das Facelifting ließ diese pubertären Gefühle wieder aufleben, und deshalb jagte es mir solche Angst ein. Wenn ich in den Spiegel sah, erwartete ich immer, dort eine Fremde zu erblicken. Wie oft ich auch hineingucken mochte, ich traute meinen Augen nicht. Es war, als erwartete ich, daß sich auf meiner Stirn ein Brandmal zeigen würde, ein V für Vanitas, Eitelkeit.
Es tröstete mich nicht, daß Tausende von Frauen und Männern diese Sache routinemäßig machen lassen. Ich mußte meine eigene Rechtfertigung dafür finden, warum ich das Schicksal herausgefordert hatte – aber es gelang mir nicht.

Ich kam mir vor wie Prinzessin Langwidere von Oz, die einen ihrer dreißig Köpfe abnimmt und durch einen anderen ersetzt, um nicht die Verantwortung für die Greueltaten übernehmen zu müssen, die der kürzlich getragene Kopf verübt hat. Ich hatte das Gefühl, ich sei meinem Schicksal zwar irgendwie noch einmal entwischt, aber es würde mich doch ereilen.

Seit einigen Jahren sammle ich venezianische Masken: Sonnen, Löwen, Clowns, Windgötter, Monde und Blumengesichter schmücken die Wände meines Studios. Ich bin mir bewußt, daß ich mich gern hinter verschiedenen Masken verstecken würde – ich, die ich mich bewußt vor meinen Lesern entblöße. Mir ist klar, daß diese Nacktheit einen schrecklichen Preis hat; manchmal habe ich das Gefühl, daß es keinen Ort mehr gibt, wo ich mich verstecken kann, und mein Leben ein offenes Buch geworden ist, und dann wünsche ich mir, ich könnte dem Schreiben abschwören und einen anderen Beruf finden. Aber unserer Berufung können wir nicht entgehen – sofern sie wirklich aus dem Herzen kommt. Man schreibt nicht, weil man will, sondern weil man kapituliert.

So muß ich auch vor meinem neuen Gesicht kapitulieren. Es ist gar nicht sehr anders als das alte, aber es hat seine eigenen Erfordernisse. Die Stirn ist weicher und weniger zerfurcht. Unter dem Kinn sitzt kein Fett, unter den Augen keine Tränensäcke. Es ist kein junges, sondern ein neues Gesicht. Ein Mond, in den sich noch keine Krater eingegraben haben.

Jetzt, da alles vorüber ist, quäle ich mich damit, mir die Operation vorzustellen. Vorher hatte ich keinen Gedanken daran verschwendet. Oben auf meinem Kopf hat man einen tiefen Einschnitt gemacht. Meine Kopfhaut wurde vom Schädel abgelöst, meine Augenlider mit schwarzen Fäden straff zusammengenäht. Ich schwelge in den blutigen Einzelheiten.

Der Arzt hingegen weidet sich an seiner handwerklichen

Leistung. Er lobt mich, daß alles so schnell heilt und keine sichtbaren Narben zurückbleiben. Es handelt sich um reines Eigenlob.
Natürlich sind äußerlich keine Narben zu sehen, denn die sind ja in meinem Innern. Mein Gesicht sieht untadelig aus. Zusammengeflickt ist nur meine Seele.
Welche Empfindungen hegte Dorian Gray für sein geheimes Bildnis? Dieselben, die ich für mein anderes Gesicht empfinde. Es erwartet mich, unerbittlich, obwohl es nicht zu sehen ist. Doch es ist mir bestimmt. Kein Chirurg kann es manipulieren.
Welches moralische Gesetz habe ich übertreten, daß ich solche Schuldgefühle habe? Ich würde mich nur zu gern von meiner Altersgruppe lösen und wieder neunundzwanzig sein, allerdings mit meinem Wissensstand von heute. Diesen Vorteil gegenüber sämtlichen anderen Neunundzwanzigjährigen hätte ich doch gern. Ich weiß, wohin die Reise geht, und sie wissen es nicht. Aber dieses Wissen raubt einem auch eine gewisse Unbekümmertheit. Ich habe vielleicht das Gesicht der Jugend, aber ich habe die Vorsicht meines Alters. Ich gucke erst und springe dann. Aber ich frage mich, ob mein Gesicht dabei abfallen wird.

Teil 2

Sex

Es kümmert mich nicht, was die Leute im Schlafzimmer tun, solange sie es nicht auf der Straße machen und die Pferde erschrecken.

Mrs. Patrick Campbell

Kapitel 9

Lolita wird dreißig

Je länger ich lebe, um so mehr bin ich überzeugt, daß in der Literatur einzig und allein zählt, daß der Schriftsteller vor allem anderen ein Zauberer ist.

Vladimir Nabokov

»Lolita ist berühmt, nicht ich«,* bemerkte Nabokov zu einem der zahlreichen Interviewer, die ihn nach dem skandalumwitterten Erfolg seines meistgerühmten Romans »Lolita« aufsuchten. Und wie so viele Äußerungen Nabokovs war auch diese wahr und zugleich quasi spiegelbildlich verkehrt. Lolitas Ruhm machte den Namen ihres Schöpfers zu einem Markenzeichen – um diese unselige moderne Redensart zu benutzen – und zu einem englischen Beiwort (»Nabokovian«). Derartiges ist nur sehr wenigen Autoren widerfahren. Dickens lebt im Englischen weiter in Dickensian, Henry James in Jamesian. Doch die Namen von Schriftstellern und Schriftstellerinnen vom Range einer Jane Austen oder Emily Dickinson und eines Edgar Allan Poe leben nicht in Adjektiven weiter – vielleicht weil sie einzigartig sind. Als ich zwischen zwanzig und dreißig war, versuchte ich »Na-

* Tatsächlich war Nabokovs Leidenschaft für sprachliche Genauigkeit so ausgeprägt, daß er Interviewfragen schriftlich beantwortete, auf Karteikärtchen, aus der Sicherheit seiner Festung, dem Palast-Hotel in Montreux. Es lohnt sich, das gesamte Zitat, aus der *Paris Review* von 1967 hier anzuführen: »Lolita ist berühmt, nicht ich bin es. Ich bin ein obskurer, doppelt obskurer Romanschreiber mit einem Nachnamen, den keiner aussprechen kann.«

bokovsche« Romane zu schreiben, doch selbst ich täte mich schwer, sollte ich den Begriff definieren. Was ich gern zustandegebracht hätte, waren Romane voll von Doppelgängern, Spiegelbildern und obskuren Wörtern. Als ich schließlich meinen Stil gefunden hatte, erwies er sich als das genaue Gegenteil des Nabokovschen. Es war mein Los, gradlinig und direkt zu sein, wo Nabokov labyrinthisch verschlungen ist, doch an meiner Liebe zu Nabokov änderte das nichts.

Vladimir Vladimirovich Nabokov, alias V. Sirin (für seine Freunde Wolodja), geboren an Shakespeares Geburtstag im Jahre 1899, wurde im recht reifen Alter von 60 Jahren durch seine berüchtigte literarische Tochter Lolita berühmt, Lolita, Dolly, Lo, Dolores Haze, mit ihrem weichen braunen Welpenkörper mit seinem entsprechenden Geruch nach Wild.

Wie die meisten literarischen Werke betörte auch »Lolita« die Welt aus den falschen Gründen. Man hielt es für schmutzig. So erging es auch »Ulysses« von Joyce, Henry Millers »Wendekreis des Krebses« und D.H. Lawrences »Lady Chatterley«. Der Roman »Lolita« gewann seine ersten leidenschaftlichen Anhänger dadurch, daß man ihn verbot. Als er einer breiteren Öffentlichkeit bekannt wurde, galt er als ein skandalöses Werk über ein skandalöses Thema: die Leidenschaft eines alternden Lebemannes für ein zwölfjähriges Mädchen.

Da auch mein literarisches Debut nicht ohne Skandal verlief, kann ich die ambivalente Gefühlslage eines Autors sehr genau verstehen, der zu großem Ansehen und kommerziellem Erfolg nur durch eine Fehleinschätzung von Motiven gelangt. Wie sehr sich jeder Schriftsteller nach der Anerkennung sehnt, die ein Bestseller mit sich bringt, so bleibt doch ein bitterer Nachgeschmack, wenn dies gelingt, weil man für pervers gehalten wird. Aus dieser Ambivalenz allein erklärt sich Nabokovs ironischer Kommentar zu »Lolitas«

Ruhm. Nabokov wußte, daß er seit seiner Pubertät im Weinberg der Musen gearbeitet hatte. Die Öffentlichkeit wußte das nicht. Nabokov wußte, daß er »Alice im Wunderland« ins Russische übersetzt hatte. Auch das war der Öffentlichkeit nicht bekannt. Als Verfasser elf außerordentlicher Romane, einer Studie über Gogol, einer Autobiographie, zahlreicher Kurzgeschichten, Gedichte und Übersetzungen war der Autor von »Lolita« kaum als Neuling auf dem Feld der Literatur zu bezeichnen. Seine Identität als Romancier, Lyriker und Literaturwissenschaftler hatte sich in drei Sprachen herausgebildet und immer weiter verfeinert, seit er im Alter von 15 Jahren seine Gedichte in St. Petersburg als Privatdrucke hatte veröffentlichen lassen. Mit Sicherheit hatte er traumatischere Erfahrungen gemacht als über Nacht berühmt zu werden. Verglichen mit der Flucht vor der bolschewistischen Revolution und der Flucht aus Europa im Jahre 1940 mit seiner jüdischen Frau erscheint die Veröffentlichung eines skandalträchtigen Buches belanglos. Die lockere, selbstironisch humorvolle Art, in der Nabokov auf »Lolitas« Ruhm reagierte, spiegelt all die Widersprüche eines Künstlerlebens wider, das stets reich an Widersprüchen war, einer Schriftstellerkarriere, der in genauer Entsprechung die Symmetrie und Ironie der Romane selbst anzuhaften scheint.

Es erübrigt sich nahezu – selbst an ihrem dreißigsten* Geburtstag –, Einleitendes zu »Lolita« zu schreiben, hat doch Nabokov aus der Überzeugung heraus, daß ein Autor die Welt seines Buches mit gottähnlicher Allmacht kontrollieren sollte, alle möglichen Vor- und Nachbetrachtungen, die sich ein Leser nur wünschen kann, bereits antizipiert. Da haben wir die Schein-Einleitung von »Dr. Phil. John Ray jun.«, eine Verspottung wissenschaftlichen Psychogeschwafels

* Dieser Aufsatz wurde erstmals in dem Jahr veröffentlicht, in dem Lolita ihren dreißigsten Geburtstag feierte. Mittlerweile ist sie fünfundvierzig.

und tendenziösen Moralisierens – zwei Dingen, die Nabokov ebensosehr verachtete wie Freudsche Symbolkonstruktion in der Literaturwissenschaft. Studenten und Interviewpartnern gegenüber drückte er sich oft so aus: »Verlassen Sie sich auf die Erektion Ihrer Nackenhärchen ... Hüten Sie sich vor Modeauslegungen. Fragen Sie sich, ob das Symbol, das Sie entdeckt haben, nicht ihr eigener Fußabdruck ist.« Da er schrieb, um das zu erreichen, was er »ästhetische Glückseligkeit« nannte, da er glaubte, daß ein literarisches Werk sich aus seinen »göttlichen Details« konstituiere, erwartete er von seinen Lesern »Liebe zu den Details« so wie er, als Literaturlehrer, seinen Studenten nahebrachte, die Details bei Tolstoi, Puschkin, Gogol, Tschechow, Kafka, Flaubert und Proust zu lieben. Seine Maskerade als John Ray im Vorwort zu »Lolita« ist eine der geistreichsten Parodien überhaupt, und sein eigenes Nachwort »Über ein Buch mit dem Namen »Lolita« ist meiner Ansicht nach der endgültige Kommentar zum Thema Sinnlichkeit oder Pornographie. Ich frage mich, warum dieses Nachwort in den endlosen, stets gleichen und ermüdenden Debatten nicht öfter zitiert wird, die über das Wesen der Pornographie und des Erotischen geführt werden (und zu denen unweigerlich auch Beiträge von mir erwartet werden).
Hier nun Nabokov zu diesem leidigen Thema:

Während es zutrifft, daß in Europa von alten Zeiten an bis zum Ende des achtzehnten Jahrhunderts ... bewußte Unzüchtigkeit nicht unvereinbar war mit Momenten der Komik oder deftiger Satire oder gar dem Schwung eines großen Dichters in ausgelassener Stimmung, so trifft es doch ebenfalls zu, daß in der Moderne der Begriff »Pornographie« Mittelmäßigkeit, Geschäftemacherei und die strikte Einhaltung eines erzählerischen Klischees bedeutet. Obszönität muß sich mit Banalität paaren, weil jede Art ästhetischen Genusses von primitiver sexueller Stimulierung ersetzt werden muß, die nach der landläufigen Phrase verlangt, um direkt auf den Patienten einzuwirken. Alte, strenge Regeln müssen die Pornographen befolgen, damit sie ihrem Patienten zu der gleichen sicheren Atmosphäre der Befriedigung verhelfen, die zum Beispiel auch Krimifans zu schätzen wissen – Fans jener Geschichten, in denen sich zum Mißfallen des eingefleischten Kriminalroman-Lesers, wenn der Autor nicht aufpaßt, künstlerische Originalität als der wirkliche Mörder entpuppen könnte ... So muß in pornographischen Romanen die Handlung auf die Kopulation von Klischees beschränkt werden. Stil, Struktur, Bilder dürfen den Leser nie von seiner dumpfen Lust ablenken.

In der Tat geht es um dumpfe Lust. Wer nicht in der Lage ist, den Unterschied zwischen Stimulation durch Selbstbefriedigung und kreativer literarischer Darstellung zu erkennen, verdient, so denke ich, den Schund, den er bekommt. Die Erektion der Nackenhärchen ist das, worum es hier geht, und es sind nicht, wie man allgemein glaubt, Schwellungen anderer Art.

Nabokov sah in »Lolita« seinen besten Roman in englischer Sprache, und er hatte mindestens seit den Tagen seines Exils in Deutschland an diesem Werk gearbeitet. Vielleicht wird der Schriftsteller geboren wie eine Frau, die all ihre Eizellen bereits in den Follikeln beherbergt; sie müssen nur reifen und aufspringen – Reife ist alles. Doch gelegentlich vergeht ein halbes Leben, bis es mit dem Reifen soweit ist. Nabokov begann das, was später »Lolita« werden sollte, als eine auf Russisch verfaßte Novelle mit dem Titel »Der Zauberer« (»Volshebnik«), und zwar im Herbst 1939 in Paris. Es war dies seine letzte Arbeit in russischer Sprache und das letzte Werk, das er in Europa schrieb, ehe er mit seiner Frau Vera und seinem Sohn Dimitri 1940 nach Amerika emigrierte.

In »Der Zauberer« ist bereits alles vorhanden, was wir aus Lolita kennen: der sinnliche mitteleuropäische Liebhaber mit seinem Anflug von Verrücktheit, das Nymphchen, das sich seines Zaubers noch nicht bewußt ist, und die Heirat mit der Mutter. In »Der Zauberer« ist es allerdings der namenlose Liebhaber des Nymphchens (der in »Lolita« Humbert heißen wird), der von einem Lastwagen überrollt wird, und nicht die Mutter des Nymphchens. Nabokov behauptet, er habe den Zauberer unmittelbar nach seiner Emigration in die USA vernichtet; doch sein Gedächtnis hat ihn hier offensichtlich im Stich gelassen, denn die Novelle fand sich in seinem Nachlaß und wurde 1986 veröffentlicht. Sie wirkt wie eine wenig überzeugende Vorankündigung von »Lolita«, interessant nur als Entwurf für das spätere Meisterwerk. Am faszinierendsten ist es, zu sehen, in welcher Weise Nabokov von seinem Thema besessen war, bis er es schließlich bewältigte – Ausweis wahren Künstlertums. Manchmal kann ein Autor ein bestimmtes Buch nicht schreiben, weil seine einzelnen Elemente noch nicht in die richtige Ordnung gebracht sind: erst muß das Leben auf der Höhe der Kunst sein, denn es stellt die Flora und Fauna der fiktiven Wirklichkeit bereit.

Eine der vielen Qualitäten »Lolitas« besteht darin, wie der Roman die amerikanische Landschaft, den amerikanischen Slang und die amerikanischen Teenager der fünfziger Jahre lebendig werden läßt – dies alles gesehen mit einer Klarheit des Blicks, wie sie nur einem zweimal exilierten Europäer eigen ist. Der Unterschied zwischen »Der Zauberer« und »Lolita« entspricht dem Unterschied zwischen der Darstellung Venedigs auf einer Postkarte und der auf einem Gemälde Turners. Noch ehe »Der Zauberer« fertiggestellt war, trug sich Nabokov mit dem Thema »Lolita«. In »Die Gabe« (»Dar«), Nabokovs in russischer Sprache geschriebenem autobiographischen Roman (1937–1938 in Berlin als Fortsetzungsroman, als Gesamttext 1952 in New York veröffentlicht) findet sich die folgende, auf »Lolita« vorausdeutende Passage:

»Ach, wenn ich nur mal ein Stündchen Zeit hätte, was für einen Roman würde ich da hinlegen. Mitten aus dem wirklichen Leben. Stellen Sie sich vor: Ein alter Knabe – aber noch voll im Saft, feurig, und lechzt nach Glück – lernt eine Witwe kennen, und die hat eine Tochter, noch ganz und gar Mädchen – Sie wissen, was ich meine – noch keine Kurven, aber sie hat bereits eine Art zu gehen, die einen in den Wahnsinn treibt. Ein schmales, kleines Ding, sehr zart, blaß, bläulich unter den Augen – und natürlich schenkt sie dem alten Bock keinen Blick. Was tun? Also, er besinnt sich nicht lange, heiratet kurz entschlossen die Witwe. Schön. Sie richten sich zu dritt ein. Hier kann man endlos weitermachen – die Versuchung, die ewige Qual, das Jucken, die wahnwitzigen Hoffnungen. Und das Ergebnis: eine Fehlkalkulation. Die Zeit verfliegt, er wird älter, sie erblüht – und nichts. Geht einfach vorbei und versengt einen mit dem Blick der Verachtung. Na? Spüren Sie hier nicht eine Dostojewskische Tragödie? Diese Geschichte ist einem meiner besten Freunde passiert, es war einmal im Märchenland, und der König war stets fröhlich.«

Die Sprache »Lolitas« ist so bemerkenswert wie die Sprache des »Ulysses« oder die von »Uhrwerk Orange«. Nabokov hat denselben Hang zu lexigraphischen Sprachspielen wie Joyce oder Burgess, aber da er in seiner gewissermaßen privilegierten Kindheit beinahe gleichzeitig Russisch und Englisch lernte, findet er Spaß daran, die beiden Sprachen gegeneinander auszuspielen. Wie so viele der wegweisenden modernen Romanautoren hat auch er sein literarisches Leben als Lyriker begonnen. Der Lyriker, so W. H. Auden, hat zuerst einmal nicht seine eigene Muse zu umwerben, sondern die brave Dame Philologie. Dies tat Nabokov über Jahre, ehe er sich seiner »Lolita« hingab. Der Roman strotzt nur so von lexigraphischen Einlagen, brillanten Wortschöpfungen und einer Überfülle an Wortlisten, all dies unverwechselbare Symptome der Verzauberung durch das Wort.

»Nymphchen« war eine Nabokovsche Wortschöpfung für diesen Roman, ebenso wie die noch ausgefalleneren Begriffe »Libitraum«, »Päderose«, »Nymphchenzeit« und »Welpenkörper«. Wie im »Ulysses« versetzt auch hier jede Seite in Staunen, jede einzelne Seite lohnt der Mühe, sie mehr als einmal gründlich zu studieren (französische Kritiker haben darauf hingewiesen, daß Ronsard das Wort nymphette in der Bedeutung »kleine Nymphe« verwendet – das war Nabokov bekannt, aber er schuf einen englischen Begriff, der in die Sprache Eingang fand, weil wir über keinen anderen verfügen, um jene wilde Kindfrau zu beschreiben, die den Mann mittleren Alters in den Wahnsinn treibt.)

In »Lolita« geht es um Besessenheit. Gleiches läßt sich sagen über den »Tod in Venedig«, »Anna Karenina«, »Madame Bovary«, Shakespeares Sonette und selbst über »Portnoys Beschwerden«. Literatur lebt von hoffnungsloser Besessenheit. Viele Schriftsteller sind besessen von der Besessenheit.

Das Thema war für Nabokov keinesfalls neu – auch wenn die Form, die Besessenheit in diesem Roman annimmt, neu ist: Lushin in »Lushins Verteidigung« ist vom Schachspiel besessen, Sebastian Knight in »Das wahre Leben des Sebastian Knight« von der Vorstellung literarischer Unsterblichkeit, Kinbote in »Fahles Feuer« von seinem Königreich Zemblan, Hermann in »Verzweiflung« von dem Wunsch, seinen Doppelgänger umzubringen, Fjodor in »Die Gabe« läßt der Gedanke nicht los, die Zeit durch Schreiben aufzuheben. (Diese Liste ließe sich auf sämtliche Romane Nabokovs erweitern.)

In »Erinnerung, sprich«, Nabokovs Autobiographie, bezeichnet er sich selbst als »chronophobisch« (eine weitere feinsinnige Wortschöpfung), und »Lolita« ist in hohem Maße ein Buch über Chronophobie, genauso wie es Shakespeares Sonette sind.

Humbert Humbert liebt etwas, das seinem Wesen nach nicht von Dauer sein kann. Jener präpubertäre Zustand, den er Nymphchenalter nennt, hält an vom neunten bis ins dreizehnte Lebensjahr, vier im Flug vergehende Jahre, oft weniger. Die honigfarbenen Schultern, die knospenden Brüste, der bräunliche Duft des Nymphchens in Ringelsöckchen, all dies muß vergehen, sobald sich Anzeichen von Fraulichkeit zeigen – die Humbert in dem Maße verachtet, wie er das Nymphchenalter verehrt. Humberts Tragik mag allen besessenen Liebhabern in der gleichen Lage als Trost dienen. Er liebt, was er doch nie besitzen kann. Die Zeit entreißt es ihm, selbst wenn er träumt, es zu besitzen. Kein elisabethanischer Dichter, der in Sonetten verkündete, der Mensch solle Rosenknospen sammeln, solange es ihm möglich sei, konnte dies besser zum Ausdruck bringen, als es Nabokov mit seinem Nymphchen tut.

Der Schurke im Stück ist also die Zeit. Und die Tragik ist die Tragik des Menschen, der weiß, daß er sterben muß. Es ist kein Zufall, daß so viele der Helden Nabokovs tragische Figuren sind und daß so viele seiner Romane als posthume Autobiographien angelegt sind. Seine Themen sind nichts Geringeres als Vergänglichkeit und Zeit, Eros und Tod, die Zwillingsthemen aller wirklich tiefsinnigen Dichtung.
Wie eine Reihe Nabokovscher Erzähler ist Humbert Humbert ein Mann, den eine unwiederbringliche Vergangenheit nicht losläßt. Als er sein Nymphchen in Ramsdale wiederfindet (selbst die Ortsnamen in Lolita haben einen starken sexuellen Beiklang), erkennt er sofort, daß er auf die absolute Wiederverkörperung seiner Riviera-Kinderliebe, seiner Welpenliebe, gestoßen ist, die Jahrzehnte zuvor an Typhus gestorben war:

Es war das gleiche Kind – die gleichen zerbrechlichen, honigfarbenen Schultern, der gleiche seidige, geschmeidige nackte Rücken, der gleiche kastanienbraune Haarschopf.
Ein gepunktetes schwarzes Tuch, um ihren Oberkörper geknotet,

verbarg meinen alternden Gorillaaugen, nicht aber den Blicken junger Erinnerung die jugendlichen Brüste, die ich eines unsterblichen Tages liebkost hatte. Und als wäre ich die Märchenamme einer kleinen Prinzessin (verirrt, geraubt, wiedergefunden, in Zigeunerlumpen, durch die ihre Nacktheit den König und seine Meute anlächelt), erkannte ich das winzige dunkelbraune Muttermal an ihrer Seite. Mit Ehrfurcht und Entzücken (der König weint vor Freude, es blasen die Trompeten, die Amme ist betrunken) erblickte ich wieder ihren holden eingezogenen Bauch, wo einst mein südwärts segelnder Mund kurz verweilte, und die knabenhaften Hüften, an denen ich den gezackten Abdruck küßte, den das Gummiband ihrer Shorts hinterlassen hatte – an jenem letzten, unvergeßlichen Tag hinter den »Roches Roses«. Die fünfundzwanzig Jahre, die ich seitdem durchlebt hatte, liefen in einer zitternden Spitze zusammen und entschwanden.

Die Zeit ist es, die Humbert aus der Welt schaffen will. Die Zeit ist der Feind aller Liebenden. Nabokov hat das Wesen der Besessenheit in der gleichen Weise wie Thomas Mann im »Tod in Venedig« erfaßt. Besessenheit führt ein Eigenleben: ihr Gegenstand, wie unersetzlich und einzigartig er auch scheinen mag, kann wechseln, wenngleich es in der Natur der Besessenheit liegt, dies nicht zu erkennen.
Humberts Besessenheit von »Lolita« wurde mit vielen Dingen verglichen: mit der Besessenheit des Künstlers vom Schaffensprozeß, der Besessenheit des Schmetterlingsliebhabers von seinen Exemplaren, mit der Obsession des Exilierten von dem Gedanken, seine verlorene Heimat wiederzufinden (ein für Nabokov charakteristisches Thema). All dies trifft zu, und mehr noch. Doch letztlich bezieht das Buch seine Wahrheit daraus, daß es die Geschichte eines Mannes erzählt, den eine hoffnungslose Liebe zur Verzweiflung bringt, die hoffnungslose Liebe zu einem unmöglichen Gegenstand: einem gewöhnlichen kleinen Mädchen, das ihn »Kleiner« nennt. Ist nicht jede hoffnungslose, zwanghafte

Liebe Außenstehenden nicht zu erklären? Können Freunde uns jemals verstehen? Ist diese Unerklärbarkeit nicht Wunder und Schrecken einer jeden zwanghaften Passion?

Die Suche nach den Quellen »Lolitas« führt uns im wesentlichen zur Genialität Nabokovs, dennoch lohnt es auch zu bedenken, daß er »Alice im Wunderland« ins Russische übersetzt hat und daß Puschkins »Eugen Onegin« für ihn, wie für viele andere russische Schriftsteller, ein Werk von entscheidender Bedeutung gewesen ist. D. M. Thomas sagte über Puschkin:
»Sexuelle und kreative Instinkte funktionierten bei ihm mit der gleichen Parallelität wie die Kufen eines Schlittschuhläufers.« Dies trifft sicher auch auf Nabokov zu, und es zeigt sich nirgendwo deutlicher als in »Lolita«.
Die Veröffentlichungsgeschichte von »Lolita« könnte einem seiner Werke entstammen; sie erweckt beinahe den Eindruck, als ob hier das Leben die Kunst nachahme. Nabokov beendete die Arbeit an »Lolita« im Frühjahr 1954 und »nahm sofort die Suche nach einem Verleger auf«. Da »Lolita« in diesem Jahr ihren dreißigsten Geburtstag feiert – oder zumindest die erste in Amerika erschienene Ausgabe – sollten wir versuchen, uns den Zustand des amerikanischen Verlagswesens im Jahre 1954 vor Augen zu führen, als ich selbst mich noch im Nymphchenalter befand.
In jenen finsteren Zeiten war es unmöglich, ein Exemplar von John Clelands »Memoiren der Fanny Hill« aufzutreiben, außer etwa im Giftschrank einer Universitätsbibliothek oder bei einem privaten Erotika-Händler. Und Sie können sicher sein, ich habe es versucht. Henry Millers »Wendekreis des Krebses« und D. H. Lawrences »Lady Chatterley« waren im Buchladen an der Ecke nicht zu kriegen. Das flotteste Sexhandbuch, das dem wißbegierigen Heranwachsenden zur Verfügung stand, war »Liebe ohne Furcht« von Eustace Chesser, einem Mediziner seines Zeichens. Und »Ein Stein

für Danny Fisher« von Harold Robbins war in den fünfziger Jahren das Ultimative an »literarischer« Aufklärung, was Jugendlichen im Regelfall zugänglich war. Selbst Norman Mailer hatte in »Die Nackten und die Toten« das Wort »fuck« durch »fug« ersetzt. Und wenn er auch im 1955 erschienen »Hirschpark« wesentlich direkter formulierte, so wurde ihm das von den Kritikern nicht zugute gehalten.
Von daher kann es nur wenig überraschen, daß das Manuskript von »Lolita« von vier bedeutenden New Yorker Verlagen abgelehnt wurde. Obgleich der Roman kein vulgäres Wort (Nabokov nannte es »mural word« – murales Wort oder Mauerwort) enthielt, stellte »Lolita« eine wirkliche Neuschöpfung dar, und wirkliche Neuschöpfungen haben es normalerweise schwer, bis man sie schließlich sicher in eine Schublade eingeordnet hat. Nicht nur, daß »Lolita« von verbotenen Leidenschaften handelte, darüber hinaus trug es auch noch den Makel, literarisch zu sein. Der amerikanische Puritanismus kann sich mit Sex eher anfreunden, wenn er in der Gosse bleibt, als wenn er in der Form von Kunst präsentiert wird.

Noch überraschender als die Reaktionen der Verlage waren die ersten Reaktionen von Edmund und Elena Wilson und Mary McCarthy auf dieses Meisterwerk, das Nabokov als sein »mit Abstand bestes Werk in englischer Sprache« einschätzte. Mit Erstaunen habe ich zur Kenntnis genommen, wie sich der für gewöhnlich recht lockere Edmund Wilson Nabokov gegenüber über »Lolita« äußerte: »Ich schätze es weniger als alles andere, was ich von Ihnen gelesen habe.« Mary McCarthey, die das Manuskript nicht zuende las, nannte den »Stil von vorn bis hinten schrecklich schludrig«.* Nun sind die Kommentare großer Schriftsteller zu Werken

* In einem Briefwechsel zwischen Nabokov und Wilson, Briefe vom 30. Juli 1954, vom 9. August 1954 und vom 30. November 1954.

von Zeitgenossen nicht immer zutreffend – aus einer Reihe von Gründen, die nicht alle mit Neid zu tun haben. Virginia Woolf bezeichnete »Ulysses« als »analphabetisches, ungebildetes Buch ... das Werk eines Autodidakten aus der Arbeiterklasse ... selbstgefällig, aufdringlich, ungehobelt, gewaltsam und letztlich ekelerregend.« Woolf war nun tatsächlich eine große Literaturkritikerin und eine Romanautorin von Rang – doch hier lag sie absolut daneben. Schriftsteller haben selten einen Blick für andere Autoren ihrer Zeit, oft haben sie gar keinen Zugang zu ihnen. Für jeden Ezra Pound, Anthony Burgess, John Updike oder Henry Miller, der tolerant genug ist, das Neue anzuerkennen, gibt es tausend Edmund Wilsons, die sagen: »Ich wünschte, mir gefiele das Buch besser.« Selbst ein solch bedauernder Unterton ist selten; häufiger noch greifen Schriftsteller das Neue mit hämischem Vergnügen an, deklarieren es als langweilig, nachlässig oder ungebildet, und das bloß deswegen, weil es die Sprache mit frischem Leben erfüllt. Etwas Neues in der Literatur setzt sich oft souverän über alte poetische Etikette hinweg, ebenso wie über tradierte Formen literarischen Ausdrucks; in vielen Fällen sind seine Vulgarität und Vitalität untrennbar miteinander verknüpft.

Aus dem Briefwechsel zwischen Wilson und Nabokov wissen wir, daß Wilsons Reaktion ein schwerer Schlag für Nabokov war. Er hatte an diesem Roman fünfundzwanzig Jahre lang in zwei Sprachen gearbeitet: wie anders als tief enttäuscht konnte er reagieren, als er einen selten guten Tropfen kredenzte und dieser als Essig verschrien wurde?

Hätte Edmund Wilson das Buch nicht als »widerlich«, »unrealistisch« und »zu unerfreulich, um komisch sein zu können« bezeichnet, hätte er diese Einschätzung nicht seinem eigenen Verleger mitgeteilt, vielleicht wäre die Veröffentlichungsgeschichte von »Lolita« anders verlaufen. So aber wollte es das Schicksal – das in »Lolita« eine so wichtige Rolle spielt –, daß die englische Erstveröffentlichung des

Romans 1955 in Frankreich erfolgte, im Olympia Verlag von Maurice Girodias* (er hatte den Obelisk Verlag von seinem Vater übernommen, dem Verleger Henry Millers). Girodias, Vater und Sohn, hatten seit den dreißiger Jahren literarische und auch nicht so literarische Erotika für den Exilantenmarkt in Paris veröffentlicht. Manche beschimpften Girodias als Pornokönig, andere priesen ihn als »den Lenin der sexuellen Revolution«, auf jeden Fall steht fest, daß Girodias den Mut hatte, William Burroughs, Samuel Beckett, J.P. Donleavy, Nikos Kasantzakis und Nabokovs »Lolita« zu veröffentlichen, als andere dies aus Angst vor der Zensur nicht wagten.

Ich schätze mich glücklich, ein etwas mitgenommenes zweibändiges Exemplar der ersten Ausgabe von »Lolita« zu besitzen, erschienen bei The Olympia Press, Rue de Nesle 8, Paris 6e, gedruckt im August 1955 bei S.I.P., Montreuil, Frankreich, zum Preis von 900 Francs pro Band. Die Auflage war klein, vielleicht an die 5000 Stück, aber immerhin so hoch, daß Graham Greene ein Exemplar zu Gesicht bekam und er »Lolita« in der Londoner *Times* zu einem der drei besten Romane des Jahres 1955 erklären konnte.

Damit versah Greene das Werk mit seinem literarischen Segen, so wie es später John Updike und Henry Miller für »Angst vorm Fliegen« taten. Greene nahm Literatur und Sprache wahr, wo andere nur Perversität und Pornographie sahen. »Lolitas« später Triumph läßt sich letztendlich auf seine Intervention zurückführen. Nach der Entdeckung des Werkes durch Greene druckte Jason Epstein Teile des Romans in der *Anchor Review*. Ihm folgten Walter Minton von Putnam's sowie George Weidenfeld und Nigel Nicolson (von der englischen Firma, die ihre Namen trug); sie schlossen mit Girodias einen Vertrag, um »Lolita« in den Verei-

* Sohn von Jack Kahane, der den Namen seiner Mutter, Girodias, annahm, um die Nazis hinters Licht zu führen.

nigten Staaten, Großbritannien und Kanada auf den Markt zu bringen. Ein Drittel der Einnahmen floß zwar an die Olympia Press, doch endlich war »Lolita« über arrivierte Verlage in den USA und Großbritannien eingeführt. Der Held dieses historischen Kapitels, das »L'Affaire Lolita« betitelt werden sollte, ist Nigel Nicolson (der Sohn von Harold Nicolson und Vita Sackville-West), dessen Einzug ins Parlament für den Wahlkreis Bournemouth unter anderem daran scheiterte, daß er die Mißbilligung seiner Veröffentlichung von »Lolita« durch die Wähler in Kauf nahm.

Man rechnete allgemein damit, daß »*Lolita*« in Großbritannien und den USA die Justiz auf den Plan rufen würde. Auf Drängen britischer Stellen wurde die Ausgabe der Olympia Press dann auch einige Zeit in Paris verboten. Sogar das englische Kabinett befaßte sich mit dem Roman, doch dessen Veröffentlichung verlief ohne rechtliche Probleme. Erst später wurde es in Neuseeland verboten.
Die Veröffentlichung in den Vereinigten Staaten erfolgte am 21. Juli 1958 (bei Putnam's), die in Großbritannien am 6. November 1959 (bei Weidenfeld und Nicolson). In den USA erreichte die Ausgabe im Januar 1959 den ersten Platz auf der *New York Times*-Bestsellerliste und wurde von diesem Platz erst durch ein anderes Kind der russischen Literatur verdrängt, Boris Pasternaks »Doktor Schiwago«. Glorreiche Zeiten, als literarische Werke mit einiger Regelmäßigkeit tatsächlich auf Bestsellerlisten erschienen!
Die meisten Kritiken »Lolitas« beschäftigen sich mehr mit »L'Affaire Lolita« als mit dem Buch selber. Als ob Nabokovs Nachwort nicht existierte, widmeten sich zahlreiche Journalisten der langweiligen und abgestandenen Diskussion der Frage Literatur kontra Pornographie. Es kann nicht überraschen, daß einige Kritiker sich so anhören wie der als »Dr. phil. John Ray jun.« auftretende Autor. Nabokov verfügte über eine bemerkenswerte Fähigkeit zur Vorausschau, nicht

nur innerhalb seiner Romane, sondern auch im Hinblick auf ihre Aufnahme durch die Kritik. Von den im allgemeinen recht platten Rezensionen hob sich Elisabeth Janeways Besprechung im *New York Times Book Review* wohltuend ab. Janeway, wie stets mit gutem Gespür ausgestattet und frei von Prüderie, erkannte sofort die Qualität des Buches und verstand, daß seine Tragikomödie von Shakespeareschem Charakter war:

Humberts Schicksal scheint mir in klassischer Weise tragisch zu sein, perfekter Ausdruck der moralischen Wahrheit, die Shakespeare in dem Sonett zusammenfasste, daß beginnt »Wollust, die Tat wird, geistiges Verprassen in einem Pfuhl der Schmach« bis hin zur genauen Entsprechung mit Shakespeares Adjektiven »meineidig, mörderisch, blutig, ehrverlassen.« Humbert ist der Mann mit dem tragischen Webfehler. Humbert ist jeder Mann, der von seiner Leidenschaft getrieben wird, und er will Lolita so sehr besitzen, daß es ihm nie in den Sinn kommt, sie als menschliches Wesen zu betrachten oder anders anzusehen als sein fleischgewordenes Traumgeschöpf – dies ist die ewig und überall gleiche Natur der Leidenschaft.

Das Wunderbare an Meisterwerken besteht darin, daß sie immer schon dagewesen zu sein scheinen, über alle Kritik erhaben. Nun, nachdem alle Fehleinschätzungen, spitzfindigen Einwände, Verbote und negative Kritiken sich als wirre Fußnoten entpuppt haben, besitzen wir das Buch in all seiner Pracht, so als habe es immer schon existiert.
Unverschämt, ein absolutes Muß, Lesestoff ohne Ende – mit dreißig ist »Lolita« noch so jung wie sie es als erstes Aufleuchten im Auge ihres Autors war.
Sie hat es tatsächlich geschafft, die Zeit zu besiegen – ihren Widersacher, ihre Inspiration.
Ihrem Schöpfer verhalf sie zu weltweitem Ruhm und zu der Möglichkeit, nun auch all seine frühen russischen Romane

in englischer Übersetzung zu veröffentlichen. Er schuf »Lolita« als junger, im Exil lebender Autor in Berlin, und sie verhalf ihm im Alter als amerikanischem Autor zu einem angenehmen Leben in relativem Wohlstand und gab ihm Gelegenheit, in den folgenden zwei Jahrzehnten sein Lebenswerk zu vollenden.

Die Geschichte findet ihr Ende in der Schweiz, hoch über einem spiegelähnlichen See, »es war einmal im Märchenland, als der gute alte König noch ein fröhlicher Kerl war.«

Postskript

»Lolita wird dreißig« war ursprünglich für den Book-of-the-Month Club gedacht und sollte als Einleitung zu einer Faksimile-Geburtstags-Edition der Putnam-Ausgabe von 1958 von Vladimir Nabokovs »Lolita« erscheinen. Später wurde der Aufsatz für die Veröffentlichung im *New York Times Book Review* (5. Juni 1988) überarbeitet und erscheint auch hier in leicht veränderter Fassung.

Nach Abschluß meiner Darstellung der kuriosen Publikationsgeschichte von »Lolita« machte ich die faszinierende Entdeckung, daß Adrian Lynes Film »Lolita« von 1997 mit ähnlichen Problemen zu kämpfen hatte. Im Mai 1998 führte ich, nachdem ich mir den Film angesehen hatte, für den *New York Observer* ein Interview mit Lyne. Der daraus entstandene Artikel erwies sich als eine aktualisierte Darstellung von Zensurpraktiken, wie sie sich in den USA entwickelt haben zwischen 1954, als das Manuskript von »Lolita« von allen amerikanischen Verlegern abgelehnt wurde (schließlich landete es bei Maurice Girodias' Olympia Press in Paris), und 1998, als Lynes Film keinen Eingang in die amerikanischen Kinos fand und statt dessen vom Kabelkanal Showtime gekauft wurde.

Selbst gut informierte Leser und Kinogänger halten die Zensur für ein Ding der Vergangenheit – ein Problem, mit dem es James Joyce und Bennett Cerf, Henry Miller und Barney Rosset zu tun hatten, das aber in der Kulturszene von heute keine Rolle spielt. Das ist jedoch schlicht falsch. Heute schleicht sich die Zensur auf hinterhältigere Weise wieder ein. Angst, Selbstzensur und unterschiedliche Gesetzgebung in den einzelnen Bundesstaaten haben erreicht, was der Bundesgesetzgebung nie gelungen ist. Gäbe es einen amerikanischen James Joyce, der einen zeitgenössischen, modernen »Ulysses« schreiben wollte, sein Werk liefe Gefahr nicht veröffentlicht zu werden, ja sogar vor Gericht zu enden.

Wie Rechtsanwalt Martin Garbus (den man als Rechtsexperten hinzuzog, als es Verleihprobleme mit Lynes *Lolita*-Film gab) mir sagte: »Zensur kommt heute von rechts wie von links – nämlich von privaten Interessengruppen – darunter Feministinnen, regional organisierte Zensurverfechter wie die Christliche Rechte und konservative Gemeinden, die Druck auf Staat und Staatsanwälte ausüben. Die Auseinandersetzung unterscheidet sich in hohem Maße von der in den Sechzigern. Sie ist komplexer und gefährlicher geworden.«

Denn nur wenige Leute, so Garbus, wissen, daß Staatsanwälte, noch aus der Zeit von »Operation Pornographie«, einer Gruppe von Rechtsvertretern, die Edwin Meese ins Leben gerufen hatte, auf Bundesstaaten- und Gemeindeebene Staatsanwälten rechtliche Hilfe und allgemeine Unterstützung geben. Gruppen wie der Amerikanische Familienverband organisieren Demonstrationen, um Filme von den Kinos fernzuhalten wie »Die letzte Versuchung Christi« und drohen Firmen mit Boykott, wenn sie Leute wie Madonna als Fürsprecher auftreten lassen. Utah, Alabama und Georgia gehen rechtlich gegen Dinge vor, die im Großstadtbereich völlig unproblematisch sind. Das Land wird unterteilt in – vor der Zensur – geschützte und ungeschützte Zonen.

Im Fall von Lynes *Lolita*-Verfilmung gaben Drohungen von Dworkin-Feministinnen – für die Frauen stets unbefleckte Wesen sind, die vom stets verderblichen Mann entweiht werden – den Ausschlag dafür, daß Filmverleiher einen Rückzug machten. Der Mord an JonBenet Ramsey machte im Herbst des Jahres 1997 Schlagzeilen (als der Film in die Kinos gehen sollte), und Miloš Formans Film über Larry Flynt hatte Andrea Dworkin, Patricia Ireland und NOW mit Protesten auf den Plan gerufen. Dieselbe Gruppe drohte auch mit einem Boykott »Lolitas«, weil hier angeblich das Inzestopfer als Aggressor erscheine. (Wenn sie das wirklich glaubten, können sie den Film nicht gesehen haben.) Nach Auffassung des Dworkinschen Flügels der feministischen Bewegung sind alle weiblichen Jugendlichen reinen Sinnes, und nur schlimme Stiefväter können sie möglicherweise verführen. Alle Bücher oder Filme, die eine junge Frau als ein ambivalentes Wesen darstellen, mit sexuellen Wünschen oder ödipaler Verwirrung, erscheinen automatisch auf ihrer Abschußliste. So bleibt uns nur die Vorstellung von glücklichen Feministinnen auf Traktoren, die Pfadfinderinnen-Kekse verkaufen und sich verdrängte Erinnerungen an sexuellen Mißbrauch durch böse männliche Verwandte ins Gedächtnis zurückrufen. Es war Adrian Lynes Pech, in einer solchen Atmosphäre ein 58-Millionen-Dollar-Filmkunstwerk produziert zu haben. Wenn nicht die Mormonen, so würden sicher die Dworkin-Anhängerinnen den Film boykottieren.

Auch wenn Mr. Garbus den Film für »rechtlich unbedenklich« erklärte, so genügte die geballte Macht der Dworkinistinnen-Mormonen-Drohung, die Verleiher abzuschrecken. Natürlich gestanden die Verleihfirmen ihre Angst nicht offen ein, doch trotz der rechtlichen Unbedenklichkeitserklärung durch Mr. Garbus kam der Film nie in die Kinos. Manchmal erzielt die Androhung eines Boykotts größere Wirkung als ein tatsächlicher Boykott.

Für seine kombinierte Sünde, sich eng an die klassische Textvorlage gehalten und den Mut aufgebracht zu haben, »die Wunschvorstellung eines jeden kleinen Mädchens, an die Stelle ihrer Mutter zu treten« auf die Leinwand zu bringen (so meine 19jährige Tochter Molly, die sich den Film zusammen mit mir ansah), für dieses Vergehen erhielten Mr. Lyne und sein 58-Millionen-Dollar-Spielfilm als Trostpreis die Chance, auf dem alles entscheidenden amerikanischen Markt gleich im Kabelnetz erscheinen zu dürfen. Während ich dies schreibe, plant der Showtime-Kanal erstmals in Amerika einen Film zu zeigen, der sich bisher vergeblich bemüht hat, auf der großen Leinwand zu erscheinen.* Selbstverständlich war *Lolita* in Kinos in England, Frankreich, Italien, Spanien und Rußland zu sehen, ebenso wie in vielen anderen Ländern, in deren Geschichte Zensur durchaus kein Fremdwort ist, doch Amerikaner werden derzeit vor diesem Film »geschützt« auf Grund einer Mischung aus Studio-Paranoia und einem steinzeitlichen Unverständnis für die Tatsache, daß Kunst nicht Parteinahme und Parteinahme nicht Kunst ist.

Wenn man eine Geschichte über einen Schurken schreibt, der seine Stieftochter verführt, dann macht einen das nicht notwendig zu einem Perversen oder einem Befürworter von Perversion. Adrian Lyne sieht sich als Regisseur mit haargenau denselben Problemen konfrontiert, mit denen Nabokov sich als Schriftsteller in den fünfziger Jahren auseinanderzusetzen hatte.

Adrian Lyne äußerte sich, mit ironischem Unterton, mir gegenüber so: »Man darf einen Film über Kannibalismus machen. Man kann *Das Schweigen der Lämmer* drehen. Man kann einen Film über Nekrophilie machen: *Der Kuß*. Doch

* Unter dem Eindruck dieses und anderer Proteste wird der Film in New York City und Los Angeles anlaufen und im September 1998 dann auch überall in den USA.

Pädophilie ist bis heute ein Tabu. Vermutlich ist es ihnen zu nah dran, weil es die Familiensphäre betrifft. Die Leute wollen glauben, daß sich Sexualität passenderweise erst im gesetzlich abgesicherten Alter von achtzehn zu Wort meldet, und das ist eben nicht wahr. Ich brauche nur an mich selbst als Jugendlichen zurückzudenken. In Bezug auf Sex befindet man sich mit vierzehn in einem total chaotischen Zustand.«

Genaugenommen sind Mädchen zwischen dreizehn und siebzehn Jahren keine Kinder mehr, obwohl sie gesetzlich als Minderjährige gelten. Wer ernsthaft behaupten will, daß Mädchen zwischen dreizehn und siebzehn nicht wissen, was Verführung ist, der müßte allerdings erklären, was es mit all der Geschäftemacherei auf sich hat, die von dem Reiz dieses Themas für Mädchen lebt: Das geht von Musikvideos und CDs über Make-up bis hin zu Zeitschriften und Filmen. Mädchen im Teenageralter wird auf dem kommerziellen Sektor permanent wesentlich größerer Schaden zugefügt als dies durch etwas wie *Lolita* je der Fall sein kann. Das scheint aber niemanden zu beunruhigen.

»Das Schlimme ist die Atmosphäre unterschwelliger Angst, die man damit wegrationalisiert, daß man den Film zum Filmkunstwerk erklärt«, bemerkte Lyne mir gegenüber. Trauriger Tatbestand bleibt, daß ein echtes Kunstwerk, das in die Kinos gehört, ins Kabelfernsehen abgeschoben wird.

»(François) Truffaut äußerte vor Jahren, daß amerikanische Regisseure einen Hang haben, Filme über Helden zu machen, während europäische Regisseure Filme über Menschen machen, die schwach und verletzlich sind, und genau das fasziniert mich wirklich«, sagte Lyne. Er hat einen solchen Film gedreht, und der ist ihm besser gelungen, als er es sich in seinen kühnsten Träumen erhoffte. *Lolita* ist eine Tragikomödie, so wie sie Nabokov vorschwebte.

Die beiden Liebenden sind weder völlig unschuldig noch

völlig verworfen, und das Publikum ist am Ende überwältigt von der Art, wie sich die Liebenden gegenseitig auf einen Abgrund von Enttäuschung und Tod zutreiben. *Lolita* macht kaum Lust auf die Freuden der Sexualität mit Minderjährigen.

Was hat dieser Film an sich, daß er solch ein trauriges Schauspiel institutionalisierter Feigheit heraufbeschworen hat? Er ist doch das wunderschön angelegte Porträt einer hoffnungslosen Liebe, deren Grundton zutiefst elegisch ist. Er ist ein Film, der die von Nabokov verewigte amerikanische Landschaft in einem surrealistischen Stil ins Bild setzt, einem Stil, der oft an Diane Arbus' Fotografien erinnert und doch mit großer Genauigkeit die Nabokovsche Außenseitersicht auf das Amerika der vierziger Jahre wiedergibt, mit seinen deprimierenden Wohnwagenparks, seinen angestaubten Speiselokalen und den einsamen Tankstellen in der Wüste.

Lolita ist ein Film, der seinen Blick auf eine Fliege richten kann, die auf einem Fliegenfänger festklebt, dann auf ein Mädchen, das an einer Banane lutscht wie an einem Schwanz, dann auf ein Schokogetränk, in das ein großer Haufen Vanilleeis plumpst, dann auf eine Unzahl von toten Insekten in einer elektrischen Insektenfalle – wobei er uns nie vergessen läßt, daß der wirkliche Feind von Humbert Humbert und Lolita die Zeit selbst ist. Die Liebenden sind dem Untergang geweiht, weil Lolita aus eben dem Nymphchenalter herauswachsen muß, das ihren Liebhaber so anzieht. Im übrigen liebt Humbert lebendige Personen nicht wirklich, sondern ist von der Liebe zu einem längst gestorbenen Mädchen besessen, seiner Kinderliebe aus Südfrankreich, als er selbst noch ein Kind von vierzehn Jahren war.

Es ist ein Film, der Träume in uns auslöst – oft Alpträume – ein Film, dessen Grundstimmung von Trauer und Verlust geprägt ist, ein Film, der das beinahe Unmögliche verwirklicht, indem er so viel Mitgefühl für einen Perversen schafft, daß wir einen ganzen Abend mit ihm verbringen wollen, ihn aber auch als so unglücklich zeigt, daß wir verstehen, wie hoffnungslos Besessenheit ist. Besessenheit, das macht *Lolita* deutlich, kann zu keinem guten Ende führen. Es handelt sich also um einen im wahren Sinne moralischen Film. Er zeigt den unaufhebbaren Gegensatz zwischen Liebe und Besessenheit. Er bringt die beiden Dinge nicht – wie so viele andere Filme – durcheinander.

Lyne ist es ebenfalls geglückt, Nabokovs Sprachwitz einzufangen. Stephen Schiffs Drehbuch bedient sich mit großem Geschick des Wortlauts von Monologen aus dem Buch, die Jeremy Irons mit seiner Stimme in Voice-overs lebendig werden läßt. Witze in Bild und Ton finden sich zuhauf: von Quiltys Stimme im Radio, so wie sie Humbert am Anfang des Films unscharf wahrnimmt, bis zu einem kurzen Schwenk über ein Schild vor einem Motel, in dem Humbert und Lolita absteigen und auf dem steht: KINDER UNTER 14 UMSONST.

Lolitas verwirrende Mischung aus kindlichem Kaugummiblasenproduzieren und sirenenhafter Gestik (die sie sich aus den *Photoplay*-Magazinen abschaut, die sie beständig liest) entspricht ebenfalls Nabokovscher Darstellungsweise.

Der Film leidet nicht an denselben Übertreibungen wie Lynes 156-Millionen-Dollar-Film *Eine verhängnisvolle Affäre*. Es ist eine zurückgenommene, kühle Arbeit über ein Thema, über das wir im Jahre 1998 ebensowenig offen reden dürfen wie im Jahre 1955.

Dies ist das wirklich Erstaunliche an *Lolita*: Immer noch hat das Werk die Kraft zu schockieren. Der Ödipusmythos, den es darstellt, wird heute noch genauso wie in den fünfziger Jahren – oder, wenn man so will, zur Zeit Sigmund Freuds – geleugnet.

Immer noch bestreiten wir, daß Sexualität zum Leben von Minderjährigen gehört. Mit verfassungswidrigen Vorstößen wie dem »Child Pornography Act«, von 1996 bekämpfen wir den bloßen Gedanken, daß es so etwas gibt. Aber wir finden weiterhin Rechtfertigungsgründe dafür, Kunstwerke der Zensur zu unterwerfen, während wir jede Art von Schund unbehelligt lassen. *Lolita* ist eine Elegie auf eine verlorene Liebe und kein Film, der unsere niedrigsten Instinkte ausbeutet. Wenn der Film zeigen würde, wie ein junges Mädchen von Kannibalen zerstückelt wird, wäre er ohne größeres Aufsehen vor zwei Jahren in Tausenden von Kinos angelaufen. Aber weil er sich mit Inzest befaßt – diesem universalen, aber auch universal geleugneten Phänomen – sieht er sich den schwachköpfigen Anfechtungen der Political-Correctness-Polizei ausgesetzt.

Die Zensur ist also noch unter uns. Nur ist sie, da dezentralisiert arbeitend, heute schwerer zu bekämpfen und damit gefährlicher. Die Vorstellung vom Künstler als Zauberer ist der Vorstellung vom Künstler als politischer Bedrohung gewichen. In vielerlei Hinsicht waren wir da in den fünfziger Jahren besser dran, als man die Zensur noch beim richtigen Namen nannte.

Kapitel 10

»Bewußte Unzüchtigkeit« und kreative Phantasie:

Sollten wir Pornographie der Zensur unterwerfen?

Die dem Künstler angemessenste Regierungsform ist der Verzicht auf jegliche Regierung.

Oscar Wilde

Pornographisches Material gab es in der Kunst und Literatur aller Gesellschaften und aller geschichtlichen Perioden. Was sich von Epoche zu Epoche – oder sogar von einem Jahrzehnt zum nächsten – geändert hat, betrifft die öffentliche Präsenz und den legalen Vertrieb solcher Produkte. Paradoxerweise ist in elitären Gesellschaften der Ruf nach Zensur seltener zu vernehmen als in demokratischen, da elitäre Gesellschaften eine stillschweigende Zensur ausüben und gewisse Dinge der Kenntnis der hoi polloi, der breiten Masse, entziehen. Mit dem Vordringen der Demokratie verstärkt sich die Forderung nach gesetzlicher Kontrolle des Erotischen, Pornographischen, Skatologischen. Ein hervorragendes Beispiel für die schwankende Akzeptanz derartigen Materials bietet unsere eigene Zeit. Dem Verbot und der Vernichtung von Werken von D. H. Lawrence, James Joyce, Radclyffe Hall, Henry Miller und anderen Künstlern der Avantgarde in früheren Jahrzehnten folgte in der Mitte des 20. Jahrhunderts ein leidenschaftlicher Kampf um die Befreiung der Literatur von der Zensur und schließlich, an seinem Ende, eine neue Welle der Reaktion.

Nach nahezu hundert Jahren der Agitation für freies Publizieren stellen wir fest, daß sich die Feinde der Freiheit eher vermehrt als vermindert haben. Es sind Christen, Moslems, repressive totalitäre Regime, sogar in bester Absicht für soziale Toleranz Engagierte wie beispielsweise Feministinnen, Lehrer, Schulelternräte, auch Bibliothekare. Das sollte uns nicht überraschen, da gewöhnlich, wie Margaret Mead vor vierzig Jahren erklärte, die Forderung nach staatlicher Zensur »eine Reaktion auf das Vorhandensein heterogener Gruppen mit verschiedenartigen Wertmaßstäben und Bestrebungen innerhalb einer Gesellschaft« ist. Da das Spektrum unserer Kultur immer breiter wird, dürfen wir damit rechnen, daß der Ruf nach Zensur häufiger zu vernehmen sein wird. Daher ist es wichtig für uns, daß wir verstehen, welche Rolle Pornographie in unserem Leben spielt und welchen Wert sie hat.

Unsere Aufgabe wird erschwert, das Problem verworrener durch die Tatsache, daß die große Freizügigkeit, derer wir uns kurzfristig in den späten sechziger, den siebziger und frühen achtziger Jahren erfreut haben, zu einer Verbreitung sexuellen Materials von einem Ausmaß an Widerwärtigkeit, gezielter Ausbeutung und Frauenfeindlichkeit geführt hat, daß man es unmöglich verteidigen kann. In der Frage der Kunst dürfen wir jedoch überzeugt sein, daß sie durch Recht und Verfassung geschützt sind. Das Tor ging auf für »Lolita«, »Lady Chatterley«, »Wendekreis des Krebses«, »Portnoys Beschwerden«, »Angst vorm Fliegen«, aber auch für »Debbie Does Dallas«, »Deep Throat« und »Snuff«. Es entstand eine Flut für Frauen derartig beleidigender Pornographie, daß sie, verständlicherweise, den Zorn vieler Feministinnen erregte. Außerdem wurde sie, nachdem die früheren gesetzlichen Schranken gefallen waren, zu einem enorm gewinnbringenden Geschäftszweig, und das wiederum hat eine weitere Gegenbewegung ausgelöst.

Jetzt, da viele der früher für den Fortschritt Engagierten und viele Liberale die sexuellen Darstellungen plötzlich verbannt wissen wollen, stehen wir an einem Scheideweg. Der alte Traum der Avantgarde, daß die Befreiung von sexueller Unterdrückung die Menschen von ihren Hemmungen und Beschränkungen befreien würde, ist entschwunden. Wir meinen in der Frage, wohin sexuelle Freiheit führt, seien wir trauriger und weiser geworden, doch in Wahrheit haben wir sexuelle Freiheit niemals wirklich erprobt. Wir haben nur viel Rummel um ihr Scheinbild gemacht.

Ich möchte an dieser Stelle eine Neueinschätzung der sogenannten sexuellen Revolution umgehen und statt dessen den Impuls, Pornographie zu erzeugen, und deren Rolle im Kunstwerk betrachten. Wir sind es uns schuldig, die pornographischen, erotisierenden und skatologischen Impulse zu verstehen, bevor wir unsere heftige öffentliche Diskussion über deren Nutzen und die Frage ihres Verbots wieder aufnehmen.

Ich verwende die Ausdrücke Erotika und Pornographie ohne Unterschied, denn ich bin zu der Überzeugung gekommen, daß nur der Snobismus sie unterscheidet. Früher einmal meinte ich, Pornographie sei lediglich eine Hilfe zur Selbstbefriedigung, Erotika dagegen höher geartet und spirituell, in der Art von Molly Blooms Selbstgespräch im »Ulysses«. Jetzt bezweifle ich diese Unterscheidung. Alle bildenden Künstler – von jenem anonymen Bildhauer der barbusigen minoischen Schlangengöttin über die Schöpfer der Wandmalereien der Bordelle Pompejis zu William Turner und Pablo Picasso – haben sich zum Erotischen und Pornographischen hingezogen gefühlt. Das gleiche gilt, die gesamte Geschichte hindurch, für die literarischen Künstler. Mal war der Impuls, die Geschlechtsorgane zu reizen, mal, den Geist anzuregen. Da Geist und Geschlechtsorgane Teil ein und desselben Organismus sind, warum sollten wir zwischen Träumen zur Selbstbefriedigung und ästhetischen Träumen unterscheiden? Sicherlich gibt es auch eine Ästhetik der Selbstbefriedigung, die zu erforschen unsere Gesellschaft zu antisexuell eingestellt ist. Auf jeden Fall ist es an der Zeit, sich auf den Weg zurück zu den Ursprüngen des pornographischen Impulses zu machen und die Gründe seiner Zählebigkeit zu erforschen.

Mark Twains »1601« ist ein idealer Ausgangspunkt. Obwohl Mark Twain im viktorianischen Zeitalter lebte und wußte, daß er seine pornographischen Einfälle niemals würde an die Öffentlichkeit bringen können, beschäftigten diese nichtsdestoweniger seine künstlerischen Kräfte in hohem Maße, und er war so stolz auf sie, daß er seine Freunde mit ihnen bekannt zu machen wünschte.

Für Mark Twain war Pornographie ein wesentlicher Teil seines gesamten Schaffens, da sie den Weg für andere Arten des freien Ausdrucks bereitete. Sie brachte ihm die Freiheit, eine neue Art amerikanischer Volkssprache zu kreieren, Ich-Erzählungen, die aus amerikanischen Sprachmustern schöpfen und wie nie zuvor die amerikanische Seele offenbaren. Seine pornographischen, skatologischen, erotizistischen Experimente ermöglichten es ihm, sich in das gemeinschaftliche Unbewußte zu versenken und einige der tiefgründigsten Mythen zu schaffen, auf denen die amerikanische Kultur gründet.

Das berüchtigte Opus »1601 ... Conversation as It Was by the Social Fireside, in the Time of the Tudors« fasziniert mich, da es Mark Twains Leidenschaft für sprachliches Experimentieren und dessen engen Zusammenhang mit seinem Bedürfnis nach »bewußter Unzüchtigkeit« zeigt.

Der Ausdruck »bewußte Unzüchtigkeit« ist natürlich von Vladimir Nabokov. Er hat stets den Drang zu pornographischer Kreativität mit »dem Schwung eines großen Dichters in ausgelassener Stimmung« verknüpft und den Stumpfsinn der zeitgenössischen Pornographie bedauert, wo »die Handlung auf die Kopulation von Klischees beschränkt« werden muß. Der durch solcherart verkümmerte Lust motivierte Connaisseur der Pornographie hat wenig Geduld mit irgendwelchen Bemühungen um verbale Virtuosität und sprachlichen Witz. Man fühlt sich an Henry Miller erinnert, der als bezahlter Pornograph elendiglich scheiterte, da er das Poetische nicht zu eliminieren vermochte, wie sein anonymer Gönner es wünschte. Besser ging es Anaïs Nin mit Das »Delta der Venus« und »Die verborgenen Früchte«. Für Henry Miller war Pornographie gerade darum wichtig, *weil* sie ihn zur Dichtung anregte!

Henry Millers Verhältnis zur Pornographie ist von uralter Art. In den Literaturen der römischen Antike, der Renaissance und des 18. Jahrhunderts gingen Dichtung und Pornographie Hand in Hand. In den pornographischen Ausschweifungen eines Catull, Ovid, Petronius und Juvenal wird niemals der gute Stil preisgegeben. Boccaccio, Villon, Rabelais, Cervantes, Shakespeare, John Donne und Andrew Marvell, sie alle haben an pornographischer Poesie ihren Spaß gehabt. Jonathan Swift, Alexander Pope und Laurence Sterne waren ebenso berauscht von Unzüchtigkeit wie von Sprache.

Kein schaffender Künstler sollte sich um »die exakte Demarkation von Sinnenfreude und Sinnlichkeit« kümmern, sagt Nabokov. Mögen die Zensoren solch heuchlerischen Unterscheidungen nachgrübeln. Für den literarischen Künstler steht anderes auf dem Tagesplan: die Phantasie zu entfesseln und den ungezähmten Geist freizusetzen. Der pornographische Schwung der alten Literatur inspirierte ihn: Darin würde er Mark Twain als einen Bruder erkannt haben.

Indem er sich in »1601« aus dem Blickwinkel des »Pepys jener Tage, höchstselbst Mundschenk der Königin Elisabeth« zu schreiben erwählte, versetzte sich Mark Twain in eine Welt, wie sie vor der Erfindung der sexuellen Heuchelei bestand. Die elisabethanischen Menschen waren unverhüllt obszön. Sie fanden die Körperfunktionen spaßig und fühlten sich durch Sex musisch angeregt. Die geistreichen Köpfe der Restaurationszeit und die Satiriker des Augustäischen Zeitalters würdigten das Körperliche mit der gleichen Offenheit und den Eros mit dem gleichen Respekt. Erst im neunzehnten Jahrhundert beginnt die Prüderie (und die Drohung gesetzlicher Zensur) die Hand des Autors zu lähmen. Shakespeare, Rochester und Pope waren in weit höherem Maße als wir *politischen* Beschränkungen unterworfen, aber es bleibt eine Tatsache, daß sie nicht genötigt waren, Kondome über ihre Federn zu stülpen, sobald es um Sex ging. Unbeschwert erinnerten sie ihre Leser an die nackte Natürlichkeit des Körpers. Sie folgten der klassischen Tradition, die oftmals eine Empörung des moralischen Empfindens auf skatologische Weise ausdrückt. »O Celia, Celia, Celia scheißt«, schreibt Swift (in einem seiner sogenannten nicht druckfähigen Gedichte), und er schreibt es nieder, als wäre sie die erste Frau in der Geschichte der Menschheit, die dieses tut. Swift entlarvt die Konventionen der höfischen Liebe (und bringt zugleich seinen eigenen abgrundtiefen Frauenhaß zum Ausdruck), aber er tut dies in einem Geiste, den sowohl Catull als auch Juvenal anerkannt haben würden. Satire versetzt der Welt Peitschenhiebe, um sie zur Besinnung zu bringen. Sie umtanzt unsere Torheiten mit dem Tanz der Satyren.

Twains skatologische Texte verfolgen die gleiche Absicht, doch dienen diese Arbeiten auch dem Anheizen seiner Kreativität und sollen den Schaffensprozeß ankurbeln. Festgefahren im prüden neunzehnten Jahrhundert, ersehnte Mark Twain die Freiheit der klassischen Antike. Indem er in »1601« für »bewußte Unzüchtigkeit« eintrat, machte er sich selbst das Geschenk der inneren Freiheit.

Sogar noch interessanter ist die Tatsache, daß Mark Twain »1601« während desselben Sommers (1876) schrieb, in welchem er sich »in die Arbeit an einem neuen Buch gestürzt hatte« – den ersten sechzehn Kapiteln eines Romans, den er damals »Huck Finn's Autobiography« nannte. Dieser Zusammenhang ist schwerlich bloß zufällig. »1601« und »Huckleberry Finn« haben neben dem linguistischen Experimentieren viele gemeinsame Züge. »Beide waren«, sagt Justin Kaplan in »Mr. Clemens und Mark Twain«, »implizit eine Abweisung der Tabus und Sprachregelungen der feinen Gesellschaft, und beide waren Experimente in der Verwendung der Umgangssprache als literarisches Medium.«

Worin besteht der Zusammenhang zwischen »Huck Finn« und »1601«? Als professionelle Schriftstellerin, deren Schaffensprozeß dem Twains in manchem ähnelt (Unterbrechungen der Arbeit an ambitionierten Romanen; Schreibblockaden, bei deren Andauer ich eine Arbeit beiseite lege und mich anderen Projekten widme; Zeiten für Vorträge, Vorlesungen und Reisen) glaube ich Twains kreative Strategie zu verstehen. Er schlich sich heimlich an die Muse heran, damit sie nicht vorgewarnt würde und entfloh.

Jeder Autor weiß, daß ein Buch erst dann zu leben beginnt, wenn die Stimme des Erzählers zum Leben erwacht. Er mag Ideen von Thematiken und Handlungsabläufen haben, Charaktere mögen ihn bis in den Nachtschlaf verfolgen, aber das Buch hebt sich nicht zum freien Flug, bevor seine Stimme nicht im Ohr des Autors ertönt. Und der Klang der Stimme seines Buches ist so einmalig persönlich wie der Klang der Stimme eines Kindes. Mag sie mit denen anderer Sprößlinge verwandt sein, immer hat sie aber ihr besonderes Timbre, ihre besonderen Eigenarten.

Um die wahre Stimme des Buches zu finden, muß der Autor frei sein und ohne Furcht vor Repressalien spielen können. Alle Schreibblockaden kommen von übermäßiger Selbstkritik, der verinnerlichten Stimme einer kritischen Elternfigur, die der Phantasie des Autor sagt, sie sei ein schmutziges kleines Kind. »Ha!« spricht der Autor, »ich werde über die Stimme elterlicher Wohlanständigkeit lachen und mich befreien!« Darum ist der pornographische Impuls stets mit dem zur unbehinderten Kreativität verbunden. Künstler sind vom Schmutz fasziniert, weil sie wissen, daß im Schmutz alles Menschliche geboren wird. Menschenwesen treten zwischen Pisse und Scheiße ins Leben, und nicht anders ist es mit Romanen und Gedichten. Nur wenn wir die Hemmungen fahren lassen, die uns die Verneigung vor gesellschaftlicher Wohlanständigkeit abnötigen, können wir in das Unbewußte eintauchen. Durch pornographische Spielereien machen wir unsere Freiheit geltend. Wenn wir Glück haben, bewahren wir uns diese Freiheit lange genug, um ein Meisterwerk wie »Huckleberry Finn« zu schaffen.

Doch die beiden Impulse sind mehr als nur verbunden: Sie bedingen sich wechselseitig.

Als »Huckleberry Finn« 1885 veröffentlicht wurde, legte Louisa May Alcott ihren Finger auf genau den wesentlichen Punkt dieses Romans, den sie andererseits verurteilte: »Wenn Mr. Clemens unseren herzensreinen Jungen und Mädchen nichts Besseres zu erzählen weiß, sollte er aufhören, für sie zu schreiben.« Was Alcott nicht wußte: Die herzensreinen, unverdorbenen Jungen und Mädchen gibt es nicht. Aber Mark Twain wußte das. Es überrascht uns ganz und gar nicht, daß Twain in jenem Sommer sprühenden skatologischen Witzes gleichzeitig Hucks respektlose Stimme hervorbringen konnte. Wenn Alcotts »Kleine Frauen« uns nicht so tief zu bewegen vermag wie Twains Meisterwerk, liegt dies haargenau an Alcotts Rücksichtnahme auf die sittliche Reinheit der Gemüter. Artigkeit ist immer eine Feindin der Kunst. Wer sich darum sorgt, was Nachbarn, Kritiker, Eltern und vermeintlich herzensreine Zensoren denken, wird nie ein Werk schaffen, das die Schranken des Bewußtseins überwindet und in die Welt der Träume eintaucht.

»1601« ist auf genüßliche Weise zotig. Es macht sich einen

Spaß daraus, dem Dunst der Wohlanständigkeit andere Gerüche beizumischen. Es erfreut sich an der Beschreibung donnernder, mordsmäßig stinkender Fürze und Pimmeln, die steif sind, bis eine Fotze »ihnen die Steifigkeit wegnimmt.« Und mitten zwischen all diesen obszönen Reden unterhält sich die gesellige Runde über vieles andere – über Dichtung, Theater, Kunst, Politik. Twain wußte, daß sich die Muse auf den Flügeln der Darmwinde zum Flug erhebt, und er hatte sein Vergnügen an dem Entwurf dieser pseudo-elisabethanischen Szenen, in denen man seinen Humor noch nach hundertundzwanzig Jahren spürt. Ich möchte wetten, daß niemand »1601« lesen kann, ohne zu kichern oder schallend zu lachen.

In den letzten Jahren wurde eine Menge frömmlerischer, politisch korrekter Unfug über Pornographie geschrieben. Pornographie, sagt uns die hochfahrende, selbstgesalbte Feministin Catherine Mackinnon, ist gleichbedeutend mit einem Angriff auf Frauen und de facto eine Ursache von Vergewaltigungen. Pornographie, versichert uns Mackinnons Waffengefährtin Andrea Dworkin, ist eine Form von Vergewaltigung.

Schließlich ist ein Chor junger Feministinnen aufgetreten, um diesen ungeprüften Behauptungen zu widersprechen. Pornographie, sagt Susie Bright, ist notwendig zur Emanzipation. Pornographie, sagt Sally Tisdale, wird von Frauen ebenso gewünscht wie von Männern. Pornographie, sagt Nadine Strossen, sei durch die Bill of Rights, die Verfassung geschützt.

Doch wie steht es mit den Menschenrechten der Künstler? Könnten Robert Mapplethorpes Fotostudien von Lilien entstanden sein ohne seine Penis-Fotos? Könnte Henry Miller in »Der Koloß von Maroussi« menschliche Transzendenz erfaßt haben, hätte er sich nicht zuvor in »Wendekreis des Krebses« in den Kloaken von Paris gewälzt?

Ich sage: Nein, ohne Fürze gibt es keine Blumen, ohne Penisse auch keine Gedichte.
Es ist nicht das erste Mal in der Geschichte, daß eine in ihrem Wesen freiheitliche Bewegung wie der Feminismus in eine Debatte über die Frage der Reinheit abgleitet. Die Suffragetten des vorigen Jahrhunderts wurden zu prüden Prohibitionistinnen, die ihre Kraft auf eine Ächtung alkoholischer Getränke und die Überwachung der Sauberkeit des Denkens verschwendeten. Man könnte meinen, daß die Besorgnis um die sittliche Reinheit des Geistes nicht nur für die Kunst, sondern auch für politische Bewegungen tödlich ist.
Warum begegnet uns diese Tendenz zur Repression in angeblich freiheitlichen Bewegungen? Und warum lebt der puritanische Drang, den Künstler zu zensieren, immer wieder auf? Der Künstler braucht die Freiheit, im Es zu spielen, um von dorther Einsichten für das Ich zurückzubringen. Aber das Es ist unheimlich. Es tut sich auf wie eine abgrundtiefe Vagina dentata. Es droht, Köpfe, Hände, Penisse abzubeißen und uns in unseren eigenen dunkelsten Regungen zu verschlingen. Die Gesellschaft fürchtet das Es, selbst wenn sie die Befreiung von ihren Fesseln ersehnt, die dort zu finden wäre. Wir weichen vor Traum und Phantasie zurück, selbst wenn wir uns danach sehnen, in sie einzutauchen. Lassen wir kein Mißverständnis aufkommen: Der Urschlamm der Schöpfung ist grauenerregend. Er erinnert uns daran, wie wenig Macht wir über unser Leben oder unseren Tod haben. Er erinnert uns an unseren Ursprung und führt uns die Unabwendbarkeit unserer Vernichtung vor Augen.
Pornographische Kunst wird als gefährlich für politische Bewegungen erachtet, weil sie, wie das Unbewußte, nicht programmierbar ist. Sie ist ein gefährliches Spiel mit unvorhersehbarem Ausgang. Da der Traum die Sprache des Unbewußten ist, muß der Künstler, der Werke von Wert schaf-

fen will, die Sprache des Traumes beherrschen. Das Pornographische hat eine unmittelbare Verbindung zum Unbewußten.

Ich vermute, daß Twain aus diesem Grunde in gerade jenem Sommer, als Huck Finns Abenteuer seinem Hirn entsprossen, so viel Spaß an »1601« hatte. Der Schmutz in »1601« düngte den Garten von Hucks Abenteuern. Wie jeder literarische Künstler, der Kontakt zu seinem Es hat, wußte Twain instinktiv, daß zwischen Sex und Kreativität eine Wechselbeziehung besteht. Er konnte Huckleberry Finn nicht mit Fürzen, Penissen und Vaginen anreichern, doch in »1601« konnte er sich dem Spiel hingeben und seine Phantasie für die gesellschaftsfeindlichen Abenteuer des Antihelden in seinem anderen Buch vorbereiten.

In »Obszönität und das Gesetz der Reflexion«, seinem klassischen Essay, sagt Henry Miller, daß Obszönität, wenn sie »in der Kunst, insbesondere in der Literatur hervortritt, meistens die Funktion eines technischen Hilfsmittels hat ... Sie soll wachrütteln, Kontakt mit der Realität vermitteln. In einem gewissen Sinne ist ihre Einführung mit der Verwendung des Wunders bei den alten Meistern zu vergleichen.« Miller meint hier die spirituellen Meister. Er glaubte, daß Christus und die Zen-Meister nur dann zum Mittel des Wunders griffen, wenn dies zur Erweckung ihrer Schüler absolut notwendig war. In gleicher Weise verwendet der Künstler das Obszöne. »Die wahre Natur der Obszönität liegt in ihrer Lust zu bekehren«, sagt Miller. Obszönität ist in der Literatur ein Weckruf für das Unbewußte. Obszönität geleitet uns in »eine andere Dimension der Realität«.

Somit erfüllte »1601« für seinen Autor eine wichtige schöpferische Funktion. Es erweckte in ihm die Freiheit zu experimentieren, zu spielen und verwegene Träume zu träumen.

Havelock Ellis sagte einmal, daß »Erwachsene ebenso sehr obszöne Literatur wie Kinder die Märchen benötigen, um sich von den quälenden Zwängen der gesellschaftlichen

Konventionen zu entlasten.« Das Bedürfnis nach Obszönität sei nicht mehr und nicht weniger als Freiheitsdrang. Die es verurteilen, haben offenbar Angst vor der Ausschweifung, die Freiheit in ihnen entfesseln könnte. Zwangsläufig verdammen sie, was sie am meisten anzieht. Da geifert der Zensor in seinem Eckchen über Bücher, Filme und Werke der bildenden Künste, die er dann dem Rest der menschlichen Gesellschaft vorenthalten will.

Die Geschichte zeigt, daß der Drang zum Zensieren stets bei jenen am stärksten war, die sich zur Freiheit des Obszönen ganz außerordentlich hingezogen fühlten. Durch die Unterdrückung der Freiheit der anderen hofft der Zensor, sie in sich selbst zu unterdrücken.

»Befreiung«, sagt Henry Miller, »bedeutet das Abschütteln der Ketten, das Aufbrechen des Kokons. Das Obszöne, das sind die einleitenden oder die Geburt ankündigenden Bewegungen, die vorbewußten Zuckungen angesichts eines kommenden Lebens.«

Miller fährt fort, das Obszöne sei »ein Versuch, den geheimen Prozessen des Universums nachzuspionieren.« Das Schuldgefühl des produktiven Künstlers, wenn er oder sie weiß, daß etwas Außergewöhnliches geboren wird, liege im Bewußtsein, den Göttern ins Handwerk zu pfuschen, es sei eine prometheische Schuld, die Unsterblichen nachzuahmen. »Das Obszöne besitzt alle Eigenschaften des verborgenen Intervalls«, schreibt Miller. Es ist

riesig wie das Unbewußte selbst und ebenso amorph und flüssig wie der Stoff des Unbewußten. Es ist das, was an die Oberfläche kommt als etwas Fremdartiges, Trunkenmachendes und Verbotenes, das darum fesselt und lähmt, wenn wir uns im Spiegel unserer Frevelhaftigkeit nach Art des Narziß über das eigene Angesicht beugen. Von allen anerkannt, wird es nichtsdestoweniger verachtet und abgelehnt; weshalb es beharrlich in proteisch wandelbarer Gestalt im unerwartetsten Augenblick auftaucht. Wenn es erkannt und akzeptiert wird ... erregt es nicht mehr Furcht als ... der blühende Lotus, der seine Wurzeln hinab in den Schlamm des Gewässers senkt, aus dem er geboren wurde.

Sexualität und Kreativität waren nicht immer, so wie zur Zeit Mark Twains und heute, voneinander geschieden. Alle sogenannte primitive und heidnische Kunst bezeugt uns die Verschwisterung von Sexualität und Kreativität – sei es in Gestalt riesiger Phalli, vielzähliger Brüste oder schwangerer Leiber. Aber die Spaltung von Körper und Geist, die das Zeitalter des Christentums kennzeichnet, hat den Künstler zu seltsamen Strategien verleitet und in ständige Schuldgefühle über seine schöpferische Begabung gestürzt.
Dieses Schuldbewußtsein ist bei Mark Twain ebenso klar erkennbar wie bei jedem anderen Künstler. Seine kreative Strategie, den Schaffensprozeß häufiger zu unterbrechen, seine Ängste bei der Arbeit an einem Buch, sobald sich herausstellte, daß der Prozeß seiner Entstehung zwangsläufig den Schleier heben und ihn in geheiligte und verbotene Bezirke führen würde, verraten seine Überempfindlichkeit für etwas, das wir als nach-christliche Schöpferschuld bezeichnen könnten – wenn der Ausdruck nicht so abschreckend pompös wäre.

In primitiven Gesellschaften sind Künstler und Schamane eines. Es gibt keinen Bruch zwischen künstlerischer Schöpfung und dem Heiligen. Der Künstler-Schamane will als Schaffender verehren, und er verehrt, um künstlerisch produktiv zu sein.
Anders der Künstler in unserer Kultur. Ständig, schon wegen der schöpferischen Begabung an sich, von Schuld geplagt, von innen wie von außen von Zensoren bedrängt, sind unsere Künstler von einem so tiefen Gefühl des Unerlaubten gefesselt, daß es sie nicht selten zerstört. Kein Wunder, daß wir Obszönität anwenden, um das Tor aufzubrechen,

den Schleier zu lüften. Kein Wunder, daß wir auf unserem Recht bestehen, dies zu tun, als hinge unser Leben davon ab. Das tut es nämlich.

Darum braucht der Künstler die Pornographie als Weg ins Unbewußte, und die Geschichte beweist, daß er sich die Erlaubnis dazu, wird sie nicht gewährt, heimlich nimmt. Mark Twain ließ sein »1601« privat drucken. Picasso verwahrte pornographische Notizbücher, die erst nach seinem Tode ausgestellt wurden.

Wie steht es nun mit dem Zutritt zu diesen Werken? Sollte man ihn beschränken? Und, wenn ja, wie sollen wir entscheiden, wem er verwehrt wird? Und wie sollen wir entscheiden, wer dies entscheidet? Ich habe bereits zuvor gesagt, daß sich dieses Problem nur in pluralistischen Gesellschaften auftut. In homogenen Gesellschaften regeln Tradition und Tabu, was gesehen werden soll und was unsichtbar bleibt, und das ganze Volk stimmt darin überein. Ein Problem gibt es diesbezüglich nicht. Doch unsere Gesellschaft ist multikulturell, multinational und multisexuell. Was für den Muslimen anstößig ist, muß es nicht für einen Unitarier sein. Was den orthodoxen Juden verletzt, wird den assimilierten Juden vielleicht nicht verletzen. Was die Feministin beleidigt, mag dem vitalen jungen Mann als erlaubte freie Rede erscheinen. Wir stimmen nicht einmal in der Definition von Obszönität überein.

Wie sollen wir Regeln für die Gesamtheit einer Gesellschaft festlegen, die so heterogen ist, daß wir keinen Konsens darüber erzielen, was Obszönität überhaupt ist?

Hier liegt das Problem, mit dem wir heutzutage konfrontiert sind. Setzt man die unablässige kommerzielle Aggressivität unserer Kommunikationsmedien und die Tatsache hinzu, daß sich diese in immer weniger Händen konzentrieren, wird die Gefahr, in der wir uns befinden, deutlich. In Amerika haben die Betreiber kommerzieller Fernsehsender das Problem dadurch »gelöst«, daß in ihren Programmredaktionen alles, was einer Gruppe mißfallen könnte, die Einfluß auf deren Geldgeber zu nehmen vermag, dem Rotstift anheimfällt. Man verbanne Witz, Exzentrik, Phantasie, Sex, Satire und alles Fremdartige, dann ist das Ergebnis jene vorgekaute Babynahrung, die das amerikanische Fernsehen anbietet. Das ganze Land ist in Gefahr, sich in ein mentales Disneyland zu verwandeln, dessen Hauptziel der Verkauf von Hamburgern, Hotdogs und mit Copyright versehenem Tinnef in Gestalt von Cartoonfiguren ist. Die interaktiven Medien – ihre wichtigsten Interaktionen finden zwischen Kreditkarte und der digitalen Auftragsannahme statt – scheinen den gleichen Weg zu beschreiten. Puritaner haben bereits versucht, Sex im Internet zu verbieten, aber offensichtlich nicht den Warenverkauf. Verkaufen gilt in Amerika natürlich nicht als obszön.

Margaret Mead sagt, daß alle Gesellschaften, was Sex betrifft, zwei Probleme haben, nämlich

wie sexuelle Aktivität aus verbotenen Kanälen, in denen sie die Körper und Seelen anderer oder die kooperativen sozialen Prozesse gefährdet, herauszuhalten ist, und andererseits wie sie zuverlässig in jenen Kanälen weiterfließen kann, wo sie notwendig ist, damit Kinder gezeugt werden und in einem Elternhaus aufwachsen, wo Vater und Mutter durch den erforderlichen Grad sexuellen Interesses aneinander gebunden sind.

Wir müssen Menschen zusammenhalten können, damit sie Familien bilden, und wir müssen Kinder erziehen, die »ihre Fähigkeit zu sexuellen Gefühlen auf bestimmte Personen zu konzentrieren vermögen.« Diese beide sozialen Aufgaben sind anscheinend leicht zu bewältigen, aber so ist es nicht. Ziellose sexuelle Aktivität muß gelenkt, eingedämmt, ritualisiert werden, aber nicht zum Schaden des Triebes an sich. Dieser ist notwendig – nicht bloß für die Kunst, son-

dern um Eltern zusammenzuhalten. Sex kann sich als zerstörerische oder auch als bindende Kraft erweisen – je nach seiner Verwendung. Viele primitive Gesellschaften haben unter bestimmten Umständen sexuelle Gruppenaktivität gestattet – um Erntesegen zu erflehen, um eine Hochzeit oder ein Fest zu feiern. »Eine Massenorgie, die den Zielen der Gemeinschaft dient, hört auf, eine Orgie zu sein und ist somit geheiligt«, sagt Margaret Mead.
Einer der Gründe für unsere negative Einstellung zur Pornographie liegt darin, daß sie in unseren Augen keinen gemeinschaftlichen Zielen dient. Was diesen Aspekt betrifft, könnten wir uns irren. Vor einigen Jahren mußte Joycelin Elders, damals oberste amerikanische Stabsärztin, abdanken, nachdem sie öffentlich die Ansicht vertreten hatte, daß Selbstbefriedigung für Heranwachsende empfehlenswert sein könnte – sehr viel eher jedenfalls, als frühzeitiger Geschlechtsverkehr und Elternschaft es wären. Die in sexuelle Fragen in den USA vorherrschende Scheinheiligkeit war so groß, daß diese außerordentlich vernünftige These einen empörten Aufschrei hervorrief. Angesichts seiner eigenen Vorlieben hätte Präsident Clinton lieber die Tapferkeitsmedaille des US-Kongresses an Joycelin Elders verleihen sollen, als sie zum Rücktritt zu zwingen.

Ich habe ihr applaudiert. Jeder Idiot kann einsehen, daß Selbstbefriedigung weniger schädlich ist als mit zwölf, dreizehn, vierzehn, fünfzehn Mutter oder Vater zu werden. Öffentlich darf man das aber nicht sagen. Wir haben so zu tun, als gäbe es kein sexuelles Verlangen. Doch der Sexualtrieb existiert, und jede geschichtlich bekannte Gesellschaft hat das in Kunst, Literatur, Musik, in Witzen, Tänzen und geheiligten Ritualen ausgedrückt. Jetzt stehen wir vor der Möglichkeit, daß die Vielgestaltigkeit unserer Gesellschaft dazu führen könnte, daß wir allgemeingültige Ausdrucksweisen menschlichen Fühlens mit dem Bann belegen.

Ich glaube, daß in einer freien Gesellschaft die Zensur immer ein beklagenswertes Übel ist. Eine weit bessere Methode, ungeeignetes Material aus dem Gesichtskreis jener, die unserer Einschätzung nach zu jung oder emotional zu verwundbar sind, fernzuhalten, wäre ein System der Bewertung und Kennzeichnung visueller und literarischer Gegenstände, so daß Heranwachsende und ihre Betreuer vorgewarnt werden können. Den Zugang zu gewissen Dingen altersgemäß zu beschränken ist nicht gleichbedeutend mit ihrer Ächtung. Wenn Eltern meinen, sie hätten die Verantwortung, ihre Kinder gegen die verderblichen Einflüsse von Fernsehen, Filmen, Büchern und Internet zu schützen, brauchen sie nur den Stecker rauszuziehen (oder fragliche Bücher und Zeitschriften wegzuschließen), sobald sich Gefahr ankündigt. Es ist nicht fair, daß solche Eltern fordern, der Staat solle kontrollieren, was sie selbst nicht kontrollieren können. Das gleiche gilt für puritanische Sekten. Wenn sie ihre Jugendlichen nicht davon abhalten können, im sittlich Verderblichen zu schwelgen, wie steht es dann um die moralische Führung, die sie ihnen geben? Sicherlich können sie nicht vom Staat erwarten, eine moralische Autorität auszuüben, die ihre Geistlichen nicht zu bieten vermögen?
Anstatt eine Zensur einzuführen, sollten wir lieber den Zugang begrenzen, die elterliche Verantwortung stärken und jene, die unsere Massenmedien nicht mögen, dazu drängen, sich eigene, konkurrierende Medien zu schaffen. Wenn wir alles verbieten, was auch nur irgendeine Gruppe in unserer pluralistischen Gesellschaft kränken könnte, werden wir bald keine Kunst, keine Kultur, keinen Humor, keine Satire mehr haben. Es liegt in der Natur der Satire, daß sie verletzt. So ist es auch mit einem großen Teil der Kunst und der politischen Rede. Doch der Wert dieser Ausdrucksformen übersteigt bei weitem ihr Risiko.
Oscar Wilde – der anscheinend alles schon gesagt hat – bemerkte über Zensur: »In Frankreich … setzt man dem Jour-

nalisten Grenzen und gestattet dem Künstler fast vollkommene Freiheit. Hier lassen wir dem Journalisten absolute Freiheit und schränken den Künstler ein.«

Das ist immer noch wahr, wie so viele seiner Aussprüche. Über ein Jahrhundert nach Wildes gerichtlicher Verurteilung wegen »schwerer Unzucht« sollten wir, was den Ausdruck sexueller Gefühle betrifft, weiser als unsere Vorfahren geworden sein. Wir können nicht im Namen des Kinderschutzes die Erwachsenen aushungern. Wir können nicht im Namen sozialer Harmonie die Aufwallungen des Gefühls einem Verbot unterwerfen. Den Zugang zu gewissen Dingen können wir nach Maßgabe des Alters begrenzen. Das ist das Äußerste, glaube ich, was wir tun sollten. Die Durchsetzung wird vielleicht lückenhaft bleiben – aber das ist mit dem Verbot von Nikotin für Kinder oder von Handfeuerwaffen für Kriminelle nicht anders. Solange wir der Tabakindustrie gestatten, unsere Kinder zu Abhängigen von einem Krebs verursachenden Stoff zu machen, ist die Forderung nach Zensur sexuellen Materials aufgrund seines verderblichen und entartenden Einflusses bare Scheinheiligkeit.

Wohlmeinende Feministinnen, die uns beweislos versichern, Pornographie sei Vergewaltigung; Christen, deren Einfluß auf ihre Kinder so schwach ist, daß sie vom Staat Verstärkung wünschen; autoritäre Moslems, die Werke der Phantasie wörtlich nehmen und Fatwas gegen kreative Schriftsteller proklamieren – sie alle können sich nicht zu unseren Herren aufschwingen. Unsere Sorge muß sich darauf richten, herausragende intellektuelle und künstlerische Befähigung gerade auch in einer pluralistischen Demokratie am Leben zu erhalten. Es ist ein hart umkämpftes Ziel, und es könnte bei den trockensten akademischen Ideologen den Fanatismus hervorkehren. »Jeder Gedanke ist ein Stachel«, sagt Oliver Wendell Holmes. Sicherlich bedeutet das nicht, daß wir das Denken verbieten sollten.

Die englische Gesetzgebung in Sachen Pornographie versucht gewisse Gegenstände wegen ihres »sittlich entartenden und verderblichen« Einflusses mit einem Verbot zu belegen. Das Hicklin-Urteil, das über hundert Jahre lang allen einschlägigen Gerichtsentscheidungen in England und Amerika zugrunde lag (und noch kürzlich durch Catharine MacKinnon unter anderem Namen wiederbelebt wurde), machte zum Maßstab von Obszönität deren Tendenz »die Gemüter jener zu entarten und zu verderben, die solchen unmoralischen Einflüssen schutzlos ausgeliefert sind«. Der *Obscene Publications Act* (Gesetz betreffend unzüchtige Schriften) von 1959 und 1964 milderte das Hicklin-Urteil ab, verließ sich aber immer noch auf den Maßstab von Entartung und Verderbnis, um Pornographie zu definieren und von jenen Erzeugnissen menschlicher Erfindungskraft zu unterscheiden, die dem Fortschritt der medizinischen Wissenschaft, der Kunst oder Literatur dienen. Wir müssen zugeben, der Maßstab ist ungenau und geeignet, von politischen Tendenzen beeinflußt zu werden. Das gegenwärtig in den USA geltende Pornographie-Gesetz ist gleichermaßen schlecht. Es erhebt die »community standards«, die Normen einzelner Gemeinden, zum Maßstab und läßt die Frage bundesstaatlicher Normen unbeantwortet.

Wir sind also einer brauchbaren Definition von Obszönität nicht näher gekommen als eh und je, und da unsere Gesellschaft immer vielgestaltiger wird, stehen uns noch mehr Unordnung und Unklarheit bevor. Wenn man hinzurechnet, daß die Verteidiger der öffentlichen Moral nicht immer ganz aufrichtig und oft durch unfeinen politischen Ehrgeiz motiviert sind, dann erkennt man, wie dornig das Problem ist. In den Memoiren von John Mortimer »Murderers and Other Friends« (»Mörder und andere Freunde«) findet man eine witzige Geschichte zu haargenau diesem Thema:

Als Strafverteidiger befanden wir uns naturgemäß auf der Seite der Bücher und Filme, welche die Staatsanwaltschaft mit einem

Verbot zu belegen sich bemühte. Das bedeutete nicht, daß uns die fraglichen Werke besonders attraktiv erschienen; zur Verteidigung eines Mordverdächtigen ist es nicht notwendig zu glauben, ein Küchenmesser im Bauch sei die beste Methode, eine unglückliche Ehe zu beenden. Staatsanwälte, die das Leben der Nation fleckenfrei zu erhalten suchen, können in ähnlicher Weise persönlich unberührt sein. Geoff und ich hatten es in einem langwierigen Fall, der irgendeine umstrittene Veröffentlichung betraf, mit einem besonders jovialen Staatsanwalt zu tun, der sich jeden Morgen, während ich über den Arbeitsunterlagen des Tages brütete, an meinen angejahrten Knien vorbeischob und dazu »Gib uns ein Küßchen, Darling« zwitscherte. Ich benutzte damals einige Notizbücher, deren Deckel schwarze Kreise zierten. In seiner abschließenden Ansprache an die Geschworenen tönte dieser Staatsanwalt: »Wenn wir derartige Publikationen gestatten, wird unsere Jugend der Verderbnis verfallen, wird jede Autorität unterhöhlt, wird das Leben unserer Familien gefährdet; und die Zivilisation, wir wir sie kennen, hört auf zu existieren.« Dann, mit einem Blick auf mein Notizbuch, murmelte er vor sich hin: »Lauter Arschlöcher auf deinem Notizbuch, Darling!« und fuhr laut mit seiner Rede fort. Es ist eben nur zu wahr, daß die Verteidiger der öffentlichen Moral nicht immer sind, was sie zu sein scheinen.

In der Tat. Wir müssen zugeben, daß – von Anthony Comstock bis zum heutigen Tag – die Geschichte der Zensur wenig Lob verdient. Und da Menschen schlechthin Menschen und in erster Linie durch Macht, in zweiter durch sinnliche Begierden motiviert sind, gibt es die unausrottbare menschliche Neigung, die Zensur für politische Ziele zu mißbrauchen, sei es, um Gegner zu vernichten oder abweichende Meinungen zum Schweigen zu bringen, Veränderungen des Status quo zu verhindern oder uns Frauen auf unseren Platz zu verweisen. Wann und wo immer Zensurgesetze bestehen, dauert es nie lange, bis sie dazu benutzt werden, den sozial Schwächeren, den Abweichler, die Frau, die Hexe zu unterjochen. Da Zensur so offenkundig ein Knüppel in den Händen des Staates ist, bleibt es mir ein Rätsel, warum gerade Feministinnen deren Gewalt zu erneuern trachten. Vielleicht glauben sie, daß sie jetzt (oder doch bald) der Staat sind – in diesem Fall dürften sie sich ernstlich täuschen. Besorgnis um »öffentliche Moral« ist – wenn nicht die letzte Zuflucht des Schurken – der erste Raubzug des Faschisten. Erst verbrennen sie Bücher, wie Heine sagte, dann verbrennen sie Menschen. Für »Bücher« lese man Filme, Internet, Fernsehen und anderes.

Und wer profitiert von der Zensur? Ich behaupte, daß es jene sind, die unsere ständig sich verringernde Zahl von Medienkonzernen dominieren. Durch Zensurgesetze wird ihre Vorherrschaft über die Ätherwellen und Netze geschützt. Die »Christliche Koalition« wird zunächst eine Kontrolle des Internets durch Gesetze gegen Obszönität anstreben; man darf aber sicher sein, daß ihre Definition von Obszönität keineswegs das Rühren optischer Werbetrommeln für militante Bewegungen oder das Missionieren gegen Schußwaffen-Kontrollgesetze, Umweltschutz, Empfängnisverhütung oder Schwangerschaftsabbruch einschließen wird. Die Lebensvorstellungen des Gegners sind immer obszön, die eigenen sind immer hochmoralisch.

Schon aus diesem Grund bin ich gegen Zensur. Ich ziehe das Chaos nicht zu kontrollierender Kommunikationswege einem selektiven Verbot vor. Ich glaube nicht, daß man Menschen zutrauen kann, über der Politik zu stehen und das Gemeinwohl zu fördern. Das Gemeinwohl der einen Gruppe zählt für eine andere Gruppe zu den Übeln.

Vergewaltiger zu bestrafen und die Straßen für Frauen und Kinder sicherer zu machen, nützt uns mehr als ein Verbot der Pornographie. Eher als mit der Überwachung von Fernsehen, Zeitschriften oder Internet wäre uns geholfen, wenn

wir unsere Zeit dem Großziehen unserer Kinder widmen und ihnen Werte vermitteln würden.
Ich habe den Verdacht, daß der Ruf nach Zensur, um auf diese Weise jugendliche Gemüter zu beeinflussen, immer nur die Methode der Faulpelze ist. In Wahrheit erziehen wir unsere Kinder durch unser eigenes Verhalten und nicht durch das, was wir ihnen im Fernsehen oder im Internet zu sehen gestatten. Wenn wir Heuchler sind, werden auch sie zu Heuchlern. Wenn wir aufrichtig sind in unseren Überzeugungen, werden auch sie sich zur Aufrichtigkeit hingezogen fühlen. Nicht die Massenmedien, sondern wir sind es, die unsere Kinder aufziehen. Wenn wir die Medien kontrollieren wollen, ahmen wir nur die Methoden von Diktatoren nach. Wir stellen sicher, daß unsere Medien für den Verkauf von Waren geeignet sind, wir liefern ihnen die nächste Generation von Verbrauchern aus; von unserer persönlichen Verantwortung treten wir zurück. Lieber sollten wir den Fernseher abschalten als unser eigenes Differenzierungsvermögen, unsere Erziehungsverantwortung und unsere Urteilsfähigkeit.
Die seit einiger Zeit vernehmlichen Rufe nach Zensur laufen darauf hinaus, den Massenmedien die Schuld für all die scheinbar unlösbaren Probleme einer gewalttätigen und übervölkerten Welt zuzuweisen, deren einziger Wertmaßstab immer mehr der Reichtum geworden ist. In Wahrheit sind die Massenmedien nur ein Spiegelbild unserer Werte. Sie zeigen uns, wer wir sind und was aus uns geworden ist. Wenn uns mißfällt, was wir da sehen, sollten wir die kranke Gesellschaft selbst kurieren, statt bloß zu versuchen, ihr Image zu retuschieren. Das ist nur eine Art Nichtstun, während wir uns gegenseitig unseres Reformeifers versichern.

Kapitel 11

Inzest und Anaïs Nin

Ich habe einen emotionalen Bandwurm. Nie genug zu essen.
Anaïs Nin

Anaïs Nin: Schon der Name hat etwas Exotisches und Erotisches. Eine berückende Kombination, für die es ein spezielles Wort geben müßte. Aber das gibt es ja längst – ihren Namen nämlich, Anaïs, der heute auch ein Parfüm, einen umfangreichen Bücherschatz, eine Sammlung von Fotografien von beinahe museumshaften Ausmaßen und natürlich das Urbild einer modernen Schriftstellerin bezeichnet.

Wie jeder Archetyp wird sie geliebt und gehaßt, wobei in beiden Fällen – ob sie nun in den Himmel gehoben oder scharf attackiert wird – erstaunlicherweise dieselben Beweismittel ins Feld geführt werden.

Kate Millett sah in Anaïs Nin die erste Frau, die ihr literarisches Selbstporträt bewußt als Schöpfung einer Frau verstanden wissen wollte. Nach Ansicht von Millet ist »unsere Form die Autobiographie«, und Anaïs Nin »unser aller Mutter«.

Warum gibt es so wenig Stellungnahmen, die zwischen den Extremen – Verherrlichung und Abscheu – liegen? Der Grund: Nin wird als Musterbeispiel der psychologischen und sexuellen Freiheit der Frau betrachtet, und deshalb hängt die Reaktion der Leserinnen auf sie vom jeweiligen Grad ihrer eigenen Emanzipation ab. Frauen, die frei sein wollen – künstlerisch und sexuell –, sehen in ihr die Pionierin, die den Wert dieses Bestrebens bestätigt. Für Frauen, die Angst vor der Freiheit haben, wird sie zur Zielscheibe wütender Angriffe, hinter denen sich vielleicht nur der Zorn auf die eigene Unfreiheit verbirgt.

Männern ist sie ein Rätsel – auf manche wirkt sie verführerisch dank ihrer sexuellen und literarischen Zauberkünste (die beide aus derselben Quelle kommen und tatsächlich auf die Dauer miteinander verschmelzen), andere finden sie abstoßend wegen der Art, wie sie andere manipuliert, oder wegen ihrer altmodischen Sexualromantik, die dem 19. Jahrhundert entstammt, oder auch wegen des Übelkeit erregenden, schwülstigen Tons, den sie gelegentlich anschlägt. Da nur wenige Männer ein instinktives Verständnis für die Probleme haben, vor denen schreibende Frauen stehen, betrachten Männer Anaïs Nins Bewältigungsstrategien im allgemeinen als Beispiele von Verlogenheit, Irreführung und Verschleierung.

Welches sind denn die Probleme, vor denen die Schriftstellerin steht? Gut, stellen wir es hier noch einmal klar, auch wenn alles in Virginia Woolfs »Ein Zimmer für sich allein« (1928) bereits brillant beschrieben wurde. Doch anscheinend hat die halbe Welt mal wieder nicht zugehört.

An erster Stelle steht das Bedürfnis nach Ungestörtheit und Ruhe – überaus seltene Gegebenheiten im Leben einer Frau. Wenn sie Ehefrau oder Mutter ist, selbst wenn sie nur Bruder, Vater, Mutter, Tante oder Liebhaber den Haushalt führt, geht jeder davon aus, daß sie weder Zeit für sich selbst noch einen eigenen Platz braucht. Es läßt sich aber nicht inmitten eines Haufens von Menschen schreiben.

Als nächstes fehlt ihr Geld für ihren Lebensunterhalt, während sie sich selbst verwirklicht – jene paar Guineen im Jahr, die Woolfs hypothetische Autorin benötigte. Aus den damaligen Guineen ist heute etwas mehr geworden, doch normalerweise verdienen die Frauen sie sich, indem sie Zeit opfern, die sie zum Schreiben benötigen. Woolfs hypothetische Autorin hatte ein eigenes Vermögen, auch wenn es klein war. Was Ehemänner angeht, so pflegten sie ihre Frau zwar zu ernähren, doch nur unter der Bedingung, daß bestimmte Dienstleistungen erbracht wurden – gesellschaftlicher, sexueller, mütterlicher und kulinarischer Natur. Nur in den seltensten Fällen kann ein Ehemann, selbst heutzutage, seine Frau von gesellschaftlichen Terminen, familiären Pflichten und Kindererziehung frei halten und ihre Gedanken die nötigen Freiräume finden lassen. Eine Ehefrau, die sagt: »Ich schreibe und komme nicht zum Abendessen nach Hause«, ist in vielen Fällen ihren »Job« in Kürze los. Da sich der Löwenanteil des Geldes noch immer in männlicher Hand befindet und Frauen (ausgenommen eine winzige Elite) von der Einstellung der Männer abhängig sind, müssen sie entweder ihren Partner ändern oder ständig einen vorsichtigen Bogen um ihn machen oder ihn belügen – oder sie müssen sich scheiden lassen und allein leben.

Vor diese Wahl sehen sich die Frauen heute mehr denn je gestellt. Doch Familiensinn ist schwer abzuschütteln. Die Nähe und Wärme der Familie ist das, was ein Träumer braucht, um nicht den Boden unter den Füßen zu verlieren. Träumende Männer haben diese Wärme zweifellos nötig, und wenn sie sie bekommen, steht dies nicht immer im Widerspruch zu ihren Gefühlen für die Familie. Von weiblichen Träumern wird noch heute vielfach verlangt, auf Liebe zu verzichten.

Dies sind nur die häuslichen Probleme. Was passiert, wenn eine Frau sie – auf welche Weise auch immer – löst und als nächsten Schritt ihr schöpferisches Werk der Außenwelt präsentiert? Sie muß erstens feststellen, daß ihre Geschlechtszugehörigkeit ein eingebautes Vorurteil darstellt, daß es zweitens die Männer sind, die die Kriterien der Preis-

würdigkeit bestimmen, und drittens, daß ihr Geschlecht etwa alle zehn Jahre in Mode kommt bzw. wieder unmodern wird.
Außerdem sieht sie sich vor das bekannte Hure-oder-Heilige-Dilemma gestellt. Frauen, die über Sex schreiben, gelten als Huren. (Gute Frauen schreiben Familienromane, ausladende historische Schinken, Liebesgeschichten ohne literarische Ansprüche oder Biographien historischer Figuren. Gute Frauen rütteln nicht am Status quo.)
Selbstverständlich wird Rebellinnen und Abtrünnigen ein wenig Platz eingeräumt – vor allem, wenn sie tot sind. Virginia Woolf ist tot, gilt als anerkannte Vertreterin der Moderne und läßt sich gut unter »Bloomsbury« einordnen. Auch Gertrude Stein ist schon lange unter der Erde, dazu eine »Moderne«, die in die Schublade »lesbisch« gehört. Sie stört die Kreise der männlichen Kritiker nicht besonders, weil sie sich eindeutig außerhalb von deren häuslicher und sexueller Sphäre befindet. Man muß sie nicht aus dem voreingenommenen Blickwinkel der heterosexuellen Liebe beurteilen. Woolf und Stein sind beide schließlich Künstlerinnen *sui generis*.
Doch bei Frauen, die im Hier und Heute leben, mit Männern schlafen, ihre Kinder lieben und es wagen, sich mit ihren Büchern in die Debatte über die Geschlechterverhältnisse einzumischen, ist die Rezeption sehr viel frostiger und streitbarer.

Anaïs Nin wußte dies alles, lange bevor meiner Generation ein Licht aufging. Sie wußte, sie mußte sich behaupten, Zeit zum Schreiben finden, Geld zum Leben haben und sich auf irgendeine Weise sexuell und literarisch verwirklichen. Sie hatte sehr jung geheiratet, einen Mann, der sie sexuell nicht besonders erregte, den sie aber liebte und brauchte. Während sie ihn maßlos idealisierte, war ihr zugleich bewußt, daß sie sich im Betrügen und Täuschen vervollkommnen

mußte, sofern sie nicht nur ein halbes Leben leben wollte. In dieser Lage befinden sich auch heute noch viele Frauen.
Nin war als Kind von ihrem Vater verführt und verlassen worden und hatte von ihrer alles erduldenden katholischen Mutter eine strenge Erziehung erhalten. Anfänglich hatte sie eine solche Angst vor geschlechtlicher Liebe, daß sie möglicherweise bewußt einen Mann heiratete, der ihre Angst teilte; die Ehe mit Hugh Guiler wurde jedenfalls mindestens zwei Jahre lang nicht vollzogen. Er wartete geduldig, bis sie herangereift war, und betete sie als ein Zwitterwesen aus Engel und Künstlerin an. Sie begann in einer Mischung von Sprachen zu schreiben, von denen sie anfänglich keine als ihre ureigene betrachtete. (Spanisch, Französisch und Englisch kämpften um die Vorherrschaft ihrer Zunge.) Daher entwickelte Nin verschiedene Strategien, die für sie als Schriftstellerin beziehungsweise Ehefrau notwendig waren. Um etwas über Sexualität zu erfahren, ohne ihre Ehe zu gefährden, die sich gerade zu festigen begann, lernte sie andere zu täuschen. Das fiel ihr nicht schwer, weil sie eine Expertin der Selbsttäuschung war. Sie hatte sämtliche schrecklichen Erinnerungen an ihre Kindheit blockiert.

Um ihre Tagebücher schreiben zu können, fiktionalisierte sie sie, sogar vor sich selbst. Um sie zu veröffentlichen, tilgte sie alles Anstößige. Doch um vor der Nachwelt ehrlich dazustehen, hinterließ sie die Manuskripte dieser geheimen Tagebücher literarischen Testamentsvollstreckern, die ihre Sicht teilten, und diese sorgten dafür, daß die Tagebücher nach ihrem Tod veröffentlicht wurden.
Ich befasse mich hier nur mit den beiden ersten: »Henry, June und ich« und »Trunken vor Liebe«. Nin erreichte, daß sie genau in dem Wortlaut erschienen, in dem sie sie geschrieben hatte, wobei sie in Kauf nehmen mußte, daß die Tagebücher erst posthum veröffentlicht wurden.
Keiner anderen verheirateten Dichterin ist es so gut gelun-

gen, ihr gesamtes Werk der Nachwelt zu erhalten. Sylvia Plaths Tagebücher und sonstiger literarischer Nachlaß wurden zum Teil von Ted Hughes vernichtet. Laura Riding verwarf ihr Frühwerk. Virginia Woolf wählte den Freitod, als sie auf der Höhe ihres Schaffens stand. Jean Rhys schrieb jahrzehntelang keine Zeile, im Alkoholismus versunken. Marina Zwetajewa, Anna Wickham, Sara Teasdale setzten selbst ihrem Leben ein Ende. Nur Anaïs Nin und Colette schrieben bis in ihr reifes Alter und hinterließen uns alles, was sie uns hinterlassen wollten.

Aber Französinnen zählen nicht. Selbst im 18. Jahrhundert durften sie Intellektuelle sein, während wir übrigen unsere Manuskripte noch immer unter dem Stickrahmen versteckten. Colette konnte sich auf eine komplette weibliche Literaturtradition in Frankreich stützen. Das war nur wenigen amerikanischen und englischen Schriftstellerinnen vergönnt. Nin präsentierte ihre gesäuberten Tagebücher in den siebziger Jahren der Öffentlichkeit, doch die aufwühlendsten Geschichten hielt sie bis nach ihrem Tod zurück. Als erstes erschien 1986 »Henry, June und ich«. Das Buch war umwerfend scharfsinnig und freimütig. Jahrzehnte nach dem »Wendekreis des Krebses« und zu einer Zeit, als Sex so gut wie diskreditiert war, wirkte »Henry, June und ich« immer noch begeisternd. Das Buch erzählt die Geschichte von Anaïs Nins Affäre mit Henry Miller, die vom Oktober 1931 bis zum Oktober 1932 dauerte – ein Liebesabenteuer, das auch eine ménage à trois war.

Die ungewöhnliche Dreiecksbeziehung, bestehend aus dem verführerischen Gassenjungen Miller, seiner verführerischen Frau June und der verführerischen Nin, ist im Grunde ein Viereck, wenn man die stille, halbwissende Gestalt von Nins Ehemann Hugo hinzuzählt.

Rein für sich genommen, ist das nackte Handlungsgerüst der Geschichte bereits verführerisch, selbst wenn die Hauptfiguren unbekannt wären:

Ein paar Jahre nach dem Börsenkrach von 1929 führt eine schöne junge Schriftstellerin, noch keine dreißig Jahre alt, ein zurückgezogenes Leben in den grünen Vororten von Paris. Ihr Ehemann, ein Banker, der bei der Eheschließung noch sehr viel mehr Geld hatte, ist häufig auf Reisen. Sie bleibt in der Phantasiewelt ihrer Villa zurück, wo sie ihr Tagebuch schreibt und davon träumt, in die Kreise der Pariser Boheme aufgenommen zu werden. Ihr Vater, ein berühmter Musiker, hat die Familie im Stich gelassen, als sie noch ein kleines Mädchen war. Ihre Mutter, ehemals Sängerin, ist zu einem stumpfsinnigen Arbeitstier geworden. Ihr Ehemann ist ihr ein liebevoller Beschützer, doch sexuell harmonieren sie nicht. Er wäre selbst gern Künstler, doch er arbeitet bei einer Bank, um sie und ihre ganze Familie, inklusive der mißbilligenden Mutter, zu ernähren. Er ist ein WASP (weißer angelsächsischer Protestant), der in Yale studiert hat und enterbt wurde, weil er sie geheiratet hat. Er liebt sie leidenschaftlich, doch er weiß nicht, was er werden will, wenn er einmal erwachsen ist. Er verdrängt seine sexuellen Wünsche, ist aber zugleich ausgehungert nach Sex.

Eines Tages, als unsere Heldin mit einem Rechtsanwalt, den sie durch ihren Mann kennt, zu Mittag ißt, lernt sie einen rotzfrechen Bohemien aus Brooklyn kennen, der ein Buch schreibt, das etwas noch nie Dagewesenes werden soll, ein Buch, das alles beim Namen nennt, was sonst in Büchern ausgelassen wird. Dieser selbsternannte »Brooklyn-Boy« ist bereits vierzig, und er spricht ebenso wild und brillant, wie er schreibt. Er liebt Literatur, Philosophie und D. H. Lawrence ebenso sehr wie sie. Er ist wild, barbarisch und berauscht vom Leben. Seine Sexualität ist stark, doch im Gegensatz zu seinen Texten verhält er sich ritterlich, wenn er Jagd auf eine Frau macht.

Sie fühlt sich zu ihm hingezogen und läßt sich mit ihm ein. Dann erscheint plötzlich seine Frau aus Amerika auf der Bildfläche.

Sie ist ebenso faszinierend – ein Vamp aus Greenwich Village, modern und unkonventionell, bisexuell und blond, eine bestrickende Märchenerzählerin. Auch sie träumt davon, sich künstlerisch zu betätigen.
Sie und die junge Schriftstellerin und Ehefrau verlieben sich – oder ist es Lust oder Schwesterlichkeit oder alles zugleich? Die drei verstricken sich gegenseitig in ihren Netzen und umgarnen gemeinsam den Ehemann der Schriftstellerin, der regelmäßig zurückkehrt, um die Rechnungen zu bezahlen und alle zum Essen auszuführen.
Die junge Schriftstellerin und der unzivilisierte Typ aus Brooklyn analysieren sowohl den Vamp als auch den Ehemann und werden darüber ein leidenschaftliches Liebespaar. Durch den anderen hindurch lieben sie auch den Vamp (und fordern den Ehemann heraus). Der Ehemann wird durch die Spannung, die in der Luft liegt, erregt, will aber nicht unbedingt den genauen Grund dafür herausfinden. Selbst als er beim Nachhausekommen den Wilden aus Brooklyn in seinem Bett vorfindet, wird solange auf ihn eingeredet, bis er selbst nicht mehr glaubt, was er doch gesehen hat, nämlich daß ihn seine Frau und zauberische Muse betrogen hat. Je aufgeladener die Viererbeziehung wird, desto mehr Entdeckungen macht die junge Schriftstellerin: Wie sie noch lebendiger schreiben kann, wie es ist, mit allen Fasern zu lieben, und wie sich die totale Hingabe an einen Mann – ebenso wie die Hingabe an die Muse – anfühlt. Der Großstadtjunge aus Brooklyn ist gleichermaßen inspiriert. Er beendet sein unerschrockenes Buch und zeigt es seiner Inamorata. Es ist tatsächlich »das letzte Buch« vom »letzten lebenden Mann«. Von ihr ermutigt, macht er sich auf die Suche nach einem Verleger. Dann kommt der Vamp von einer Amerikareise zurück zur endgültigen Konfrontation.
Wer in dieser Geschichte ist Muse, wer Künstler? Die beiden Frauen wetteifern um die Rolle der Muse, und die beiden Männer um die Rolle des Liebhabers. Die junge Schrift-

stellerin ist überzeugt, daß alle Personen ihre Geschöpfe sind. Der Gassenjunge hält sich für die personifizierte Lebenskraft. Der Vamp glaubt, daß die beiden Schriftsteller ihr die Seele stehlen wollen. Der Ehemann glaubt, daß er durch seine Leiden am Ende eine Seele bekommt.

Es ist eine tolldreiste Geschichte, und Nin erzählt sie mit Ungestüm. Nachdem die *pudeur* des braven Mädchens von ihr abgefallen ist, schreibt sie mit flammender Feder. Kaum ist sie sexuell erwacht, verführt sie ihren Ehemann, ihren Analytiker, ihren Liebhaber, ihre Muse und die Frau ihres Liebhabers. Die Geschichte wird mit sicheren, glühenden Pinselstrichen aufs Papier gesetzt, ohne irgendwelche blumigen Prologe oder Codas.

Doch in dieser Form wird die Geschichte erst nach dem Tod der Autorin mit vierundsiebzig Jahren veröffentlicht. So lange lehnte sie es ab, ihren Ehemann öffentlich zu demütigen (und vielleicht hatte sie auch Angst, sich selbst zu exponieren).* Deshalb läßt sie in der zuerst erschienenen Version die Bettgespräche im Café stattfinden. Kein Wunder, daß der Leser den Eindruck hat, es fehle etwas! Und kein Wunder, daß die Sprache oft aufreizend vage und allzu fein gesponnen wirkt.

In dem Jahr, nachdem sie »Henry, June und ich« mit innerem Triumphgefühl in ihr geheimes Tagebuch geschrieben hatte, machte Nin sich daran, eine andere Geschichte zu erzählen, die Geschichte ihrer Entdeckung der Liebe zwischen

* Ich fragte Anaïs Nin einmal, warum sie die Sexszenen aus ihren Tagebüchern herausgestrichen habe, und sie antwortete: »Weil ich mir darüber klar war, daß eine Frau, die offen über ihr Sexualleben schreibt, von der Kritik nie mehr ernst genommen wird.« »Aber, Miss Nin«, protestierte ich, »genau das ist der Grund, warum wir es unbedingt tun müssen.« Dieser Dialog fand 1971 oder 1972 in dem Y (Young Man's/Women's Christian Association) an der 92. Straße statt. Nin hat bis heute recht behalten. Frauen, die über Sex schreiben, werden noch immer durch den Schmutz gezogen.

Oktober 1932 und November 1934. Dieser dicke Band wurde erst sechzig Jahre später freigegeben, und zwar unter dem Titel »Incest«. »From a Journal of Love« (»Trunken vor Liebe. Intime Geständnisse«).

Die Liebe, von der hier die Rede ist, gilt noch immer. Henry Miller (mit dem ihr Leben wie ihre Lenden noch immer verflochten sind), ihrem Ehemann Hugo, der inzwischen mehr Interesse am Sex aufweist, ihrem ersten Analytiker, René Allendy, (den sie einst liebte, aber nun verläßt), ihrem zweiten Analytiker, Otto Rank (von dem sie zur Zeit hingerissen ist), Antonin Artaud, dem Schauspieler und Dichter, und Joaquin Nin, ihrem Vater, dem Musiker, den sie aus Rache dafür, daß er sie als Kind verführt und verlassen hat, verführt. Sie triumphiert über sein Don Juantum, indem sie sich als eine noch stärkere Dona Juana erweist.

Es ist ein »Tagebuch der Liebe«, das anders ist alle bisher veröffentlichten. Es wagt, den ultimativen Akt zu beschreiben – Inzest. Was empfindet sie dabei? Was empfindet er dabei? Kein Autor vor ihr hat sich so weit vorgewagt. Hatte Henry Miller sich vorgenommen, alles zu schreiben, was aus den Männerbüchern ausgelassen wurde, dann gelang es Anaïs Nin, alles zu schreiben, was seit Jahrhunderten aus den Frauenbüchern ausgespart worden war. (Erst in den letzten Jahren wurde das Inzesttabu in den Büchern von Frauen durchbrochen.)

Die zentrale Episode in »Trunken vor Liebe« (zumindest in der derzeitigen Neufassung der Geschichte) ist Anaïs Nins Verführung ihres Vaters (beziehungsweise Anaïs' Verführung durch ihren Vater).

Ich muß feststellen, daß unsere Sprache kein Wort für eine gegenseitige Verführung hat – aber genau das war es. Nach einem ausgedehnten Vorspiel in Briefen und vielfach geäußertem Bedauern, daß sie sich nie wirklich als Vater und Kind gekannt hätten, treffen sich die beiden in Valescure-Saint-Raphaël, in dem heute nicht mehr bestehenden

Coirier's Grand Hotel. Beide sind für kurze Zeit aus einem anderen Leben geflohen.
Sie entdecken, wie sehr sie sich als sexuelle Persönlichkeiten ähneln. Joaquin Nin y Castellanos entdeckt in seiner Tochter sein Ebenbild. Anaïs erkennt, daß ihr Vater, der Mythos, bloß ein Mann ist – ein ziemlich rigider, pedantischer, autoritärer Mann von vierundfünfzig Jahren, der an Hexenschuß und Reue leidet.
Wie jede Vaterfigur verführt er sie, indem er ihr erzählt, daß seine Frau ihn nicht versteht – allerdings ist in diesem Fall seine Frau ihre Mutter!
Wie jede Tochterfigur beichtet sie ihre Vergangenheit, ihre Verletzungen in der Kindheit, ihre Liebesaffären. Sie möchte Absolution erteilt bekommen – doch in diesem Fall ist er der *Verursacher* ihrer ersten und tiefsten Verletzungen. All ihre Affären waren fehlgegangene Bemühungen, sie zu heilen, aber nun hat sie es geschafft, den wahren Verantwortlichen in die Falle zu locken.
Sie gesteht ihm, daß ihr gesamtes Tagebuchschreiben nur ihm galt und ihr Dichten immer der Versuch war, ihn zurückzuholen.
Er wiederum gesteht, sein ganzes Leben sei davon vergiftet gewesen, daß er sie verließ, und er habe sie überall gesucht, in anderen Frauen, aber nun habe er »sein Gegenstück gefunden«.
Sie entdecken, daß es ihnen beiden Spaß macht, mit verschiedenen Liebhabern in dasselbe Hotelzimmer zu gehen und das Doppelspiel zu genießen, erregt von dem geheimen Bewußtsein des Verrats. Sie entdecken auch, daß sie sich wie Spiegelbilder zueinander verhalten; kurz, sie entdecken die perfekte narzißtische Liebe. Sie sind beide pikareske Helden, haben beide Angst vor Nähe, sind beide Flirt- und Zauberkünstler, die stets die Flucht ergreifen. Aber einander können sie nicht entkommen.
Nins Vater lehrt sie ihre eigenen Fehler erfahren, konfron-

tiert sie mit ihren eigenen Charakterschwächen. Sie fühlt sich von ihm zugleich angezogen und abgestoßen.
Er gesteht: »Ich empfinde für dich nicht wie für eine Tochter.«
Sie gesteht: »Ich empfinde für dich nicht wie für einen Vater.«
Daraufhin (und nach noch ein bißchen Psychologisieren) küßt er sie auf den Mund. Und dann überrollt sie »eine Woge des Begehrens.« Und obwohl sie »mehr Schrecken als Freude« empfindet, »schmilzt« sie dahin, und er »leerte sich vollkommen in mich ... und mein Nachgeben war immens, mit meinem ganzen Sein, mit nur noch einem Kern von Furcht, der den äußersten Höhepunkt in mir blockierte«.
Sie hält ihren Orgasmus zurück und begibt sich umgehend in ihr Zimmer, um allein zu sein, sie fühlt sich »von dieser Vereinigung vergiftet«. Sie hat Schuldgefühle, doch ist sie plötzlich im Besitz eines uralten Geheimnisses. Der Mistral weht so stark, daß die Fensterscheiben zerbrechen. Sie fühlt sich gedemütigt und besudelt.
»Das Sperma war Gift«, schreibt sie in ihr Tagebuch, im Gefühl, daß sie »einer Liebe, die Gift war« erlegen ist.
Sie möchte fortlaufen, doch sie muß erst in Erfahrung bringen, wie das Mysterium endet. Deshalb bleibt sie und gibt immer wieder der Leidenschaft ihres Vaters nach, wobei sie nie einen Orgasmus hat, doch von seinem »überreichlich fließenden« Sperma so angefüllt wird, daß sie den Flur zu ihrem Zimmer »mit einem Taschentuch zwischen den Beinen« überquert.
Er beansprucht, ihre anderen Liebhaber zu ersetzen, doch trotz seiner orgiastischen Beweise mehrfacher Penetration befürchtet er den Verlust seiner *riquette*, seiner Virilität. Er hat Angst, daß sie, jung wie sie ist, ihn eines Tages für jüngere Männer verlassen wird. Er gibt zu, auf Hugo und Henry und die Briefe, die sie täglich von letzterem bekommt, eifer-

süchtig zu sein. Obwohl er sich angeblich als Anaïs' Zwilling fühlt, hat er jedoch nicht die geringste Ahnung von ihren Empfindungen – weder von ihrer totalen Verwirrung und Verstörung noch davon, daß sie dem Inzesttabu physischen Ausdruck verleiht, indem sie nicht zum Orgasmus kommt, noch von ihrer Traurigkeit und Reue. Es ist für sie eine Qual, daß sie alle anlügen muß, damit diese düstere Verbindung zustande kommt; er versteht auch das nicht.
Bemerkenswert an der Art, wie Anaïs Nin diese Geschichte erzählt, ist nicht nur die körperliche Beschreibung des Inzests, sondern auch ihre Bereitschaft, alle diesbezüglichen Gefühle aufzuzeichnen, noch bevor sie diese ganz versteht. Das Tabu ist so stark, daß die meisten weiblichen Autoren diese Gefühle verschleiern und in mythologische Gewänder kleiden, nicht nur in fiktionalen oder lyrischen Texten, sondern auch in Autobiographien. Ich hatte das Gefühl, hier eine Geschichte zu lesen, die noch nie zuvor erzählt worden war. Nicht nur der Vater wird seziert, auch die Gefühle der Tochter werden minuziös zergliedert.

Nur einmal habe ich selbst in meinem Werk mit diesem Stoff zu tun gehabt und war selbst davon überrascht. In meinem dritten Roman »Fanny. Die wahre Geschichte der Abenteuer der Fanny Hackabout-Jones« wurde ich, ohne es zu merken, in eine Inzest-Thematik hineingezogen. Meine Heldin wird von ihrem Pflegevater vergewaltigt und erfährt später, daß er auch ihr biologischer Vater war. Es handelte sich um einen völlig unbeabsichtigten Inzest, der Heldin wie Autorin verblüffte. Mehrere von den Leuten, die das Buch für die Bühne oder den Film bearbeiteten, legten großen Wert darauf, dieses spezielle Detail des Buchs zu ändern. Ein weiterer Beweis für die Stärke des Inzesttabus.
Nin durchbrach dieses Ur-Tabu im wahren Leben und hatte dann noch den Mut, darüber zu schreiben. Es stimmt, daß ihre Sprache in dieser Episode sich mit »Unwirklichkeit«

füllt – ein Wort, daß Nin oft benutzt, wenn emotionale Widersprüche sie verwirren.

Henry ist wirklich, Hugo ist wirklich, Rank ist wirklich, selbst der schwer faßbare Antonin Artaud ist (fast) wirklich. Aber ihr Vater löst sich in giftigen Nebel auf; wenn er weinend sagt, er könne sie nicht gehenlassen, ist sie nur um so entschlossener, fortzugehen. Sie rationalisiert seinen schlechten Charakter weg, überhöht seine Sensibilität und versucht ihn auf jede Weise zu idealisieren. Aber trotzdem macht er den Eindruck eines schwachen, selbstsüchtigen Mannes, der weder sein eigenes noch das Herz seiner Tochter kennt, eines Mannes, der weder väterlicher noch geschlechtlicher Liebe fähig ist.

Der »padre-amour«-Abschnitt (man beachte, daß sich Anaïs dafür der spanischen und französischen Sprache bedient) ist der kürzeste des Buches, wenn er auch den Anstoß für dessen Titel gibt. Sämtliche Tagebücher von Anaïs Nin hatten fiebrige Titel wie »La Folle Lucide«; »Eqilibre«, »Uranus«, »Schizoide & Paranoia«, »The Triumph of Magic«, »Flagellation . . . Audace«, »The Definite Appearance of the Demon«, »Flow-Childhood-Rebirth«. Im Vergleich dazu hat der englische Titel »Incest« etwas fast Kommerzielles, und das Schrille daran wirkt sich vielleicht sogar als Nachteil aus. Trotzdem ist er eine psychologisch wahre Entsprechung zu dem Buch. Anaïs Nins zahlreiche Verführungen waren im Kern alle inzestuös. Sie war immer wieder dabei, ihren mythischen Vater zu becircen und für sich zu gewinnen, indem sie sein Verhalten nachahmte. Er war der Herrscher in ihrem geistigen Universum.

Der erste Teil von »Trunken vor Liebe« handelt davon, daß Nin immer weniger imstande ist, Henry Miller zu idealisieren (auch wenn sie ihre Affäre fortsetzen) und daß sie ihn immer mehr als »perverses, verantwortungsloses Kind« betrachtet, dessen schroffe Ehrlichkeit »auch eine Art des absichtlichen Verletzens« sein kann.

Doch »Henry, June und ich«, für das sie, während sie »Trunken vor Liebe« schreibt, einen Verleger sucht (mit Hilfe von William Aspenwall Bradley, dem Agenten, den sie für Henry aufgetan hat), erscheint ihr zu sanft in bezug auf Miller, zu idealisierend. Diese Reaktion vereitelt eine Veröffentlichung, bestärkt Nin aber desto mehr in ihrem Entschluß, ihr schonungsloses tägliches Tagebuch weiterzuführen.

Ja, genaugenommen ist es gerade das lückenlos Tägliche daran, was das Tagebuch so revolutionär macht. Im weiteren beschreibt »Trunken vor Liebe« auch, wie Hugo der Affäre seiner Frau auf die Spur kommt (er liest ihr Tagebuch) und wie Anaïs ihm alles, was er gelesen (und gesehen) hat, dank ihrem scheherazadeartigen Talent wieder ausredet, indem sie behauptet, ihr Tagebuch sei eine erotische Dichtung, die nur der Phantasie entspringe. Sie schwört Hugo, es gebe noch ein weiteres, *noch geheimeres* Tagebuch, das ihre Unschuld erweise. Da Hugo ihr glauben möchte, glaubt er auch dies und verzeiht ihr. Anaïs bleibt zurück mit der stillen Güte ihres Mannes und ihrem überwältigenden Schuldgefühl. Ihre Fähigkeit, so viele Frauen zur gleichen Zeit zu sein und jede Rolle mit äußerster Überzeugung zu spielen, erfüllt sie mit Hochgefühl, zugleich aber auch mit Niedergeschlagenheit.

In »Trunken vor Liebe« beklagt sie sich darüber, daß Henry ihre Texte nicht mehr liest und daß er unzählige Fehler hat. Trotzdem träumt sie noch manchmal davon, »für Hugo eine Frau zu finden, die ihn glücklich machen kann« und mit Henry ein neues Leben zu beginnen.

Sechs Monate nach ihrer ersten Begegnung kommt ihr Vater in ihr Haus in Louveciennes und schläft wieder mit ihr. Er vertritt die Meinung, sie sollten sich total treu sein, obwohl er weiß, daß Treue beiden nicht möglich ist. Diesmal empfindet sie nichts als Mitleid mit ihm (dahinter verbirgt sich aber ihr Wunsch nach Rache).

Sie läßt sich auf ein Verhältnis mit Otto Rank ein, ihrem

zweiten Psychoanalytiker, der von ihr verlangt, ihr »Opium«, das Tagebuch, aufzugeben und es ihm zu überlassen. Diese äußerste Unterwerfung gibt ihrer Affäre mit ihm Auftrieb. Vater-Befehle wirken auf Nin stets als Aphrodisiaka. Dank Rank kann Nin ihren Vater aus der Liebhaberrolle entlassen. Sie sagt ihm schließlich ins Gesicht, was für ein Narzißt er ist, und verhärtet ihr Herz gegenüber sämtlichen Männern in ihrem Leben. Sie hat das Gefühl, zu einer »Primitiven« zu werden, die mindestens vier Männer zugleich liebt. Mit neu gewonnenem Schwung überredet sie Jack Kahane, Millers »Wendekreis des Krebses« endlich, nach zweijährigem Hin und Her, zu publizieren. Sie bürgt für die Veröffentlichung mit Geld, das sie sich von Rank geliehen hat. Doch ihre eigenen Tagebücher bleiben weiterhin unveröffentlicht.

In London trifft sie Rebecca West und stellt fest, daß deren Bewunderung für sie größer ist als für Henry. Das ist eine besondere Art der Anerkennung.

Im Mai 1934 merkt sie, daß sie ein Kind von Henry erwartet. In ihr spielt sich ein gewaltiger Kampf zwischen Henry, dem Kindmann und Klein Henry, dem Fötus ab. Sie weiß, daß Henry ein Kind als Rivalen ablehnt, und sie weiß, daß sie Henrys Kind nicht Hugo unterschieben kann. In ihrer Phantasie findet ein Kampf zwischen dem Kind und ihrem Künstler-Ich statt. Trotz Hugos Einwänden geht sie zu einer *sage-femme*, um das Kind abtreiben zu lassen.

Ihr Opfer ist von der Art, die das ganze Leben verändert, und sie ist sich völlig im klaren über den hohen Preis, den sie bezahlt. Sie beschreibt die Wehen und die Totgeburt mit einer solchen Anschaulichkeit, daß ich mich noch beim zehnten Lesen zusammenkrümme und weinen muß. Der ausgestoßene Fötus wird zum verstoßenen Kind, genau wie sie selbst. »So voll Energie ist mein halberschaffenes Kind, das ich wieder ins *néant* zurückstoßen werde. Zurück in Finster-

nis und Unbewußtheit, und in das Paradies des Nichtseins. Ich habe dich kennengelernt: ich habe mit dir gelebt. Du bist nur die Zukunft. Du bist der Verzicht.«
Dann folgt der Kampf der Geburt, die Sinnlosigkeit, ein totes Kind auszutreiben. Anaïs hört auf zu pressen, der Arzt beschimpft sie und tut ihr absichtlich weh. »Der Schmerz läßt sie aufheulen.«
Schließlich wird das kleine Opfer ans Licht gestoßen. Es ist ein kleines Mädchen, vollkommen gebildet, aber auch vollkommen tot.
Mit dieser Tat, so empfindet es Anaïs, hat sie sich selbst als Künstlerin geboren. Sie hat die Frau in sich abgetötet, ihr Kind und sich selbst gemordet, so wie überall auf der Welt weibliche Neugeborene getötet werden.
Mit einer einzigen Tat hat sie ihre Mutter, ihren Vater, Henry, Hugo, Rank und alle anderen Männer, die sie besitzen wollen, zurückgewiesen. Sie wird nie wieder in die Situation kommen, verlassen zu werden.
»Wendekreis des Krebses«, das andere Kind, stürmt ans Licht der Welt. Damit ist Henry lanciert, und folglich verliert sie ihr Interesse an ihm (er aber nicht an ihr). Sie reist nach Amerika zu Rank, um Psychoanalytikerin zu werden.
Was Nin hier erschaffen hat, ist nichts weniger als ein Spiegel des Lebens. Die Stimmungsschwankungen und die Umschwünge von Haß zu Liebe, die unser schwaches Menschsein auszeichnen, werden als prozessuales Geschehen gesehen, wie niemand vor ihr es getan hat.
Nin machte genau das gleiche, was Proust, Joyce und Miller machten, doch anders als diese ging sie von einem weiblichen Bewußtsein aus. Während es häufig unmöglich ist, Miller zu folgen, weil er dickköpfig auf einer nicht linear verlaufenden Zeit und dem Verzicht auf eine Fabel beharrt, bleibt Nin immer klar verständlich. Sie reflektiert die Sinnesänderungen und Stimmungswechsel durch ein Geflecht von präzisen Beschreibungen und nicht durch die ver-

schlungenen Wiederholungen, wie sie sich häufig bei Miller finden.
Ebensowenig hüllt sie ihre Geschichte in alte Mythen und clevere Wortschöpfungen ein, wie Joyce das tut. Trotzdem besitzt sie denselben Drang wie andere Vertreter der Moderne, die Zeit aufzusplittern und den Raum aufzuheben. Einzig der geistige Raum ist für sie noch interessant.

Wenn Nin wirklich eine so entscheidende und wichtige Figur in der Geschichte der modernen Literatur ist, warum hat man sie derart verleumdet und schlecht gemacht?
Der erste Grund liegt auf der Hand – Sexismus. Auch der zweite ist naheliegend: die einzigartige Angst unserer Kultur vor Sexualität. Der dritte ist genauso einleuchtend: Was sie schuf, war neu (eine hybride Art zu schreiben, die die Grenzen zwischen Autobiographie und Fiktion verwischt). Da wir zu einer Spezies gehören, die das Neue schon allein deswegen fürchtet, weil es nicht alt ist, löste Nins Erfindung einer neuen Form Beunruhigung aus.
Aber Nin wurde auch auf Grund der *Reihenfolge,* in der ihre Werke erschienen, mißverstanden.
Jahrelang war über sie geflüstert und geklatscht worden, sie galt als die großartige, unveröffentlichte Autorin, berüchtigt für ihre literarischen Liebesaffären und ihren großen Bekanntenkreis unter Künstlern und Psychoanalytikern. Die wenigen Romane, die unter ihrem Namen erschienen, waren in einem vernebelnden, experimentellen Stil geschrieben und wurden von hochgestochenen Avantgarde-Verlegern veröffentlicht. Selbst ihr Buch über D. H. Lawrence war nur einem auserwählten Kreis bekannt.
Zu Beginn der siebziger Jahre, als der Feminismus seine Neuauflage erlebte, wurde Nin einer breiten, ausgehungerten Leserschaft zugänglich gemacht, doch in einer Form, die die wahre Größe ihrer Leistung verschleierte. Mit Rücksicht auf die Gefühle ihres Ehemanns Hugo und zahlloser ande-

rer, die noch am Leben waren, war alles Anstößige aus den Büchern getilgt worden.
Nins Bekanntheit begann mit dem Feminismus und nahm mit dessen Ablehnung wieder ab. Ihr Name wurde mit der sexuellen Befreiungsbewegung emporgetragen und verblaßte wieder, als diese in den Reagan-Thatcher-Bush-Jahren den Rückzug antrat.
Heute, im Zeitalter der Aids-Panik, erscheinen nach und nach die Tagebücher wieder, nun ungekürzt. Aber Nin ist als Feministin aus der Mode, politisch weht der Wind jetzt aus einer anderen Richtung. Sie ist eine Verführerin in einer Zeit, wo Verführung jedweder Art als Vergewaltigung verdächtigt wird, sie ist eine sensible Chronistin von Empfindungen und psychoanalytischen Transformationen, während von einer weiblichen Autorin derzeit nichts weiter erwartet wird als zorniger Agitprop, der Freud und alle »toten weißen Männer« ablehnt.
Doch die Größe ihres Beitrags bleibt bestehen, wartet nur auf andere Zeiten und andere Einstellungen. Wie Colette hat sie die innere Geschichte eines Frauenlebens von der Kindheit bis ins hohe Alter erzählt. Sie hat weder den Freitod gewählt noch kreativen Selbstmord begangen. Sie war unbesiegbar (was jeder Künstler sein muß), und sie ließ ein Werk zurück, auf dem andere Schriftstellerinnen aufbauen können. Es steht uns frei, sie zu lieben oder zu hassen; beide Gefühle sind für unser künftiges Schreiben nützlich. Ihre Präsenz ist wie die eines Berges, der zur Besteigung zwingt, weil es ihn gibt.
Einiges deutet darauf hin, daß ihre Innovationen nun, da sich dieses Jahrhundert seinem Ende zuneigt, zu einem festen Bestandteil unserer Literatur geworden sind. Das Inzesttabu ist durchbrochen worden. Autobiographie und Fiktion sind zu einer einzigen Form verschmolzen. Autorinnen verfügen über ein Maß an Freiheit, von dem Nins Generation sich noch nichts träumen ließ. Und die ungekürzten

Tagebücher werden weiter erscheinen. Sie werden weiter von Frauen attackiert werden, die sich vor der Freiheit fürchten, und von Männern, denen solche Frauen gefallen. Aber es wird sie geben für unsere Töchter und Enkelinnen. Wenn die Frauen von morgen bereit sind, werden sie Anaïs Nin lesen und sich verändern.

Künftige Generationen werden sie mit derselben Erregung entdecken, die wir spürten, als wir Virginia Woolf, Colette, Simone de Beauvoir, Edna St. Vincent Millay, Jean Rhys, Zora Neale Hurston, Angela Carter, Sylvia Plath und Anne Sexton entdeckten.

Sie wird Autorinnen das Selbstvertrauen verleihen, sich ihrem ureigenen Thema zu widmen, weil sie ihnen die notwendige Bestätigung gibt.

Vielleicht ist dies die größte Wirkung auf die Zukunft, die eine Schriftstellerin haben kann: Neulinge, die sich in diesem Handwerk üben, zu inspirieren. Sie werden sie anbeten, verabscheuen, diskutieren, umschreiben, neu interpretieren. Und warum auch nicht? Sie ist die Mutter. Und die Mutter ist der Urgrund, aus dem wir emporwachsen.

Kapitel 12

Lebewohl, Henry-San

Weine und du weinst allein – welch eine Lüge! Weine und du findest eine Million Krokodile, die mit dir weinen. Die Welt weint andauernd. Die Welt ist mit Tränen getränkt … Aber Freude, Freude ist eine Art ekstatisches Bluten, eine anstößige Art von Zufriedenheit, die aus jeder Pore deines Wesens quillt. Du kannst Menschen nicht fröhlich machen, indem du einfach selber fröhlich bist. Freude muß aus sich selbst kommen: entweder ist sie da oder nicht. Freude gründet sich auf etwas, daß zu profund ist, um es zu verstehen oder mitzuteilen. Fröhlich zu sein, heißt ein Verrückter in einer Welt von traurigen Gespenstern zu sein.

Henry Miller, Sexus

Wenn wir ehrlich sind, wissen wir alle, daß die Kunst vor dem Angesicht Gottes nur ein Furz ist. Nur der Künstler des Establishments, dessen Werk vor allem existiert, um die Ungerechtigkeiten des Status quo zu rechtfertigen, bildet sich ein, Gott ähnlich zu sein. Der Abtrünnige, der Einzelgänger, der Rebell, also ein Henry Miller, Petronius, Rabelais, Blake, Neruda oder Whitman, weiß, daß sein Lebenswerk seinen Wert zum Teil der Tatsache verdankt, daß es gegen die Gesetze verstößt. Wird er im Laufe seines Lebens irgendwann *nicht* verboten, verbrannt, seines Lebensunterhalts beraubt, von den Akademikern verflucht, von den selbsternannten Wächtern der Kunst verleumdet, dann weiß er, daß er etwas falsch macht.

Henry Miller war so ein krimineller Gesetzesbrecher.

Sein Briefpapier war am unteren Rand mit dem Spruch bedruckt: *Wenn Scheiße wertvoll wird, kommen die Armen ohne Arschloch auf die Welt. Er hatte auch Bögen, auf denen das Zitat eines Freundes stand: Henry, manchmal bin ich gezwungen, in meinem Auto zu übernachten – doch zum Scheißen gehe ich ins Beverly Hills Hotel.*

Henry gebrauchte das Wort Scheiße sehr oft, und zwar deshalb, weil es besser als jedes andere ausdrückte, was er von der Welt hielt. Doch in seinem Mund wurde das Wort sauber. Er reinigte das Exkrement des Lebens und verwandelte es in Rosen. »Ich wünsche mir eine klassische Reinheit«, sagte er einmal, »wo Mist Mist ist und Engel Engel sind.« Er wußte, daß die Engel ohne den Mist keine Engel sein könnten und daß es in einer Engelwelt keine Literatur geben würde.

Seine Kritiker – all jene, die ihm bis zum Schluß seinen Platz im Pantheon der Poeten absprachen – reagierten, ohne sich dessen bewußt zu sein, zum Teil auf die Ängste, die seine Ehrlichkeit in ihnen weckte. Wie Swift geißelte er die Welt, um sie zur Vernunft zu bringen, wie Swift hegte er eine hoffnungslose Liebe für die Menschheit und war ein Naivling, der vorgab, ein Zyniker zu sein. Wenn er von sich sprach, sagte er oft: »Bloß 'n Junge aus Brooklyn ...«

Manchmal dachte ich, daß die Kritiker, die Henry haßten, in Wirklichkeit an Mösenneid litten. Er schien so viel Zeit mit Vögeln zu verbringen, und noch dazu *ohne jedes Schuldbewußtsein*! Wie hätten die ewig Schuldbewußten irgend etwas anderes als neidisch sein können? Doch selbst beim Vögeln war er ein Literat. Mein Ex-Mann Jonathan Fast fragte ihn einmal, ob er tatsächlich eine Frau mit einer Möhre gefickt habe, und er lachte aus vollem Halse und bestritt es – obwohl er stets darauf bestand, daß seine Bücher Autobiographien seien und keine Romane.

In diesem Punkt melde ich Widerspruch an. Der Henry Miller der Romane ist ganz bestimmt eine komische Person, ein Picaro, ein Schelm, ein Held auf der Suche nach dem Heiligen Gral.

»Was ist ein Held?« schrieb Miller einst. »In erster Linie ein Mensch, der seine Angst besiegt hat.« Und in der Figur Henry Miller erschuf der wahre Henry Miller ein angstfreies Alter ego, einen, der niemals vor einer Möse zitterte, nie schlappmachte, umfiel oder versagte. War der Held der Antike furchtlos in der Schlacht, so muß der moderne Held furchtlos im Bett sein. Und entsprechend ist der Raum, in dem sich Heldentaten abspielen, gehörig geschrumpft – vom Feld zum Federbett.

Henry Miller war oft das ganze Gegenteil jenes furchtlosen Helden, für den er sich ausgab. Anaïs Nin schilderte seine Angst vor Reisen, seine Anfälligkeit für Verstauchungen und seine extreme Abhängigkeit von ihr und all den anderen Frauen in seinem Leben. Ich habe immer gedacht, daß sein Rollenspiel als Prinz Eisenherz (oder Eisenschwanz) von einer großen Unsicherheit herrührte. Er beschwindelte die Welt so überzeugend, daß er sich beinahe selbst glaubte.

Henry Millers Bewunderung für Gurus und Weise übertraf noch die für Dichter und Maler. Ja, er wußte sogar, daß der wesentlichste Charakterzug des Weisen seine Fröhlichkeit ist. Er hätte mit Yeats Verszeile »Ihre uralten Augen glitzern fröhlich« übereingestimmt. Und so sahen auch Henrys Augen aus, bis zum Schluß, selbst sein erblindetes.

Ich stelle mir vor, daß er auf seinem Sterbebett Hosiannas sang und murmelnd mit dem Schöpfer Zwiesprache hielt. Sein Tod war offensichtlich eine ersehnte Erlösung, und sie erfüllte all seine Freunde und Angehörigen mit Freude und Dankbarkeit. Wie ich höre, freute auch er sich. An seinen gebrechlichen Körper gefesselt, war er von Jahr zu Jahr hinfälliger geworden. Er hatte Besseres verdient als dieses schwache Fleisch und hat uns auch mit seinem Tod nicht verlassen.

Als ich ihm begegnete, war er schon ein alter Mann – die Literatur führte uns zusammen, nicht das Leben. Obwohl er nie Bücher von Zeitgenossen las (mit Ausnahme von I. B. Singer) und, will man seinen Kritikern glauben, sexistisch und antisemitisch war, dazu auf einem Auge blind und schnell erschöpft, ließ er sich von einer Bekannten überreden, »Angst vorm Fliegen« zu lesen. Er reagierte darauf mit Lobeshymnen, Begeisterung und spielte ungefragt meinen Agenten. Seinem Enthusiasmus habe ich viele meiner ausländischen Verleger zu verdanken.

Er war der großzügigste Schriftsteller, dem ich je begegnet bin (und ich habe immerhin ein oder zwei gekannt, deren Großzügigkeit jene Regel durchbrachen, nach der sämtliche Schriftsteller alle ihresgleichen hassen, allein die ungefährlichen toten Dichter ausgenommen). Unermüdlich schrieb er an Verleger in Deutschland, Frankreich, Japan und Holland. Auf die Bitte, sich nicht zu bemühen, antwortete er mit verdoppeltem Eifer – zum Beispiel schrieb er ein Vorwort zur französischen Ausgabe meines Romans und einen Essay darüber für die *New York Times* (aus dem allerdings das Wort *geil* als in einer »Familienzeitung« unakzeptabel gestrichen wurde).

Mich überwältigte seine Freundlichkeit. Tag für Tag trafen Briefe ein, mit schwarzem Filzstift auf liniertem gelbem Notizpapier geschrieben oder auf seinem persönlichen Briefpapier mit den ausgefallenen Aphorismen. Meine Antworten waren zu Anfang ziemlich steif. Wie sollte ich auch mit der aufregenden Tatsache umgehen, daß eine lebende Legende tatsächlich an *mich* schrieb! Es war beängstigend. Aber Henrys Briefe waren so locker und spontan, daß ich gar nicht anders konnte, als bald ebenso darauf zu antworten. Weil er sich selbst befreit hatte, machte er auch alle, die mit ihm in Berührung kamen, frei; das war seine große Gabe. Es stand außer Frage, daß ich ihn besuchen würde, wenn ich in Kalifornien wäre.

Ich traf dort zu einer Zeit ein, die zur schrecklichsten und schönsten meines Lebens zählt. Meine sehr jung geschlossene Ehe zerbrach, die zugesagte Verfilmung meines Erstlings scheiterte, und ich war fast über Nacht eine berühmt-berüchtigte Person geworden, was mich beunruhigte, aber mir auch gefiel. Inmitten dieses Wirbels bot mir Henrys Haus in Pacific Palisades eine Zuflucht. Wenn ich an seinem Eßzimmertisch saß und ihm zuhörte, wie er über Cendrars, Picasso, Brassai, John Cowper Powys, Marie Corelli, Gurdjieff, Knut Hamsun, Lawrence Durrell und Anaïs Nin sprach (und über Isaac Singer, den er – wie ich – mehr als alle anderen lebenden Autoren bewunderte), dann fühlte ich mich sicher und geborgen, selbst in Los Angeles, der Stadt der verlorenen Engel!
Als ich Henry 1974 besuchte, war er gebrechlich. Nur selten durfte ich ihn (und seine Freunde) zum Essen einladen – meistens in die »Imperial Gardens«, ein ziemlich schmieriges japanisches Restaurant am Sunset Strip, jedoch sein Lieblingslokal in Los Angeles. Häufiger bereitete uns Twinka Thiebaud, seine Köchin und ergebene Pflegerin, zu Hause ein Essen, und Henry hielt Hof für die versammelte Gästeschar. In seinem Haus wimmelte es von jungen Leuten, oft waren seine beiden Kinder Valentine und Tony darunter. Henry fütterte sie alle durch, so wie in seiner Pariser Zeit alle Leute ihn durchgefüttert hatten. In seinen letzten Monaten (als ich bereits nach Connecticut gezogen war) flüsterte man sich zu, ein oder zwei dieser jungen Leute hätten ihn ausgenutzt. Aber in jenem ersten Herbst, als ich ihn kennenlernte, ging es ihm noch gut genug, um im Bett zu schreiben und zu den diskussionsgewürzten Mahlzeiten aufzutauchen, bis er wieder ermüdete; dann wurde er wieder in sein Zimmer gefahren, wo er seine zahlreichen gut gebauten jugendlichen Besucherinnen befummelte, wenn auch nicht (wie er betonte) vögelte. Er verlebte seine letzten Jahre (wie er mir in einem Brief schrieb) in den köstlichsten

erotischen Phantasien. Ab und zu grapschte er mal schnell an einen Busen – wenn auch nicht an meinen. Körperlich war ich nämlich überhaupt nicht sein Typ (er schwärmte für geschmeidige Asiatinnen), vielleicht hielt er mich aber auch nur für zu blaustrümpfig, denn er machte immer viel Aufhebens von meiner literarischen Bildung.

Henry liebte die Frauen wirklich, doch er liebte sie mehr um der Phantasiefrauen willen, die er aus ihnen erschuf, als um ihrer selbst willen. Er war ein echter Romantiker selbst noch in seiner Rebellion gegen die Romantik. Wie die meisten Romantiker betrachtete er die Menschen nicht immer mit nüchterner Klarsicht. Er liebte oder er haßte. War seiner Liebe kein Erfolg beschieden, lehnte er das Liebesobjekt oft radikal ab. Wenn ein Freund von ihm starb, hörte er auf, an ihn zu denken. Er behauptete, er trauere nie. Er lebte stärker in der Gegenwart als alle Menschen, die ich je gekannt habe. Dies allein schon erhob ihn über alle anderen Menschen wie eine erleuchtete Seele.

Aber seinen Ruf als Pornograph haßte er, und er sehnte sich, wider bessere Einsicht, nach literarischer Anerkennung. Er empfing die Aufnahme in die französische Ehrenlegion mit vorhersehbarem Spott, aber auch mit unvorhersehbarer Dankbarkeit, und jedes Jahr lechzte er aufs neue nach dem Nobelpreis. Auf sein Betreiben schlugen ihn jedes Jahr seine sämtlichen Freunde und Jünger dafür vor. Doch jedes Jahr überging ihn die »Dynamitfabrik«.

Als ein Verleger den Nerv hatte, Henry und mir den Vorschlag zu machen, gemeinsam ein Buch mit dem humorlosen Titel »A Rap on Sex« (eine Art Parallele zu »A Rap on Race« von Margaret Mead und James Baldwin) zu schreiben, schrieb Henry zurück: »Erstens bin ich kein Experte, wie Sie mich bezeichnen – und zweitens könnte die Sache zwar durchaus profitabel sein, aber sie stinkt.«

Ich fand das auch, aber ich war noch nicht imstande, in einem Brief an einen Verleger so deutlich zu werden. Der

Titel dieses nie geschriebenen Buchs mitsamt seinem unbeabsichtigten Wortspiel, hört sich heute noch altmodischer an als der Titel eines Buchs von Marie Corelli – die übrigens nicht nur Henry Millers, sondern zufälligerweise auch Königin Victorias Lieblingsautorin war.
In Henry gab es viele Widersprüche. Er war Viktorianer und Bohemien, Schnorrer und Wohltäter, Sex-Guru und unverbesserlicher Romantiker; er erfand sich Frauen auf dem Papier – mit Feder und Tinte oder Pinsel und Aquarellfarben. Erfand er auch seine Autobiographie? In gewisser Weise, ja. In gewisser Weise erfinden wir alle unsere Autobiographie. Er war ein größerer Fabulierer als er zugeben wollte – obwohl das Wort allein einen Brechreiz bei ihm ausgelöst hätte. Er war »bloß 'n Junge aus Brooklyn – verstanden?« und falls er die große Kraft war, die die Literatur in unserer Epoche befreite (fast hätte ich *Liberatur* geschrieben), dann ahnte er das im Grunde seines Herzens, doch im Kopf war es ihm überhaupt nicht klar. Er strebte verzweifelt nach öffentlicher Anerkennung seines Genies, und zu diesem Zweck gab er viel zu viele Interviews und bewirtete viel zu viele Schmarotzer. So werden selbst erleuchtete Seelen von der Gier nach Anerkennung verführt! Daß wir ihm diese letzte Genugtuung versagten, beweist nicht nur die Kleinkariertheit unserer offiziellen literarischen Welt, sondern erst recht seine Größe: Er hatte – selbst noch am Ende seines Lebens – die Macht, Heuchler, Kleinmütige und literarische Weicheier zu schockieren.
Ich hoffe, du erhältst deinen Nobelpreis im Himmel, Henry, und eine gewaltige Dynamitexplosion schickt ihn dir hinauf.

Kapitel 13

Kreativität kontra Mutterschaft

... ich sitze am Tisch und denke an das Buch, das ich geschrieben habe, das Kind, mit dem ich jahrelang in meiner Phantasie schwanger gegangen bin, so wie Du Deine geliebten Kinder in deinem Leib trugst ...

James Joyce an Nora Joyce

Nur ein Mann (oder eine Frau, die nie schwanger war) würde Kreativität mit Mutterschaft, eine Schwangerschaft mit der schöpferischen Phantasie beim Schreiben eines Romans gleichsetzen. Schwangerschaft und Kreativität zu vergleichen, ist eine gebräuchliche Metapher geworden, die fast ebenso wenig unter die Lupe genommen wird wie die verblaßten Metaphern unserer Alltagssprache (Flußarm, Tischbein). Doch der Vergleich hinkt.

Auch wenn die *Idee* zu einem Gedicht oder Roman oft scheinbar ungerufen auftaucht – wie ein Geschenk der Muse –, und auch wenn ein Autor in seltenen Augenblicken *scheinbar* automatisch schreibt – wie im Griff eines Engels, der ihm die Feder schwungvoll über die Seiten führt –, ist literarische Kreativität in den meisten Fällen nichts als harte Arbeit und damit etwas völlig anderes als das Heranreifen des Kindes im Mutterleib, denn letzteres geschieht ungeachtet unseres bewußten Wollens und ist, genaugenommen, ein Wunder Gottes. Es scheint kaum an die jeweilige Frau gebunden, die ihm den Raum bietet, wo es sich vollziehen kann. Das Wachsen des Fötus in der Gebärmutter ist der Triumph der DNS, der Gene, der Spezies Mensch. Die

Frau, deren Körper den Schauplatz dieses Wunders abgibt, wird nur zeitweilig von der Menschheit in ihrem Drang nach Fortbestand benutzt.

Das Schreiben eines Buches könnte man als ein Werk der Muse betrachten, wobei sie sich der Stimme, der Hand und der Willenskraft eines bestimmten schöpferischen Menschen bedient, doch muß dieser wahrlich schwer arbeiten, um sich als ein der Muse würdiges Gefäß zu erweisen. Sie ist eine strenge Zuchtmeisterin und pflegt faulen, schlampigen oder sich selbst bemitleidenden Künstlern ihre Gunst zu entziehen. Die Natur dagegen ist von grenzenloser Nachsicht. Jeder Bauch, jede Frau kann als Gefäß für den Fortbestand dienen. Sogar deren Einverständnis ist kaum erforderlich: Es genügt eine gesunde Gebärmutter und die Absicht, den Fötus nicht töten zu wollen.
Um wieviel passiver ist die Schwangerschaft als die Kreativität! Kreativ zu sein erfordert ein bewußtes, aktives Wollen, eine Schwangerschaft nichts weiter als das Fehlen einer negativen Einstellung. Vielleicht stammt der Wunsch, beides gleichzusetzen, vom uralten Wunsch des Künstlers, der Schöpfungsprozeß möge so mühelos, leicht und unbewußt sein wie das Werden eines Fötus. Vielleicht vergleicht ein männlicher Künstler beides auch deshalb gern miteinander, weil er sich wünscht, wie die Frauen Leben schenken zu können. Wie die meisten Formen des Neids ist das sinnlos. Man könnte ebensogut den Kolibri beneiden, weil er in der Luft stillstehen kann, oder die Flunder, weil sie zwei Augen auf einer Seite hat. Welche Freuden eine Schwangerschaft auch mit sich bringt (und es sind zahlreiche), in jedem Fall spielen sie sich nicht auf der Ebene des Bewußtseins ab. Vielleicht ist es gerade das, was intellektuelle Frauen an einer Schwangerschaft am meisten genießen.
Das gilt zumindest für mich. Bevor ich schwanger wurde, hatte ich mein Leben lang meinem Körper mißtraut und

meinen Verstand überbewertet. Ich hatte mich bemüht, meinen Körper weitestgehend unter Kontrolle zu haben. Bis lange nach meinem fünfunddreißigsten Geburtstag bin ich kein einziges Mal schwanger geworden, nicht einmal »aus Versehen«; es passierte erst, nachdem ich mir mindestens ein Jahr lang eine Schwangerschaft gewünscht und mich bemüht hatte, schwanger zu werden. Vorher hatte ich Angst davor gehabt, weil ich darin den Verlust meines selbstbestimmten Lebens sah. In meiner Phantasie sah ich mich bei der Geburt sterben, glaubte, eine Schwangerschaft bedeute das Ende meiner Kreativität, die Verwandlung meines Körpers in etwas Monströses, den Verlust meiner Intelligenz auf Grund einer mysteriösen hormonellen Sabotage, auch den Verlust meiner Energie, meiner Kreativität, meiner Figur. Aber ich hätte mir denken können, daß der Herrscher des Kosmos auch ein großer Spaßmacher ist – es passierte nämlich das genaue Gegenteil. Zum ersten Mal in meinem Leben hatte ich keine Mühe, mein Gewicht zu halten; ich bekam ein schmaleres Gesicht, meine Haut wurde reiner, meine Augen strahlten. Ich litt weder unter Übelkeit noch an Energiemangel. Ich arbeitete so fleißig wie eh und je, ja, sogar noch ausdauernder. Ich schrieb einen ganzen Band Gedichte, setzte die Arbeit an einem Roman fort, den ich ein Jahr vor meiner Schwangerschaft begonnen hatte, und unternahm im fünften und sechsten Schwangerschaftsmonat noch eine anstrengende Lesereise. Bestimmt arbeitete ich unter anderem auch deshalb so hart, weil ich das Geschwätz Lügen strafen wollte, daß Schwangere irgendwie behindert sind (oder eine solche »Erfüllung« durch das knospende Leben finden, daß sie nicht auch noch kreativ zu arbeiten brauchen). Aber zum größten Teil lag es daran, daß ich mich wirklich großartig und sehr bei mir selbst angekommen fühlte (auch befreit von den nagenden Zweifeln, ob ich je ein Kind haben würde). Woran es auch liegen mochte, daß ich die Schwangerschaft so »erfüllend« fand (und ich unterschätze diese Erfüllung keineswegs), jedenfalls war es eine völlig andere Erfüllung als die, nach der ich in meiner kreativen Arbeit strebe.

Die Schwangerschaft bekam mir wohl auch deshalb so gut, weil sie für eine Romantikerin wie mich, die einst – wie die meisten Romantiker – den Tod angebetet hatte, eine Bejahung des Lebens bedeutete. Mit fünfundzwanzig hatte ich mit Keats und Sylvia Plath gewünscht, »ohne Pein um Mitternacht dahinzuscheiden«, aber mit fünfunddreißig faszinierte es mich nicht mehr, Dichter, die an Tuberkulose starben oder den Freitod wählten, zu idealisieren; ich wollte mir beweisen, daß sowohl Dichter als auch Frauen im Leben bestehen können. Es war eine Abkehr von der Schwärmerei für Märtyrer und eine Hinwendung zum Respekt für Menschen, die sich behaupten; aus einer Anbeterin des Kranken wurde eine Frau, die das Gesunde bejahte. Eine erfolgreiche, leichte Schwangerschaft war eine Möglichkeit, mir selbst zu beweisen, daß ich im Innersten meines Wesens gesund war und nicht nur mir, sondern auch anderen Leben geben konnte.

Seit dem neunzehnten Jahrhundert haben Künstler und Intellektuelle unserer Gesellschaft das Kranke angebetet, so als sei es die Krankheit, die der Kunst den Weg bereitet, und nicht, daß Kunst, zumindest vorübergehend, vor Krankheit rettet. Hierbei handelt es sich um ein ausgesprochen unglückliches Vermächtnis der Romantik. Es impliziert nämlich auch, daß der Geist nur auf Kosten des Körpers gedeihen kann, also das ganze Gegenteil des klassischen Strebens nach einem gesunden Geist in einem gesunden Körper. Kritiker beschuldigen Künstler manchmal, allzu produktiv zu sein, als sei Kreativität eine materielle Substanz, so etwas wie eine natürliche Ressource, die durch allzu rücksichtslosen Verbrauch erschöpft werden kann. Das Gegenteil trifft jedoch zu. Sowohl Kreativität wie auch Gesundheit gehören zu den nachhaltigen Gütern; je mehr sie beansprucht wer-

den, desto stärker regenerieren sie sich und blühen aufs neue.
Physische Gesundheit und künstlerische Kreativität wurden in der Antike nicht als Gegensätze, sondern als komplementäre Wesenszüge betrachtet, und erst als im Mittelalter dank der christlichen Kirche das Geißeln des sündigen Fleisches zu einer Wohltat für das Seelenleben erklärt wurde, entwickelte sich allmählich die moderne Auffassung, daß die Kasteiung des Leibes auf irgendeine Weise die schöpferischen Kräfte des Geistes stärke. Die Verehrung von selbstmörderischen oder schwindsüchtigen Poeten, trunksüchtigen und irren Künstlern im neunzehnten Jahrhundert ist ein verdrehter Auswuchs der mittelalterlichen Auffassung, daß der Geist nur auf Kosten des Körpers gedeihen kann.
Frauen sind in zweifacher Hinsicht durch ein überliefertes Mißtrauen gegenüber dem Körper belastet. Erstens betrifft sie, wie die Männer, das westlich-christliche Erbe, demzufolge Keuschheit und die Abtötung der Leidenschaften Vorbedingungen des Geistigen sind. Außerdem aber sind sie die Erbinnen der primitiven Einstellung der mittelalterlichen Kirche gegenüber Frauen, Mutterschaft und dem weiblichen Körper. Besonders für eine Künstlerin war die Entscheidung für physische Gesundheit gekoppelt mit fruchtbarem Schöpfertum mit den verschiedensten praktischen Problemen belastet. Wir vergessen gern, daß Frauen bis zum Aufkommen verläßlicher Verhütungsmittel (was noch nicht einmal hundert Jahre her ist) keine Wahl hatten, ob sie Kinder haben wollten oder nicht. Für alle außer den bewußt Enthaltsamen und den zufällig Unfruchtbaren war eine Schwangerschaft etwas so Zwangsläufiges, daß es ihnen gar nicht möglich war, sie als eine Frage der freien Entscheidung zu betrachten. Doch auch noch nach dem Aufkommen der Verhütung wirkten viele komplexe gesellschaftliche und psychologische Kräfte zusammen, mit dem Ziel, daß alle Frauen, außer den eisernsten Individualistin-

nen, heiraten und den größten Teil ihres Lebens als Erwachsene mit dem Gebären von Kindern verbringen sollten. Schwanger zu werden ließ sich wohl kaum als eine Bejahung des Lebens und der Gesundheit betrachten, so unabwendbar, so gefahrvoll für Mutter und Kind und ein so konstanter Faktor im Leben einer Frau war es. Häufig kündigte es das Ende anderer Formen der Kreativität an. Daß viele Künstlerinnen eine Schwangerschaft wie die Pest mieden und dann ihre Bücher oder Gemälde als ihre »Kinder« bezeichneten, ist kaum überraschend.

Ich gehöre zu einer der ersten Frauengenerationen, für die eine Schwangerschaft nicht mehr unumgänglich war. Trotz des noch immer vorhandenen psychologischen Drucks, Mutter zu werden, von der allgegenwärtigen Bedrohung des legalen Schwangerschaftsabbruchs ganz zu schweigen, steht es meinen Zeitgenossinnen und mir frei, Kreativität und Mutterschaft auf völlig neue Weise zu betrachten.

Jane Austen und George Eliot stand diese Möglichkeit nicht offen. Selbst Edith Wharton und Virginia Woolf waren noch nicht wahrhaft in der Lage, die Mutterschaft als freie Willensentscheidung zu betrachten. Das Vermächtnis der viktorianischen Frauen war noch zu nah und zu beängstigend. Zur Zeit von Wharton und Woolf konnte sich eine Künstlerin des viktorianischen Klischees vom »Engel des Hauses« nur erwehren, indem sie entweder die Rolle der Teufelin spielte oder behauptete, nicht Mutter von Kindern, sondern von Büchern zu sein.

Jahrelang war ich fest entschlossen, kein Kind zu bekommen, weil die Schriftstellerinnen, die ich am meisten bewunderte, es vermieden hatten, Mutter zu werden. Wenn Kinderlosigkeit für Jane Austen, Emily Dickinson und Virginia Woolf in Ordnung war, sollte dasselbe wohl auch für mich gelten. Doch der Wunsch nach einem Kind nagte an mir. In meinen Gedichten drängten immer wieder Geburts-

Metaphern an die Oberfläche. Gerade weil ich solche Angst vor der Mutterschaft hatte, übte sie eine große Anziehungskraft auf mich aus. In meinem Leben hatte ich nur dann Fortschritte gemacht, wenn ich die Dinge tat, vor denen ich mich am meisten fürchtete. Ein Kind zu bekommen, mutete mich wie eine Art Übergangsritus an, dem nur ein Feigling auswich. Was hatte es für einen Sinn, eine ganze Inkarnation in einem weiblichen Körper hinter mich zu bringen, ohne sämtliche Möglichkeiten dieses Körpers auszuprobieren? Es wäre dasselbe, wie als Vogel auf die Welt zu kommen und niemals zu fliegen. Trotzdem zögerte ich. Kinder zu bekommen hatte die Frauen immer einen allzu hohen Preis gekostet. Es hatte stets bedeutet, all das zu gefährden, was eine Schriftstellerin am nötigsten braucht: Ruhe, Frieden, Ungestörtheit. Es hatte bedeutet, Kräfte zu zersplittern, die ungeteilt dem Werk zugute kommen sollten. Es war nicht nur die Mühsal der Kindererziehung, die bedrohlich wirkte, es waren auch die Freuden. Kleine Kinder lenken am meisten ab, wenn sie am niedlichsten sind. Außerdem hatte ich Jahre gebraucht, um mich von den Schuldgefühlen gegenüber den Männern in meinem Leben zu befreien, wenn ich mich zum Schreiben einigelte. Wie sollte ich jemals mit dem Schuldgefühl fertig werden, das von einem Wesen hervorgerufen würde, dessen Überleben tatsächlich von mir abhing.

Selbstverständlich gab es keine Möglichkeit, all diese Probleme im voraus zu lösen. Ich würde erst ins kalte Wasser springen und dann Lösungen finden müssen. Ich würde die mir notwendig gewordene Illusion, daß ich mein Leben selbst bestimmte, aufgeben müssen. Über die Zukunft bestimmen zu wollen, ist sowieso eine Täuschung, da die Zukunft grundsätzlich unsere Pläne durchkreuzt, und seien sie noch so feingesponnen. Ich kam zu dem Schluß, daß alles, was ich durch die Einführung dieses unsicheren Elements in mein Leben verlieren würde, möglicherweise durch die neuen Erfahrungen und Einsichten mehr als ausgegli-

chen würde. Mit inzwischen fünfunddreißig Jahren wußte ich, daß die Kunst nicht ohne das Leben existieren kann. Vielen Künstlern, die sorgsam darauf geachtet hatten, daß ihr Leben nicht zu ausschweifend wurde (in der Hoffnung, alle Störungen auszuschalten), blieb am Ende nichts mehr, über das sie noch schreiben konnten.
Ich bemühte mich, soweit wie möglich auf Nummer Sicher zu gehen. Ich wurde nicht schwanger, bevor ich einen Mann gefunden hatte, von dem ich glaubte, er wolle wirklich alles, was mit dem Aufziehen eines Kindes zu tun hat, mit mir teilen, und ich wartete so lange, bis ich genug Geld zur Verfügung hatte, um mir eine Hilfe zu leisten. Ob das nun feige oder vorsichtig war, wer kann das entscheiden? Ich weiß nur, daß ich das einzige tat, wozu ich damals in der Lage war. In den ersten fünfunddreißig Jahren meines Lebens war mir das Schreiben so viel wichtiger als alles andere, daß ich keine Veränderung riskierte, die mein noch immer wackliges Selbstbewußtsein als Schriftstellerin in Frage gestellt hätte. Ich hatte Jahre gebraucht, um mir das Schreiben zur Gewohnheit zu machen, und ich war nicht gewillt, diese notwendige tägliche Meditation aufzugeben. Frauen, die Kinder bekommen, bevor sie sich an das Einhalten fester Arbeitszeiten gewöhnt haben, laufen Gefahr, sie sich niemals anzugewöhnen, auch wenn ihre finanziellen Umstände es ihnen leicht machen. Wenn Frauen sich als erstes als Mütter definiert haben, kann es passieren, daß sie sich nie mehr in einem anderen Licht sehen können, und die Ansprüche ihrer Kinder werden die Anforderungen ihrer Bücher möglicherweise bis zuletzt übertönen.
Ich weiß nur, daß ich dankbar bin, zu einer Zeit geboren worden zu sein, in der eine Frau die Möglichkeit hat, mit dem Kinderkriegen solange zu warten, bis sich feste andere Verhaltensmuster herausgebildet haben. Wir müssen zugeben, daß die heutige Zeit in vieler Hinsicht für Frauen die beste ist, die es je gab. Zwar ist die Diskriminierung gegen

uns noch immer weit verbreitet und ansteckend. Und wenn man davon ausgeht, wie viele praktische Hindernisse die meisten von uns davon abhalten, überhaupt eine kreative Arbeit zu leisten, dann läßt sich die Bösartigkeit, die gegenüber Werken von Frauen häufig an den Tag gelegt wird, nur als kriminell bezeichnen. Doch die Tatsache, daß wir selbst entscheiden können, wann und ob wir Kinder bekommen wollen, hat unser Leben in einem Maße verbessert, das für Abertausende von stummen, sich abrackernden und abmühenden Frauengenerationen noch undenkbar war. Die Tatsache, daß keine der vorausgegangenen Generationen wirklich in der Position war, die Behauptung als Lüge anzuprangern, Kreativität und Mutterschaft seien genau das Gleiche, zeichnet uns vor allen früheren Generationen aus. Und dieses Privileg beruht fast gänzlich darauf, daß die Mutterschaft heute eine Frage der freien Entscheidung ist. Freiwilligkeit ist der Schlüssel zu all unseren Freiheiten – selbst der Freiheit, sich ernsthaft mit dem Sinn von Schwangerschaft und Geburt auseinanderzusetzen. Solange die Mutterschaft noch konstant und zwangsläufig eintrat, konnten die Frauen sich nicht ehrlich damit auseinandersetzen und die Männer nicht widerstehen, sie zu idealisieren.

Ich glaube, wir haben uns niemals mit der Frage beschäftigt, was es bedeutet, daß der größte Teil der Literatur über Schwangerschaft und Geburt entweder von Männern geschrieben wurde oder von Frauen, die zugunsten ihrer kreativen Arbeit auf Kinder verzichteten. Selbst nachdem Schriftstellerinnen immer öfter sowohl Mütter als auch Autorinnen waren, wehrten sie sich häufig dagegen, direkt über ihre eigenen Erfahrungen zu schreiben, sei es aus Angst vor männlich-chauvinistischer Kritik (»Geh' nicht mit deinen Eierstöcken hausieren«) oder aus Angst, trivial zu erscheinen. Themen wie Schwangerschaft und Geburt galten oft als »Frauenthemen«, also unbedeutend und läppisch. Schriftstellerinnen, die den Ehrgeiz hatten, den Gipfel des

Parnaß zu erklimmen, verachteten solche Themen, ganz wie ihre männlichen Mentoren es sie gelehrt hatten. Deshalb konnte die Lüge, daß Kreativität und Mutterschaft irgendwie austauschbar seien, generationenlang bestehen, ohne hinterfragt zu werden. Selbst heute ist sie noch ungenügend untersucht.

Weder Frauen, die ihren Kinderwunsch verdrängten, um Bücher zu erschaffen, noch Männer, die Frauen hatten, die für sie Kinder bekamen, waren in der richtigen Position, um die Terra incognita von Schwangerschaft und Geburt zu erforschen. Beide waren parteiisch, Parteigänger der Partei der Kinderlosen. Auch den Frauen, die Kinder hatten, weil dies nicht zu vermeiden war, fehlte die Kraft, ihr Los zu untersuchen. Zuerst vom eigenen Körper in die Falle gelockt, dann von der Gesellschaft, wie konnten sie da angesichts ihrer Hilflosigkeit etwas anderes spüren als Wut, ganz gleich wie sehr sie die Kinder liebten, die sie auf die Welt brachten.

Heute stehen wir literarisch am Scheideweg, was wir allein der Tatsache verdanken, daß Kinderkriegen jetzt eine freie Entscheidung ist. Alle Bemühungen, diese Freiheit wieder zurückzunehmen, müssen als Bemühungen betrachtet werden, die Frauen wieder in den stummen Zorn zurückzutreiben, den sie erst seit kurzem hinter sich gelassen haben. Welche unermeßlichen Wunderwerke würde die Weltliteratur enthalten, wenn sie nicht nur von Kinderlosigkeit, sondern auch von Schwangerschaft, Geburt und Kinderaufzucht erzählte! Welche Geschichten könnten wir erfahren, wenn Mütter ebenso wie Väter imstande wären, ihre Sicht der Dinge zu erzählen? Die Weltliteratur war oft die Literatur des weißen Mannes und der kinderlosen weißen Frau. Wie anders sieht dies heute aus, wo auch Mütter Schriftstellerinnen sind! Die kreativen Anforderungen eines Buches an seinen Autor hören im selben Augenblick auf, in dem dieser es beendet; ein Kind dagegen ruft die wahre Kreativität erst wach, wenn es das unbewußte Paradies des Schoßes verläßt.

Kapitel 14

Der ideale Mann

Ein Mann im Haus ist soviel wert wie zwei auf der Straße.
Mae West

Der ideale Mann, das gilt für jede Frau, ist einer, der ihr in treuer Liebe ergeben ist und oft, gut und gern mit ihr schläft; der sie verehrt und bewundert; auf den Verlaß ist und der zugleich für Spannung sorgt; ein irdischer Adonis und eine himmlische Vaterfigur; ein prächtiger Sohn, ein Daddy zum Anlehnen; ein leidenschaftlicher Liebhaber und ein ruhiger, solider und doch witziger Freund. Ist es möglich, all diese Eigenschaften in einem einzigen Mann vereint zu finden? Wohl kaum! Und gelingt es einem, werden sie dann in den wechselnden Zeiten des Lebens Bestand haben? Sehr unwahrscheinlich.

Was soll Frau da tun? Zwei oder drei Männer gleichzeitig wären wohl die Lösung des Problems – wenn sich nicht so viele logistische Komplikationen ergeben würden. Was geschieht zum Beispiel, wenn sich Liebhaber Nummer eins und Liebhaber Nummer zwei am gleichen Wochenende ankündigen, um womöglich noch mit dem gleichen Zug anzureisen. Was ist mit Geburtstagen und Weihnachten? Oder dem jüdischen Chanukka-Fest? Eine Teillösung wäre, legten wir uns als Liebhaber einen weißen Protestanten und einen Juden – und zur Sicherheit noch einen Zen-Buddhisten oder Atheisten – zu, damit die Feiertage unterschiedlich ausfallen. Aber wie lange wäre das zu verkraften? Tatsache ist doch, daß keine Frau hundert Prozent ihrer Zeit damit verbringen kann, Sex zu haben, Arrangements für selbige zu treffen und auch noch eine Reihe von Männern mit unterschiedlichen Bedürfnissen liebevoll zu umsorgen. Und welche Frau würde sich schon mit einem Mann einlassen, dessen Bedürfnisse ihr völlig einerlei sind?

Ein geschiedener Bekannter erklärte mir neulich: »Als ich noch verheiratet war, habe ich vielleicht zwanzig Prozent meiner Zeit damit verbracht, nach Sex zu jagen. Jetzt, wo ich geschieden bin, sind es neunzig Prozent.« Das ist der Kern des Problems. Der Versuch, aus zwei, drei oder vier mit kleinen Mängeln behafteten Kandidaten einen idealen Mann zusammenzusetzen, kostet schlicht zuviel Zeit und Energie. Am Ende ist es nicht Moral, sondern Erschöpfung, die uns in die Monogamie treibt. Ein Kandidat setzt sich gegen die anderen durch, und wir erliegen den Schmeicheleien dieses einen (hoffentlich) perfekten Mannes. Die Pluspunkte dieser Lösung lauten: Bequemlichkeit, Ehrlichkeit, Einfachheit, Stabilität. Aber halt! Stabilität? An den Scheidungsstatistiken ist abzulesen, daß unsere Monogamie eher seriellen Charakter hat, daß früher oder später beide Partner außereheliche Vergnügung suchen und die meisten Kinder, die heute geboren werden, damit rechnen können, in Haushalten mit nur einem Elternteil aufzuwachsen (oder sie bekommen eine Stiefmutter oder einen Stiefvater). Das alte europäische Modell – wenn man es so nennen kann –, dessen Merkmal eine dauerhafte Ehe war, begleitet von einer Reihe einigermaßen stabiler außerehelicher Verhältnisse, erscheint in immer strahlenderem Licht, vergegenwärtigen wir uns die Scherbenhaufen, die unter den heutigen Bedingungen – einer Kette von Lebensabschnittspartnern – in unserem und im Leben unserer Kinder angerichtet werden.

Ein recht verführerischer junger Mann sagte einmal zu mir: »Heirate, sooft du willst, aber versprich mir, daß immer nur ich dein Liebhaber sein werde.« Er hatte sich die Worte von Oscar Wilde geborgt, aber sein wehmütiger Appell enthielt ein echtes Verlangen: die Sehnsucht nach ein wenig Beständigkeit in einer Welt des Wandels. Wenn die Ehe sie nicht mehr hergibt, dann vielleicht unsere Liebesaffären. Ich hänge der Phantasie nach, immer wieder aufs neue zu heiraten, aber stets denselben Geliebten zu behalten. Aber sie ist und bleibt ein Hirngespinst. Weder bin ich jung noch töricht noch scheidungsunerfahren genug, um die psychische Tortur einer Trennung erneut durchmachen zu wollen. Und damit bleibt mir, wie allen anderen, nur die Suche nach dem Heiligen Gral des idealen Mannes – wo und wer er auch sein mag.

Aus Erfahrung weiß ich natürlich, daß das Leben zu überraschend, zu vielfältig und seltsam ist, als daß die Liebe je in voraussehbaren, vorgezeichneten Bahnen daherkäme. Dennoch bin ich versucht, eine Art Steckbrief des idealen Mannes zu entwerfen.

Fangen wir an. Er sieht gut aus, ist aber nicht ohne die eine oder andere Unvollkommenheit in seinen Zügen: etwa eine Nase, die einmal gebrochen war, oder Zähne, die ein bißchen schief stehen. Er ist enorm intelligent, aber nie pedantisch; seine Intelligenz ist mit Humor gewürzt. Das ist übrigens das Wichtigste von allem: sein Sinn für Humor. Er kann im Bett lachen. Und obwohl er beim Sex unermüdlich ist, ist er nicht davon besessen. Sex ist für ihn keine Sache von Leistung, und er nimmt es weder sich übel, wenn die Erektion mal vergeht, noch erwartet er dafür Tadel von seiner Frau. Er hat eine entspannte Haltung zu Sex und sieht darin etwas, das Spaß macht; er ist hemmungslos, aber nicht sexsüchtig.

Diese Eigenschaften sind selten genug in einer Welt, in der sexuelle Leistung ungefähr so zur Pflicht geworden ist, wie es sexuelle Abstinenz – oder jedenfalls der Anschein davon – früher einmal war. Das schlimmste Nebenprodukt der sogenannten sexuellen Revolution ist, daß Leistung an die Stelle von Leidenschaft getreten ist. Für viele Männer ist Sex zu einer weiteren Arena geworden, in der sie sich in hartem Wettkampf behaupten müssen. Ein junger Mann von vierundzwanzig Jahren – Sohn einer befreundeten Autorin – vertraute mir an, daß er sich zwischen seinem siebzehnten und zweiundzwanzigsten Lebensjahr nie einen Orgasmus mit einer Frau »erlaubt« habe, weil er so damit beschäftigt war, alles zu tun, um seine Partnerinnen zufriedenzustellen. »Da schrieben all diese Frauen wie Mutter und du Bücher und Aufsätze darüber, wie unsensibel Männer für die Wünsche der Frauen sind. Also dachte ich mir, es käme vor allem darauf an, den Frauen so viele Orgasmen wie möglich zu verschaffen. Mit der Zeit wuchs meine Selbstkontrolle so sehr, daß ich selbst gar nicht mehr zum Orgasmus kommen konnte. Heute sag ich ›scheißegal‹. Am liebsten wäre mir die Wiederkehr eines Männlichkeitsbildes à la John Wayne, wo Männer getrost vorzeitig ejakulieren konnten, ohne sich darum zu scheren!«

Was der junge Mann in seiner Nostalgie übersah: Kein Mann aus John Waynes Generation hätte im Haus seiner Mutter beim Abendessen sitzen und eine so intime Unterhaltung mit der Freundin seiner Mutter führen können. Durch die sexuelle Revolution und die Frauenbewegung haben sich die Männer unwiderruflich verändert – kurz gesagt, sie sind offener geworden. Nicht nur, daß Männer mit Frauen über Sex reden können. Nicht selten kommt es sogar vor, daß Männer um die zwanzig und Frauen um die fünfunddreißig Jahre so lange miteinander reden, bis sie zusammen im Bett landen – eine explosive Verbindung, die von französischen Roman- und Filmautoren seit langem gefeiert wird, im Land der angeblich unbegrenzten Möglichkeiten aber seltsamerweise bisher vernachlässigt wurde. Dennoch, kein Mensch ist offenbar (unabhängig von der Altersgruppe) völlig gegen die Leistungsmanie gefeit. Unsere Gesellschaft, die kollektiv beschlossen hat, daß Sex ohne Liebe akzeptabel, wenn auch nicht optimal ist, hat offenbar das Desiderat der ewigen Liebe durch das Desiderat der ewigen Erektion ersetzt. Wenn Sex zum Leistungssport geworden ist, muß aber etwas Wesentliches daran verlorengegangen sein.

Mein idealer Mann ist demnach jemand, der sich nicht zum Sklaven des Leistungsdenkens macht. Er fragt im Bett nicht, »Bin ich gut?« Er bekommt keinen Nervenzusammenbruch, wenn er mal keinen hochkriegt, und er ist selbstsicher genug, um zu wissen, daß er für seinen Witz und Verstand und nicht nur für seinen Schwanz gemocht wird.

Welche Vorzüge hat er noch? Großzügigkeit, Zärtlichkeit, die Bereitschaft, nicht immer recht haben zu müssen, eine gewisse Verspieltheit, das Wissen, daß der beste Sex entsteht, wenn die Partner wie Spielkameraden sind, die ihre Phantasien teilen. Er muß nicht reich sein. Seine Großzügigkeit kann sich darin zeigen, daß er am Sonntagmorgen ein Omelett macht oder Brennholz hackt oder Rosen schickt, wenn es mir schlecht geht. Er meckert nicht an mir herum, regt sich nicht über Kleinigkeiten auf – etwa, wenn ich falsch abbiege oder die Ordnung in meinem Küchenregal nicht seinen Vorstellungen entspricht. Er ist erwachsen genug, um zu wissen, daß das Leben zu kurz ist, um sich über Belangloses aufzuregen. Er leiht sich nicht meinen Oldtimer, um ihn dann zu Schrott zu fahren. Er krault mir den Rücken, wenn ich einen schlimmen Tag hatte. Er läuft nicht davon und schläft mit meiner besten Freundin, wenn ich ihn einmal vernachlässigt habe, weil ein Abgabetermin drückt, und er kann sich fröhlich – ganz ohne Groll – die Zeit vertreiben, wenn ich aus beruflichen Gründen fort bin. Er liebt Kinder und Hunde, versucht aber nicht, mich über mein Kind rumzukriegen (mein Hund ist ein Thema für sich). Er verlangt von mir keine Treue, wenn er nicht selbst dazu bereit ist, und läßt sich nicht auf sexuelle Spielchen ein, die ihm über den Kopf wachsen (etwa mir zu sagen, es würde ihn antörnen, wenn ich mit seinem besten Freund ins Bett ginge, um mich dann fertigzumachen – oder zu verlassen –, weil ich eben das tue). Er ist rechtschaffen und besitzt jene altmodische Eigenschaft, die Integrität genannt wird.

Er ist emotional halbwegs gefestigt, so daß ich weiß, woran ich mit ihm bin, und er gibt anderen nicht die Schuld an seinen Ängsten und Schwächen. Gibt es einen solchen Ausbund an Tugend überhaupt? »Der ideale Mann heißt Mel Diamond und arbeitet in einer chemischen Reinigung in Flatbush«, verriet mir eine Freundin, »aber er will nicht, daß es sich herumspricht, weil er Angst hat, daß dann liebeshungrige Frauen in Massen über ihn herfallen.« (Falls jemand mit dem Namen Mel Diamond dies liest, sei ihm versichert, daß meine Freundin seinen Namen frei erfunden hat. Trotzdem, genießen Sie die Massen!)

»Der ideale Mann ist jemand, den man liebt und der einen ebenfalls liebt«, sagt die Psychologin Mildred Newman.

»Wenn ich eine einzige Eigenschaft nennen sollte«, so Carly Simon, die Sängerin und Songschreiberin, »würde ich sagen, er muß Freude am Leben haben.«

»So etwas wie den idealen Mann gibt es nicht, und niemand kommt ihm auch nur nahe«, meint Helen Gurley Brown. »Wer glücklich sein will, sollte nie auch nur daran denken, nach Perfektion zu streben! Es ist völlig absurd zu glauben, daß es so etwas geben könnte. Nachdem das klar wäre, würde ich sagen, der ideale Mann ist großzügig mit Trinkgeld, sparsam mit Kritik und schaltet im Januar nicht die Klimaanlage ein.«

»Der ideale Mann kennt seine eigene Verletzlichkeit und seine Gefühle, auch das der Liebe; er ist sanft, zärtlich und hat keine Angst vor seiner femininen Seite«, sagt Diane von Furstenberg und fügt hinzu: »Du findest ihn nur, wenn du ihn nicht suchst.«

Ich kann jede dieser Definitionen unterschreiben. »Vollendung ist schrecklich, sie kann keine Kinder haben«, schrieb Sylvia Plath in ihrem Gedichtband »Ariel«. Ich glaube, sie meinte damit, daß Perfektion etwas Endgültiges, Abgeschlossenes ist, das keinen Raum für weitere Entfaltung läßt. Und gewiß würde die Perfektion, die wir auf der Suche nach dem »idealen« Mann finden würden, etwas ziemlich Unmenschliches an sich haben. Letztlich lieben wir Menschen nämlich für das, was an ihnen menschlich ist – nicht für ihre Vollkommenheit, sondern trotz ihrer Unvollkommenheit. Ein Mann, der für sein Aussehen die »Bestnote zehn« bekäme, würde mir Angst einjagen. Wenn ich an die Männer denke, die ich am meisten geliebt habe, und mir vorstelle, was mich an ihrem Äußeren am meisten angezogen hat, als die Leidenschaft am größten war, sind es immer die kleinen Unvollkommenheiten, die mir in den Sinn kommen: ein schiefer Vorderzahn, asymmetrische oder struppige Brauen, leicht unterschiedliche Augenfarben. Selbst Quasimodo wäre liebenswert, würde er nur richtig riechen und sich richtig anfühlen.

Das bringt uns zu einer der anderen Unwägbarkeiten des Lebens: Warum zieht einen der Geruch mancher Menschen an, während andere einen abstoßen? Ist alles eine Frage der Pheromone oder von Weichenstellungen im Erbgut, an denen unser Bewußtsein gar nicht rütteln kann? (Pheromone sind Stoffe, die aus dem Insektenreich schon lange bekannt sind und seit kurzem auch beim Menschen nachgewiesen werden können; sie liefern die Erklärung für die Anziehung zwischen zwei Individuen, die ansonsten völlig unverständlich erscheint.) In dem Zusammenhang frage ich mich auch, warum uns die Berührungen mancher Menschen in Erregung versetzen, während andere uns kalt lassen. Diese Dinge erscheinen mir immer rätselhafter, je älter ich werde. Gewiß muß ich meine Partner schlecht oder unüberlegt gewählt haben, sind doch drei meiner Ehen gescheitert. Oder war es vielleicht gar keine schlechte Wahl, die ich traf? War es vielleicht nur so, daß ich verschiedene Weggefährten für verschiedene Phasen meiner Reise auswählte und daß die Weggefährten nicht auf Dauer bleiben konnten, weil mein Beruf als Autorin das Mitreisen so kompliziert machte? Diese letzte, eher optimistische Erklärung gefällt mir besser als der Gedanke, daß ich für immer dazu verdammt bin, mich schlecht – oder neurotisch – zu entscheiden.

Mein erster Ehemann war ein Kommilitone vom College. Unsere Verbindung fiel in eine Zeit, in der mein Studium für mich Vorrang vor allem anderen hatte. Wir lasen im Bett zusammen Shakespeare und vertieften uns in die Geschichte des Mittelalters, die Literatur des 18. Jahrhunderts und alte Filme. Wir waren uns in einer bestimmten Phase unseres Lebens sehr nah, aber dann veränderten wir uns, jeder in eine andere Richtung. Mein zweiter Ehemann verkörperte Stabilität, Ordnung und Vernunft in einer Zeit, in der ich in die Tiefen meines Unterbewußtseins tauchte, um meine ersten richtigen Gedichte zutage zu fördern. Ich brauchte ihn, damit er mich wieder hochholte, wenn ich dem Tiefenrausch zu erliegen drohte, und er machte seine Sache gut. Als ich aber gelernt hatte, das auch ohne ihn zu schaffen, wurde seine Rolle immer überflüssiger, und seine Defizite – besonders seine Humorlosigkeit – traten immer deutlicher ans Licht.

Mein dritter Ehemann teilte mit mir die Sehnsucht nach einem Kind und den Wunsch nach einem Leben, das sich um Lesen und Schreiben und das Aufwachsen unserer Tochter drehte. Eine Zeit lang standen wir uns auch innerlich sehr nahe, aber dann änderten sich unsere Bedürfnisse und unsere Seelen ebenfalls. War das Scheitern, oder handelte es sich um eine komplexe Manifestation des Schicksals? Mir ist die zweite Interpretation lieber. Jede der Entscheidungen, die ich traf, hatte zu ihrer Zeit eine eigene Logik. Daß die Verbindung nicht hielt, bedeutet eigentlich nicht, daß die Entscheidung von damals falsch war. Jede der drei Ehen hatte ihre guten Seiten. Die dritte bescherte mir sechs ausgesprochen glückliche Jahre, bevor das qualvolle letzte Jahr anbrach.

Vielleicht war mein Leben komplizierter, weil ich – Fluch oder Segen – zur prominenten Autorin wurde, zu einer Gestalt des öffentlichen Lebens und einer Frau, die in den Medien zuweilen als skandalös porträtiert wurde. Ich bin aber der Meinung, daß mein Schicksal (samt den Entwicklungsphasen, durch die ich zu ihm fand bzw. durch die es zu mir fand) sich im Grunde nicht sehr von dem anderer Frauen meiner Generation unterscheidet.

Aufgezogen in dem Glauben, wir brauchten Männer als väterliche Beschützer, wuchsen wir hinein in eine Welt, in der wir Lasten schultern mußten, die aus Sicht unserer Mütter Männersache waren: Wir verdienten unser eigenes Geld, regelten unsere Finanzen und Steuern selbst, vom Schneeschieben und Reifenwechseln ganz zu schweigen. Wir merkten, daß wir eher imstande waren, Männer unter unsere Fittiche zu nehmen, als welche zu finden, die uns unter ihre nahmen. Aufgewachsen mit der Vorstellung von Frauen als schwachem, auf männliche Unterstützung angewiesenem Geschlecht, wurden wir uns unserer Stärke zunehmend bewußt. Wir entdeckten, daß die Männer in unserem Leben mehr auf uns angewiesen waren als wir auf sie. Auf der Suche nach Vätern landeten wir bei Söhnen. Wir waren bereit, die Vorzüge dieser Art von Beziehung auszukosten, merkten aber auch, daß wir dafür einen Preis bezahlen mußten. Was uns am häufigsten versagt blieb, waren echte Partner.

Auf dieser Odyssee von den Vätern zu den Söhnen erging es mir sehr ähnlich wie vielen Frauen meiner Zeit. Als ich in den Zwanzigern war und meine Karriere noch vor mir hatte, heiratete ich eine Vaterfigur; in den Dreißigern, beruflich etabliert, gestand ich es mir zu, einen Mann allein deshalb zu wählen, weil er Freude am Leben hatte. Als sich auch das als problematisch erwies, zögerte ich und blieb acht Jahre lang allein. Ich betrachte diese Zeit noch immer als kritische Phase meines Lebens. Als ich danach wieder heiratete, war ich bereit für eine echte Partnerschaft und heiratete einen Mann, den ich schon seit längerem als meinen besten Freund betrachtete. Diese Ehe war völlig anders als alle bisherigen. Sie steht nie still, und keiner von uns beiden weiß, was uns noch erwartet.

Es erscheint mir normal, daß Frauen in den Zwanzigern und speziell ambitionierte, engagierte Karrierefrauen Männer weniger wegen ihres Sex-Appeals oder ihrer Lebenslust als wegen ihrer starken Schultern heiraten. Sobald sich der berufliche Erfolg eingestellt hat, wird uns die Bindung an unseren Daddy jedoch zur Last, und wir wollen Gespielen, Seelengefährten, hübsche Knaben, knackige Jünglinge – egal, ob sie beim Lunch die Rechnung bezahlen können oder an den versprochenen Anruf denken. Zynische Betrachter sehen darin einen Rollentausch: Frauen nähmen sich heute die Privilegien, die Männer lange Zeit besaßen. Für mich handelt es sich jedoch um eine logische Folge der wachsenden Emanzipation der Frauen. Jahrhundertelang hatten Frauen keine andere Wahl, als ihre Sexualität im Austausch für sozialen Status zu verkaufen. Jetzt, wo wir uns diesen Status selbst verdienen können, ist uns unsere Sexualität zum kostbaren Gut geworden, das wir nicht mehr als Tauschobjekt herzugeben bereit sind.

»Heißt das, Frauen haben jetzt ihre eigene Version des Hure-oder-Heilige-Problems?« fragte Nancy Friday, als ich diese Theorie mit ihr besprach. Muß es denn immer ein Entweder-Oder sein? Der ideale Mann wäre sicher eine Kombination aus hübschem Jüngling und Daddy zum Anlehnen, doch leider Gottes ist diese Kombination äußerst rar. »Der Typ Mann, der eine Lebensversicherung für dich abschließt, ist im Bett nie der Tollste«, setzte mir einmal meine Freundin, die Autorin Fay Weldon, auseinander.

Aber wir wünschten schon, daß er es wäre! Es stimmt, die meisten erfolgreichen Frauen messen bei der Partnerwahl Lebenslust und Sex-Appeal mehr Bedeutung bei als einer Lebensversicherung – die können wir uns schon selbst leisten. Jede langfristige Beziehung benötigt aber beides, Zuverlässigkeit *und* Lebensfreude. Alle Beziehungen, die nicht auf echter Gleichheit basieren, führen zu Problemen; früher oder später muß in einer ungleichen Partnerschaft die Ungleichheit überwunden werden, oder die Beziehung zerbricht. (Läßt sich eine Frau beispielsweise mit einem sehr viel jüngeren oder weniger erfolgreichen Mann ein, muß er sich zu einem für sie angemessenen Partner entwickeln, oder die Sache geht in die Brüche.) Einige der schönsten Liebesaffären erscheinen auf diese Weise von vornherein zum Scheitern verurteilt, aber vielleicht liegt ihr Reiz gerade in der zwangsläufig kurzen Haltbarkeit. Eine dauerhafte Beziehung läßt sich leichter mit einem echten Partner aufbauen.

Doch wo, bitte, findet eine Frau einen echten Partner? Einige Jahre hatte ich selbst keine Hoffnung mehr, ihm zu begegnen. Im gegenwärtigen Evolutionsstadium der Beziehungen zwischen den Geschlechtern sehen Frauen sich und ihr Leben oft klarer, als es die Gesellschaft Männern zugesteht. Als Angehörige einer immer noch unterprivilegierten Klasse besitzen sie die Eigenschaften und Einblicke, die mit einer solchen Stellung verbunden sind: einen zur Selbstironie neigenden Humor, der mit jedwedem Dünkel kurzen Prozeß macht, einen Blick auf die privilegierte Klasse aus der Klobrillenperspektive, um es einmal so zu sagen, und eine Sicht der Gesellschaft, wie sie nur Außenstehende haben können. Das alles zwingt uns zur persönlichen Weiterentwicklung – es ist der Mist, aus dem unsere Rosen sprießen.

Männer verkörpern dagegen eine privilegierte Klasse – was schon die Tatsache beweist, daß sie sich selbst gar nicht als

Klasse ansehen, sondern einfach nur als Vertreter der Spezies Mensch. In der Regel werden sie immer noch von Frauen verhätschelt, angefangen mit den Müttern, und sind dadurch der Chance beraubt, ihr dünkelhaftes Selbstbild geraderücken zu lassen. Einige Männer gehören zu den Ausnahmen und überwinden diesen Zustand, viele tun es aber nicht; sie wandeln stur auf den Bahnen, die die Gesellschaft für sie geebnet hat, und setzen die Scheuklappen nie ab. Natürlich geraten sie durch weibliche Stärke und Freiheit in Verlegenheit, und gewiß sind sie verletzlich – in mancher Hinsicht mehr als Frauen. Doch sie haben nicht erlebt, wie ihre ganze Welt in einer einzigen Generation auf den Kopf gestellt wurde. Weibliche Sexualität mag sie erschrecken, doch die Gesellschaft, in der sie leben und funktionieren, wird im wesentlichen von Angehörigen ihres eigenen Geschlechts beherrscht.

Ich will gar nicht darauf hinaus, daß dem einen Geschlecht durch die sexuelle und die feministische Revolution, die ja beide noch unabgeschlossen sind, übler mitgespielt wurde als dem anderen. Beide Geschlechter wurden in ihren Grundfesten erschüttert und wanken immer noch unter den Nachbeben. Ob Männer oder Frauen schlechter dran sind, ist nicht die Frage. Darauf ließe sich auch sicher keine Antwort finden. Doch aus verschiedenen Gründen waren Frauen gezwungen, sich bestimmte Einsichten in die gesellschaftliche Realität anzueignen, die Männern weitgehend versperrt bleiben, mit Ausnahme vielleicht der einfühlsamsten und intelligentesten unter ihnen. Für die meisten Frauen meiner Generation ist es deshalb furchtbar schwer, echte Partner zu finden. Ich spreche nicht von Partnern fürs Bett oder zum Amüsieren, sondern von Männern, die bereit sind, die Lasten mit uns gerecht zu teilen, und die außerdem die Lebensfreude besitzen, die Carly Simon und mir so wichtig ist.

Ach, der Traum vom echten Partner. Er ist es, der »ideale

Mann«. Können wir ihn finden? Oder müssen wir ihn erst züchten? Sollen wir ihn in unseren Gärten ziehen oder vom Mond importieren? Und haben wir ihn gefunden, wird er dann vielleicht mit fünfundzwanzig verrückt werden oder mit dreißig depressiv oder mit vierzig Babysitter bumsen? Können wir ihn lieben, ohne ihn zu verhätscheln? Können wir Forderungen an ihn stellen, ohne ihn zu verlieren? Können wir ein Gleichgewicht zwischen Geben und Nehmen finden? Können wir ebenso anmutig empfangen wie schenken?

Unsere Analytiker erzählen uns, die Antwort läge in uns selbst, und der ideale Mann würde auf geheimnisvolle Weise daherkommen, wenn wir dafür bereit seien. Für mich klingt das sehr blauäugig. Ich kannte Frauen, die jahrelang bereit waren – so bereit und selbstsicher, daß sie Männer nach Maßstäben der Perfektion beurteilten, die unmöglich zu erfüllen waren – und sich am Ende daran gewöhnten, partnerlos zu leben. Dabei fanden sie sogar heraus, daß es ihnen gefiel. Die Reise blieb die gleiche, nur die Reisegefährten wechselten. Der wahre Partner war ihnen so lange nicht begegnet, daß sie nicht weiter nach ihm suchten.

Ich dachte auch, ich hätte den idealen Mann abgeschrieben, doch das war in Wirklichkeit nie der Fall. Ich änderte bloß meine Vorstellung von Perfektion. In dem Maße, wie ich mir über die Schwächen meines eigenen Charakters klar wurde, wuchs meine Bereitschaft, einen Partner zu wählen, der ebensolche Schwächen hatte.

Der ideale Mann, das ist doch am Ende jener, der das Beste in uns sieht und an dem positiven Idealbild festhält, selbst wenn wir selbst wanken. Indem seine Liebe nicht nur der gilt, die wir sind, sondern auch der, die wir werden könnten, hilft er uns mit seiner Vision, den Weg zu unserem wahren Selbst zu finden. Mit der so gewachsenen Selbstsicherheit können wir ihn unsererseits bestärken, indem wir sein Selbst im besten Licht widerspiegeln.

Früher war ich fasziniert von den Dingen, an denen Beziehungen zerbrechen. Heute finde ich spannender, was sie zusammenhält. Eine Ehe, die Bestand hat, macht ständig Veränderungen durch. Der ideale Mann verwandelt die ideale Frau. Beide verbindet die Bereitschaft, sich verwandeln zu lassen.

Kapitel 15

Auf der Jagd nach der verlorenen Potenz

Das letzte Mittel, den Gegner zu demütigen: der Schwanz, der einem (wem? ihm oder mir?) den Dienst verweigert. Die tödliche Waffe im Kampf der Geschlechter: der schlaffe Schwanz. Das Banner des feindlichen Lagers: der Schwanz auf halbmast. Das Symbol der Apokalypse: der Atomsprengkopf-Schwanz, der sich selbst vernichtet. Das ist die fundamentale Ungerechtigkeit, die nie aus der Welt geschafft werden kann: nicht, daß das Männchen eine einmalige zusätzliche Attraktion, genannt Penis, besitzt, sondern daß das Weibchen eine einmalige Allwetter-Möse ihr eigen nennt. Weder Sturm noch Hagel noch das Dunkel der Nacht können ihr etwas anhaben. Sie ist immer da, immer bereit. Ziemlich beängstigend, wenn man darüber nachdenkt. Kein Wunder, daß Männer die Frauen hassen. Kein Wunder, daß sie das Märchen von der weiblichen Unzulänglichkeit erfunden haben.

Erica Jong, *Angst vorm Fliegen*, 1973

Viagra ist das vollkommene amerikanische Medikament. Es läßt den Dow Jones hochgehen und ebenso den Penis. Wenn Sie sich je gefragt haben, ob der Aktienmarkt eine Metapher für männliche Potenz darstellt, hier haben Sie die Antwort.

Nach Auskunft eines altehrwürdigen Wall-Street-Experten aus meinem Bekanntenkreis prognostizieren die jungen Börsianer, daß Viagra die Scheidungsrate nach unten gehen lassen wird. Das ist ein zentrales Anliegen im Zeitalter gerechter Verteilung. Solange man immer noch seine Frau

vögeln kann, braucht man vielleicht ihr (und ihrem Anwalt) nicht die Hälfte seines ergaunerten Vermögens abzugeben.
Geht man danach, wie schnell das neue Impotenzmedikament ausverkauft ist, dann ist Bill Clinton wohl der einzige Mann in diesem Land, der seinen Schwanz noch sehen lassen kann. Bei einem Spaziergang durch das Analytiker- und Urologen-Viertel auf der Upper East Side entdeckte ich eine Reihe von »Wir führen Viagra«- oder einfach »Viagra«-Schildern in Apothekenfenstern.
Bei einem Preis, der kaum zufällig bei zehn Dollar pro Pille liegt, wird dieses Mittel (Spitzname *The Pfizer Riser*) gegen das, was Urologen und Zartfühlende »erektile Dysfunktion« nennen, direkt an den Konsumenten verkauft – in diesem Fall an den alternden Babyboomer, dessen deutlich bessere Hälfte damit droht, sich einen Jüngeren zu suchen, wenn er nicht in Form kommt. Die Aktien von Pfizer Inc. schnellten zwischen dem 1. Februar und dem 28. März um einundzwanzig Prozent nach oben und erzielten so die höchste Preis-Verdienst-Spanne, die in der jüngeren Vergangenheit in der Pharma-Branche zu verzeichnen war. Am 24. April hatten sich die Zahlen noch weiter nach oben entwickelt, und es kamen Gerüchte über eine gesplittete Notierung auf.
Was mich im Zusammenhang mit Viagra in Erstaunen versetzt, ist dies: Impotenz ist ein offensichtlich so weit verbreitetes Problem, daß es im Land wohl dreißig Millionen Betroffene gibt, doch ehe es Viagra gab, wurde über diesen beklagenswerten Zustand auf Cocktailpartys, in der Geschäftswelt oder in Behandlungszimmern von Ärzten nicht viel geredet. Internisten pflegten zu vermelden, daß sie unter Impotenz leidende Patienten nach fünf Minuten als solche erkennen können, weil diese kaum ein Wort über die Lippen brächten. Doch urplötzlich hat Viagra die erektile Dysfunktion aus dem stillen Kämmerlein auf den Informations–Superhighway katapultiert.

»Nahm nur eine vor dem Abendessen am Freitag um 19.30 Uhr, und nach dem Essen machte ich mit meiner Frau herum. Gegen 20.15 Uhr hatte ich einen wahnsinnigen Steifen, und das leichter als irgendwann in den letzten zehn Jahren«, berichtete ein glücklicher Internet-Teilnehmer. Doch Viagra hat auch seine Schattenseiten, zumindest für einen männlichen E-Mailer mit dem Tarnnamen Billy B.: »Nach jedem Orgasmus wurde mir speiübel.« Doch Billy B. machte unerschrocken weiter: »Nach einer weiteren halben Stunde Liebesspiel hatte ich wieder einen Steifen.« Freitagabend gab es Erektionen ohne Ende, und Sonntagmorgen war noch viel besser. Nach einem Versuch-macht-klug-Wochenende wußte unser Versuchskaninchen zu berichten, daß die Pille am besten bei leerem Magen anschlug. »Den ganzen Sonntagabend hatte ich Sodbrennen«, fügte er hinzu, doch das vermochte seine Begeisterung für das Medikament nicht zu beeinträchtigen.

Viagra ist noch keinen Monat auf dem Markt, und schon gibt es einen Trittbrettfahrer, der sich Viagro nennt und als »rein pflanzliche Alternative zur neuen Impotenzpille« bezeichnet wird. Sie nimmt für sich in Anspruch, »weder schwerwiegende noch leichte Nebenwirkungen« zu haben. Es wird allerdings auch noch erwähnt, die am häufigsten zu beobachtende Nebenwirkung sei »Erschöpfung am nächsten Morgen«. Warnung oder Angeberei?

»Mein Gott, ist das eine Wohltat«, konnte sich eine Frau namens Brenda freuen, »endlich eine offene Diskussion über ein so lebenswichtiges, aber auch heikles Thema führen zu können!«

Das war nicht immer so. Damals, im Jahre 1973, als meine Heldin Isadora Wing in »Angst vorm Fliegen« sagte, daß ultimative feministische Lebensproblem sei »eine emanzipierte Frau Auge in Auge mit einem schlaffen Schwanz«, reagierten Kritiker darauf nicht immer wohlwollend.

Es war schlimm genug, daß ich mich auf Männern vorbehaltenes Terrain gewagt hatte, indem ich über weibliche Sexualität schrieb (deren Darstellung hatte schließlich Norman Mailer mit seiner Kurzgeschichte »The Time of Her Time« übernommen); aber das verborgenste Geheimnis des Mannes zu enthüllen – daß selbst die harten Typen nicht immer hart waren – war der denkbar schlimmste literarische Fauxpas. Damals beherrschten die Männer das Feld der Literatur, und sie wollten auch die Herren der Erektionen sein.

Doch Erektionen wurden zu einer delikaten Angelegenheit, als Frauen anfingen, Spaß am Sex zu fordern. Das Spiel hatte sich verändert. Nun mußten die Männer die Frauen befriedigen statt umgekehrt. Das machte viele Männer nervös, und gleich so nervös, daß die Erektion ausblieb. Frank O'Hara, Henry Miller und Norman Mailer war derartiges nicht passiert, zumindest hatten sie nie etwas in der Richtung verlauten lassen. Offensichtlich hatten sie immer nur damit zu tun, sich der Frauen zu erwehren, die davon schwärmten, welch unermüdliche Liebhaber sie doch waren.

Das Problem mit dem Penis, so wird mir aus gut unterrichteten Kreisen zugetragen, besteht darin, daß er manchmal keinem vernünftigen Gedanken zugänglich ist. Ein Mann kann wahnsinnig verliebt sein, und sein Penis kriegt das unter Umständen gar nicht mit. Ein Mann kann verrückt vor Lust sein, doch sein Penis befindet sich gerade im Streik. Oder ein Mann traut einer Frau nicht, und sein Penis sieht das ganz anders (man denke an Samson und Delia).

In den siebziger Jahren gab es darüber heiße Diskussionen. Ich erinnere mich an einen Sommer, als ich auf Capri Urlaub machte und einen dringenden Anruf von der Schauspielerin Bibi Anderson aus Stockholm bekam.

»Es gibt da ein neues schwedisches Buch mit dem Titel ›Männer können nicht vergewaltigt werden‹«, berichtete sie aufgeregt, »und nur Sie können das Drehbuch dazu schreiben. Nur Sie verstehen das.« Die Idee war, daß Männer

emanzipierte Frauen dank einer Meuterei ihres Glieds boykottieren könnten, und wäre das nicht einfach schrecklich? Der Meinung war ich allerdings auch.
Was sollte eine emanzipierte Frau tun? Viagra verspricht hier Abhilfe. Oder etwa doch nicht? Schließlich hat man uns auch früher schon Pillen versprochen, die die Welt ändern, doch die Welt hatte da andere Vorstellungen.
Ich erinnere mich noch genau an das Gerede damals, als die Antibabypille aufkam, daß sie das Sexualverhalten total verändern würde. Sogenannte Experten behaupteten sogar, daß Frauen keine Kinder mehr bekommen würden. Doch Pillen verändern das Paarungsverhalten nicht wirklich, allenfalls vorübergehend. Nachdem alle eine Zeit lang in der Gegend herumgevögelt und sich Geschlechtskrankheiten eingehandelt hatten, war es mit dem Glauben an die freie Liebe als Allheilmittel vorbei.
Forscher weisen nachdrücklich darauf hin, daß Viagra keine sexuelle Revolution nach sich ziehen wird, doch niemand scheint ihnen zu glauben. Es wird keine »Sexual-Virtuosen« hervorbringen, so ihre warnende Stimme. Oder Virtuosi? Es »verändert weder Libido noch Lust.« Dasselbe sagte man früher auch vom Pulver des Einhorn-Horns, doch der menschliche Optimismus ist nicht kleinzukriegen. Der amerikanische Glaube an Pillen ist stärker als der an Gott. Es gibt sogar Leute, die nehmen immer noch Phen-Fen, um abzunehmen, obwohl sie wissen, daß es Herzklappenprobleme verursacht.
»Willkommen im Nach-Pillen-Paradies«, sagte eine Ehebrecherin in John Updikes Roman über die sexuelle Revolution der sechziger Jahre mit dem Titel »Paare«. Eine Pille, die für soviel Aufregung gesorgt hat, hat es nicht mehr gegeben seit den glorreichen Tagen, als sich die gesamte Landkarte der Sexualität zu verändern schien, und danach bekamen wir auch noch Richard Nixon, aber der wollte es hauptsächlich dem Land besorgen.

Ich habe oft die Ansicht geäußert, daß es sich bei der sexuellen Revolution um einen Medienmythos handele. Trotz der Tatsache, daß die sexuellen Erwartungen der Frauen in dem Maß ins Kraut schossen, wie die männlichen Geschlechtsorgane dahinwelkten, läßt sich immer noch nachweisen, daß junge Frauen ältere Männer mit Geld schätzen und daß die Partnerwahl wie eh und je von ökonomischen Erwägungen bestimmt wird.
Vor fünfundzwanzig Jahren sah es nicht so aus, als ob das auch heute noch zutreffen würde, doch gewisse unveränderliche Wahrheiten scheinen sich bestätigt zu haben. Geld ist Geld, und Geld bleibt sexy. Nicht alle Frauen haben sich im Gefolge der Pille zu Lady Chatterleys gewandelt, und ich erwarte auch nicht, daß alle Männer durch Viagra zu Typen wie Mellor, der Wildhüter, werden. Auch wenn reiche, alte Männer sich Viagra in Mengen beschaffen können, wird dieses Medikament wohl eher sexuell konservative Haltungen bestärken als zur sexuellen Emanzipation beitragen.
Genau besehen, werden die reichen, alten Männer wahrscheinlich die einzigen sein, die sich Viagra leisten können. Viele Krankenkassen weigern sich, Viagra zu bezahlen (alle behaupten, sie seien dabei, die Frage der Erstattung zu prüfen). Offenbar wird unsere Definition der Gesundheit immer noch durch den amerikanischen Puritanismus bestimmt. Wird also unterstellt, daß Sex nichts mit Gesundheit zu tun hat? Vielleicht ändern sich die Dinge erst, wenn Horden von aufgebrachten impotenten Männer die Zentralen ihrer Krankenkassen stürmen mit Plakaten, auf denen steht »Amerika muß hart bleiben«.
Sie werden wahrscheinlich mittlerweile mitbekommen haben, daß die Entdeckung von Viagra, wie alle großen wissenschaftlichen Entdeckungen, eher zufällig war. Der Wirkstoff, Sildenafilcitrat, wurde ursprünglich als ein Medikament zur Behandlung von Angina pectoris entwickelt. Obwohl die Herzpatienten, die an Versuchsreihen teilnahmen, immer

noch Schmerzen in der Brust hatten, fühlten sie sich durch die damit plötzlich einhergehenden Erektionen durchaus angenehm entschädigt. Sie verlangten nach mehr von diesem in der Erprobung befindlichen Medikament. Es scheint, daß Sildenafilcitrat die Produktion von Stickstoffoxyd in den Nervenenden des Penis anregt, was wiederum eine zusätzliche Blutzufuhr bewirkt, die den Penis steif werden läßt.

Forscher waren durch Zufall auf eine Behandlungsmethode gegen Impotenz gestoßen, die ohne unangenehme Implantate oder Injektionen in den Penis auskam. Derartige Verlegenheitslösungen sind durch Viagra bereits so gut wie aus der Welt geschafft. Nun suchen die kleinen Zaubergeister bei Pfizer nach einem gangbaren Weg, das Medikament auch bei klitorisorientierten Frauen hoffähig zu machen.

Doch mit dem Namen scheint etwas nicht zu stimmen. Ich schlage Pfizer vor, einen Wettbewerb für einen neuen Namen auszuschreiben, der weniger nach Düngerstäbchen für Zimmerpflanzen klingt. Viriltas, Virilissimo oder Virilita – wie wäre es zum Beispiel damit? Oder wir sollten es nach unserem Präsidenten benennen, der zu den wenigen Männern zu gehören scheint, die es nicht nötig haben.

So scheint das Problem, das in der Vergangenheit keinen Namen hatte, nun allgegenwärtig. Der Urologe Dr. Ridwan Shabsigh äußerte gegenüber einem Reporter der *New York Times*: »Die weite Verbreitung des Problems ist wirklich erstaunlich.« Impotenz ist inzwischen ein Thema, über das man auf Partys spricht. Wird der Besitz einer Schüssel voll Viagra das Statussymbol werden, das eine Schüssel voll Kokain in den siebziger oder Glasröhrchen mit Prozac in den achtziger Jahren darstellte? Begeben wir uns von der Suche nach Lockerheit nun auf die Suche nach Härte?

Vielleicht wird die Pille der neunziger Jahre doch eine Revolution in der Literatur wie im Schlafzimmer auslösen. Noch nie, so scheint es, haben sich junge Autoren derart zynisch über die Freuden der Sexualität geäußert. Doch überall mehren sich die Zeichen, daß Amerika seine Political correctness nach zehnjähriger Dauer auf dem Feld des Sexus ablegen will. Pc war sicherlich daran schuld, daß es mit dem Orgasmus nicht mehr klappte. Wenn auch vielleicht nichts sonst, so zeigt die Viagra-Hysterie zumindest eins: Amerikas Männer wollen ihre Erektionen zurückhaben. Und das gilt auch für Amerikas Frauen.

Kapitel 16

Was ist Sex-Appeal?

Der oder die Glückliche, die »es« hat, muß über den eigenartigen Magnetismus verfügen, der auf beide Geschlechter anziehend wirkt.

Elinor Glyn

Sex-Appeal ist eine Eigenschaft, die Geheimnis und Verfügbarkeit zugleich signalisiert. Ein verlockendes Schimmern – gerade außerhalb unserer Reichweite. Es hat etwas mit Schönheit zu tun, doch ist es weder an makellose Gesichtszüge noch an einen vollendet schönen Körper gebunden. Es ist mit physischer Begierde verwandt, aber es veranlaßt nicht gleich alles dazu, sich automatisch aufzurichten. Was Menschen am stärksten erregt, sind Phantasien und Träume, nicht knallrote vulvaartige Schwellungen wie bei den Pavianen oder aufgespreizte Federn wie bei den Pfauen. Einer der Gründe, warum Sex-Videos und Erotik-TV manche von uns nur in Tiefschlaf versetzen und sonst gar nichts, ist, daß sie den Sex allzu nüchtern, allzu gebrauchsfertig machen.

Ich bin bestimmt nicht die erste, die das Gehirn für unsere wichtigste erogene Zone hält. Aber dies ist eine Erklärung dafür, warum manche Menschen nur auf Seelenverwandte erotisch wirken und nicht auf alle und jeden. Es gibt jedoch andere – Marilyn Monroe und Paul Newman zum Beispiel –, die jene Ahnung eines sexuellen Geheimnisses in sehr vielen Menschen aufsteigen lassen. Der eigentliche Kern dieser universalen Anziehungskraft ist ihre Fähigkeit, uns zum

Träumen anzuregen. Aber ich will hier nicht über Filmstars und Medien-Images sprechen; ich interessiere mich für die Sexualität, die jeder einzelne von uns hat, aber in vielen Fällen niemals etwas unternimmt, um sie zu erschließen.

Was macht einen Menschen »sexy«? Ist es eine Frage des Geruchs, der Pheromone? Oder liegt es daran, daß er ein sehnsüchtiges Verlangen in uns weckt?

Aus Büchern über große Kurtisanen und Heldinnen erfahren wir immer das gleiche, nämlich daß sie zwar physische Mängel hatten, aber instinktiv wußten, wie sie die Sehnsucht stimulieren konnten. Sie machten sich zeitweilig unerreichbar. Von allen Frauen, die Henry Miller liebte, war die einzige, die er niemals aufhörte zu lieben, diejenige, die mit einem anderen verheiratet war: Anaïs Nin. Sie kam und ging nach Belieben – zurück zu ihrem Ehemann Hugo, wieder zu Henry, wieder fort zu Otto Rank, ihrem Liebhaber und Psychoanalytiker, oder zu ihren gesellschaftlichen Verpflichtungen, ihren umfänglichen Tagebüchern, zum Drama ihres täglichen Lebens. Henry wollte sie heiraten, aber sie wollte keine Kombination aus Vagabund, armem Schlucker und Schriftsteller zum Mann. Sie verwandelte ihr Haus außerhalb von Paris (in Louveciennes) in eine Grotte der Träume. In diesem von ihr allein bestimmten Rahmen empfing sie ihre Bewunderer. Ihre Tagebücher wurden ebenfalls zu Fallgruben. Sie pflegte ihren Liebhabern ausgewählte Abschnitte daraus vorzulesen, um sie zu erregen. Manchmal handelte es sich um intime Schilderungen anderer Bewunderer. Sie spann ein Netz aus Worten, Kostümierungen, geheimnisvollem Verschwinden. Henry Miller hat viele Frauen, die in seinem Leben eine Rolle spielten, schlecht behandelt, Anaïs jedoch nie. Das verhinderte vor allem ihre Unerreichbarkeit.

Viele Frauen wissen, daß es besser ist, die Geliebte als die Ehefrau zu sein. Geliebte werden niemals mit dem Wasserrohrbruch oder der Babyspucke auf der Seidenbluse in Zusammenhang gebracht. Eine Geliebte empfängt ihren Liebhaber zu einer verabredeten Zeit. Sie besteht darauf, Lichteffekte und Geräuschkulisse zu kontrollieren. (Ich spreche hier nicht von den unfreiwilligen Geliebten, die sich danach sehnen, Ehefrau zu werden. Ich spreche von klugen Frauen, die wissen, was sie haben.)

Was macht ihren hauptsächlichen Reiz aus? Phantasien und Träumereien.

Die Menschen, die ich in meinem Leben am innigsten geliebt habe, sind diejenigen, die die Rohrbrüche mit mir zusammen durchgestanden haben. Aber die Menschen, mit denen sich meine Phantasie am besessensten beschäftigt hat, waren solche, die bei den Katastrophen des Lebens nie zugegen waren. So allgegenwärtig sie in meinen Träumen waren, in meinem Alltagsleben glänzten sie merkwürdigerweise durch Abwesenheit.

Ist das wirklich so merkwürdig? Nicht unbedingt. Der Alltag ist grundsätzlich unaphrodisisch. Er ist das notwendige Übel. Die Phantasie ist es, die davon entlastet.

Wir wollen immer beides: »Den Leib und die gemeinsame Vision« (wie Anaïs Nin über Henry Millers Werk sagte). Aber unser Leben vereitelt dies. Wir stecken im Schlamm des Alltäglichen fest. Vielleicht lag die Anziehung der eleganten Bordelle auf die Gentlemen des 19. Jahrhunderts gerade in der Verlockung einer geheimen Welt, die außerhalb der Zeit lag, einer Welt, in der die erotische Phantasie regierte.

Ich habe mir oft ausgemalt, wie eine entsprechende Welt für Frauen aussehen müßte. Im Leben emanzipierter Frauen gibt es zu wenig Phantasien, um darin einzutauchen und sich neue Impulse zu holen. Sie sprinten vom Elternrat zum Anwaltsbüro, vom Stundengeben zum häuslichen Schreibtisch – und wo bleibt eine Möglichkeit, sich zu erneuern, außer in ihren Träumen? Auch die Männer von heute sind dieser besonderen Inseln der Seligen verlustig gegangen.

Statt dessen bietet man ihnen die Grobheit von Sex per Video oder Online. Das kann es doch nicht gewesen sein.
Vor ein paar Jahren pflegten sich Computerfans mit etwas zu beschäftigen, das – zumindest in Amerika – »Hot Talk« genannt wurde. Auf ihren Bildschirmen tauschten sie Phantasien mit anderen Computerfreaks aus, die sie nie persönlich kennenlernten. Sie nannten sich Lady Chatterley oder Rambo, unterschrieben ihre Liebesbriefe mit Tarzan oder Jane. Sie wollten die Phantasie in unsere allzu nüchterne Welt zurückholen und suchten nach neuen Sex-Szenarios und Märchen. Sie wollten weg von dem prosaischen Sex, der in den Sexshops angeboten wird. Statt dessen sehnten sie sich nach der Wiederkehr von Phantasievorstellungen, bei denen sich das Fleisch regt. Françoise Gilot hat einmal gesagt: »Um attraktiv zu sein, ist es das Beste, das Leben als Spiel aufzufassen, zu spielen, wie eine Schauspielerin spielt.« Darin steckt eine tiefe Wahrheit. Wir reagieren auf Menschen, die uns zu Mitspielern machen und das Spielerische aus uns herauslocken. Wir reagieren auf Menschen, bei denen wir Märchenfiguren oder historische Gestalten sein dürfen. Einer Frau, die die Fähigkeit hat, das Kind im Manne anzusprechen, wird es nie an Liebhabern fehlen. Sie kann kahl unter ihrer Perücke sein, zahnlos unter ihren Brücken, schwabbelig unter ihrem Korsett, aber wenn sie es versteht, einen Mann so weit zu bringen, sich wieder als Junge zu fühlen, dann wird sie geliebt werden, mit Leib und Seele. Chaucers Frau aus Bath kannte das Geheimnis – auch wenn sie eine Zahnlücke hatte.
Oder vielleicht gerade deswegen? Françoise Gilot kennt es auch. Frauen, die es haben, verlieren es nicht. Vielleicht läßt es sich lernen, vielleicht aber auch nicht.
Die meisten Frauen lassen sich von den Hochglanzfotos in den Schickimicki-Zeitschriften auf den Holzweg bringen. Die Bilder implizieren, daß wir magersüchtige Models oder muskelbepackte Bodybuilder sein müßten, um begehrt, ja

sogar, um geliebt zu werden. Nichts könnte weiter von der Wahrheit entfernt sein. Der Streß, den das Streben nach Perfektion mit sich bringt, törnt nämlich ab. Haben Sie jemals die körpergestylten Männer und Frauen in Fitneß-Clubs beobachtet? Vor dem Spiegel gelüstet es sie nur nach einem – nach sich selbst. Wirklich sexy ist die Frau, die im Spiegel nicht ein Bild von sich selbst evoziert, sondern von dem Mann, den sie wieder zu einem übermütig lachenden Jungen macht. Er liebt sie wegen der Art, wie er sich in ihrer Nähe fühlt.

Gilot, die hinreißende Hexe, sagt auch, die Liebe sei »vielleicht nur eine Utopie.« Nach ihrer Auffassung ist das Wesentliche an der Liebe, nichts vom anderen zu wollen als das eine: Genuß, Vergnügen, Freude. In unserem alltäglichen Leben will ständig jemand etwas von uns. Stellen Sie sich vor, Sie lernen einen Menschen kennen, der nichts will als lachen, streicheln und daß Sie sich wohl fühlen. Was für eine Erleichterung das wäre! Würden Sie für so jemanden nicht alles tun?

Der Dichter Neruda bezeichnete fremdgehende Liebespaare als Seeleute auf Betten »so hoch wie Ozeandampfer«. Diese Metapher beschwört die Vorstellung von der Einsamkeit des Meeres und der glorreichen Isolation Liebender herauf. Manchmal ist ein Seitensprung nichts als der Wunsch, wenigstens einen Ort auf der Welt zu haben, wo niemand etwas anderes von einem will als Genuß, Vergnügen, Freude. Sie brauchen nicht ans Telefon zu gehen. Sie müssen kein vernünftiges, großes Mädchen sein. Sie müssen nicht einkaufen gehen. Und Sie müssen nicht einmal ewige Treue schwören. Sie sollen nur spielen und sonst nichts.

Wir alle brauchen Geheimnisse und Gefahren in unserem Leben. Und manchmal fühlen wir uns schon deshalb auf beinahe telepathische Weise von jemandem angezogen, weil wir spüren, daß wir genau das von ihm bekommen werden. Die Stärke unseres Wunsches führt dazu, daß der andere unseren Wunsch im Schwung auffängt und schwungvoll zurückwirft. Das hat etwas unheimlich Erotisches. Manchmal wirft uns dieser Schwung nicht gleich aufs nächste Lager. Eine zarte Berührung an der Hand oder im Nacken oder ein Anruf am späten Abend kann schon alles sein. Manchmal ändert sich auch das ganze Leben, und es führt dazu, daß wir neue Bücherregale zusammenbauen und frische Gardinen aufhängen. In jedem Fall ist unsere Phantasie wachgekitzelt worden, und wir fühlen uns wie neugeboren. Ohne Phantasien kann kein Mensch leben, weder Frau noch Mann. Warum müssen wir das nur immer wieder neu lernen?

Kapitel 17

Der Schwanz des Präsidenten

Ein König, der das Vergnügen liebt, ist zweifellos weniger gefährlich als einer, der den Ruhm liebt.

Nancy Mitford

Es ist hart, im Zeitalter der Seifenopern Schriftstellerin zu sein. Das langsame Aneinanderreihen von fünfhundert sorgsam gewählten Worten pro Tag wirkt sinnlos angesichts der schwindelerregenden, atemberaubenden Verwicklungen, die uns die Abendnachrichten servieren. Das samenbefleckte Kleid! Die heimlich mitgeschnittenen Beichten! All die erregenden Enthüllungen dubioser Details, die sich über Nacht wieder in Luft aufzulösen scheinen. Es ist, als wollten sämtliche Seifenopern der Nation miteinander verschmelzen: die Brüder Menendez, O. J. Simpson, Monica Lewinsky. Eine Zeitlang überstrahlen sie alles andere, dann verschwinden sie in den Archiven mit den alten Nachrichten.

Doch bis es soweit ist, haben sie Vorrang vor den anderen Geschichten, die wir erzählen könnten, und verdrängen subtilere Inhalte vom Bildschirm. Dadurch werden wir alle zu Verlierern. Wir erzählen einander Geschichten, um menschliche Wahrheiten zu erlangen. Aber die staatliche Seifenoper enthält keine Wahrheit, sondern nur Schall und Rauch. Dennoch hat sie die Kraft, unsere gesamte erzählerische Energie zu absorbieren.

Wir wenden uns diesen Geschichten zu, damit sie uns Schattenbilder unseres eigenen Lebens zeigen. Und Schatten sind dann auch alles, was sie zu zeigen haben. Aber sie sind dem Wandel der Sitten tatsächlich dicht auf den Fersen. Noch vor wenigen Jahren reichte die bloße Andeutung, daß etwas an einem Präsidentschaftskandidaten faul sein könnte, um ihn zu Fall zu bringen. (Erinnern Sie sich noch an Gary Hart, 1990?) Heute sind die Abend-Talkshows voll von Witzen über Knieschützer, Marke »Weißes Haus«, und niemand scheint daran Anstoß zu nehmen.

Hängt uns das Thema Sex etwa zum Hals heraus? Oder ist die Seifenopern-Mentalität inzwischen so weit in die Politik eingedrungen, daß uns keine Enthüllung mehr überraschen kann? Wir wissen inzwischen, daß Präsidenten Fehler haben, und daß Praktikantinnen nun mal Praktikantinnen sind. Oder kehren wir womöglich zu der heidnischen Auffassung zurück, die Götter hätten an unseren allzu menschlichen Schwächen teil, und lachen wir, weil wir uns in ihnen wiedererkennen?

Ich glaube, wir erleben derzeit die Spätfolgen all jener Enthüllungen über FDR und JFK, die unseren kulturellen Diskurs in den letzten Jahren geprägt haben. Wir erfuhren damals mit einiger Verspätung, daß unsere Helden auch nur Menschen waren. Heute erfahren wir ihre Schwächen sofort. Das ist der einzige Unterschied.

Bill Clinton paßt gut zu dem Archetyp des Zeus als Herrscher im Reich der Götter. Warum sollte er sich bürgerlichen Zwängen unterwerfen? Wir erwarten doch überlebensgroße Gelüste von diesem überlebensgroßen Führer.

JFK hat uns darauf vorbereitet. Ebenso wie LBJ und FDR. Die Presse schützte sie, solange sie am Leben waren, doch in den letzten zwanzig Jahren wurden ihre Geheimnisse gelüftet.

Da wir bereits das Schlimmste über Bill Clinton wissen, kann das Urteil der Geschichte ihn nur noch erhöhen. Schon jetzt hat es den Anschein, als seien ihm seine Sünden vergeben.

Auf dem Gipfel des Lewinsky-Willey-Wahnsinns war ich gerade in Frankreich – kurz bevor die Paula-Jones-Klage gegen Präsident Clinton abgewiesen wurde. »Selbstverständlich kann der Präsident nicht die Wahrheit über all diese Frauen sagen«, meinte ein französischer Freund von mir. »Ein Gentleman sagt niemals die Wahrheit über eine Dame. Das wäre unhöflich.«

Ich stellte mir vor, wie Bill Clinton zur besten Sendezeit eine Rede an die Nation hält.

»Ich bin ein Gentleman«, sagt der Präsident, »und als solcher zur Diskretion verpflichtet. Um der Nation ein Beispiel zu geben, lassen Sie mich sagen, daß ich weder diese Frau noch jene, ganz zu schweigen von der oder der, jemals angefaßt habe ...«

Die Franzosen glauben, der Penis des Präsidenten habe Anrecht auf sein Privatleben. Offenbar fangen die Amerikaner an, ihnen beizupflichten. Als ich wieder nach Hause kam, las ich einen Artikel in der *New York Times*, der von Leuten berichtete, die ihren Fernseher abstellten, wenn das Liebesleben des Präsidenten erörtert wurde. Genauso wenig wie wir uns den Beischlaf unserer Eltern vorstellen mögen, wollen wir anscheinend auch nicht den Penis des Präsidenten aus zu großer Nähe betrachten müssen. Oder mißfällt uns bloß seine Auffassung vom Vorspiel? Ihn einfach rauszuholen wirkt doch recht unromantisch. Vielleicht wäre uns ein wenig Kerzenlicht und Champagner lieber? Und ein klein bißchen leise Musik?

Haben wir vergessen, daß der Präsident das Alphamännchen der Horde ist und daß das Alphatier immer die jüngsten und reizvollsten Weibchen bekommt, ob mit oder ohne Vorspiel? So ist es nun mal Sitte bei Schimpansen und Gibbons und selbst bei den Präsidenten der Vereinigten Staaten. Was das Alphatier haben will, das kriegt es. Es war übrigens JFKs Sekretärin Evelyn Lincoln, von der wir erfuhren, daß sie die Frauen mit der Peitsche verjagen mußte. Ist es eigentlich auch eine sexuelle Belästigung, wenn Frauen den *Präsidenten* ständig um Sex angehen?

Seien wir doch mal ehrlich. Warum wollen die Typen denn Präsident werden? Jedenfalls nicht wegen der Gummiadler-Dinner.

Wer einmal gesehen hat, wie Frauen sich förmlich die Augen auskratzen, um mit einem übergewichtigen Geldmagnaten mittleren Alters auszugehen, kann keinen Zweifel mehr an der Attraktivität des Präsidentenpenis hegen.

Wenn uns die derzeitigen politischen Vorgänge verwirren, sollten wir zu unserer Orientierung einen Blick ins Reich der Tiere tun. Auf einem kürzlich veröffentlichten politischen Cartoon waren Elefanten, Zebras und Antilopen zu sehen, die Bill und Hillary Clinton beobachteten und kommentierten: »Sie haben seltsame Paarungsgewohnheiten.« Dabei sind ihre Paarunsgewohnheiten nur allzu voraussagbar. »Macht ist das größte Aphrodisiakum«, sagte einst Henry Kissinger. Und der war lange nicht so schnuckelig wie Bill Clinton.

Teil 3

Literatur

Vier- bis fünfmal am Tag Nachrichtensprechern und Kommentatoren zuzuhören, die Tageszeitungen sowie sämtliche Publikationen, die wöchentlich oder monatlich erscheinen, zu lesen – das nennt man heutzutage »das politische Geschehen verfolgen«. Der heilige Johannes hätte darin nichts als eine Befriedigung der menschlichen Neugier und ein Kultivieren der Unruhe als Selbstzweck gesehen.

Aldous Huxley

Kapitel 18

Mein Italien

Italien ist ein Traum, der dich dein Leben lang nicht mehr losläßt.

Anna Achmatowa

Jedesmal, wenn ich in den Ferien irgendwo anders hinfahre als nach Italien, spüre ich eine vage Enttäuschung, so als hätte ich einen Fehler gemacht. Nur zu oft habe ich dann meine Pläne über den Haufen geworfen und dem Urlaubsziel gleich wieder den Rücken gekehrt – ob Skiort in den französischen Alpen, ein märchenhaftes Schweizer Bergdorf, ein *mas* in der Provence –, um so schnell wie möglich nach Italien zu gelangen. Sobald ich die Grenze überquert habe, kann ich wieder frei atmen. Lohnt es überhaupt, denke ich – in diesen ersten ekstatischen Augenblicken des Wiedereintauchens –, woanders hinzureisen als nach Italien?

Worin besteht der unwiderstehliche Charme Italiens? Was finden wir dort, was es sonst nirgends gibt? Ich glaube, es ist so etwas wie die Erlaubnis, Mensch zu sein – etwas, das in anderen Orten und Ländern längst verlorengegangen ist. Italien gehört nicht nur zu den wenigen Gegenden auf unserem Planeten, wo man der Phantasie noch die Zügel schießen läßt (und wie Luigi Barzini in »The Italians« schreibt, wo »selbst Präzisionsinstrumente wie Tachometer und Uhren so konstruiert sind, daß sie uns zur Beförderung unseres Glücks belügen«), sondern es ist auch einer der wenigen Orte, wo man die menschliche Natur mitsamt ihren Schwächen toleriert. Italien ist die Vergangenheit, aber auch die Zukunft. Es ist heidnisch, aber auch christlich und jüdisch. Es ist erhaben und kitschig, unvergänglich und verfallen. Italien hat plündernde Armeen, Faschisten und Kommunisten, Moden und Marotten kommen und gehen sehen. Und trotz seiner langen Geschichte ist es immer noch ein Land, das die Lebenslust steigert und dem Augenblick Glanz verleiht.

Denken wir nur an die typisch italienische Kunst, unser tägliches Miteinander angenehmer zu machen. Eine meiner frühesten Begegnungen mit ihr fand bei meiner allerersten Reise nach Italien statt. Ich erinnere mich noch gut an einen Zugschaffner, der, als ich – gerade neunzehn Jahre alt – versehentlich mit einer Dritte-Klasse-Fahrkarte in einem Abteil der zweiten Klasse saß, sich weigerte, das von mir umgehend angebotene *supplemento* abzukassieren, und zwar mit einer Begründung, die sich im Original noch besser anhört als auf Englisch: »Signorina, Sie haben Italien mit Ihrer Schönheit beschenkt; lassen Sie sich nun von Italien dieses kleine Geschenk machen!« Was natürlich heißen sollte, meine Schönheit sei so überwältigend, daß das Geschenk eines kümmerlichen *supplemento* dies unmöglich aufwiegen konnte. Denken Sie nicht, der Schaffner wollte mit mir anbändeln; er wird kaum geglaubt haben, daß ich durch diese kleine Schmeichelei bereits von Liebe oder Lust für ihn überwältigt würde. Nein, das war italienischer Charme. Und italienischer Charme ist häufig die köstliche Kombination eines lockeren Umgangs mit Vorschriften und harmlosem Flirten. Man stelle sich vor, wie das Gespräch in Deutschland verlaufen wäre – dem Land der Ordnung und eines völligen Mangels an Charme. Kein Wunder, daß die Deutschen nach Italien fahren, um Ferien zu machen!

Wenn in Italien die sieben Todsünden ein bißchen weniger tödlich und die Zehn Gebote nicht ganz so streng, sondern ein wenig dehnbarer erscheinen, dann liegt das an dieser nicht reglementierten Menschlichkeit der Italiener. Italien ist ein Land, das Widersprüche nicht nur toleriert, sondern geradezu ermutigt. Das italienische Achselzucken ist die Verkörperung dieser Weltanschauung. Es bedeutet: *So ist es immer gewesen, und so wird es immer sein.* Warum sich also gegen *la forza del destino* sträuben? Und selbst der steife Nordländer entspannt sich und trinkt noch ein Glas Wein.

Eine Reise in Italien wird nie ganz nach Plan verlaufen, wie es sich auch für eine *avventura* gehört. Vielleicht wird gerade gestreikt, oder Reservierungen wurden verwechselt, oder es ereignen sich andere haarsträubende *imbrogli*. Aber es werden charmante Verwicklungen sein – darauf können Sie sich verlassen. Sie werden charmant sein, weil die Italiener charmante Leute sind. Eine verloren gegangene Reservierung ist in Deutschland eine Walpurgisnacht, in Italien eine Opera buffa. In Italien zu sein ist so ähnlich wie verliebt zu sein – nur in ein ganzes Land. Was macht es, daß die Leute schon früher verliebt waren, daß Italien seit mindestens tausend Jahren eine Touristenfalle ist und daß alles, was man an Kritik – oder Lob – äußert, schon längst gesagt worden ist? Trotzdem wird alles noch einmal gesagt werden, von noch ungeborenen Schriftstellern und in seliger Unkenntnis all jener, die es schon vor ihnen gesagt haben. Sie werden sich genauso in Italien verlieben, als sei es eine Jungfrau, die noch nie verführt wurde. Italien ist wohl kaum jungfräulich zu nennen, aber was soll's – die wenigsten verführerischen Jungfrauen bleiben lange unberührt.

Das erste, was ich von Italien kennenlernte, war Florenz, genauer gesagt Bellosguardo, ein entzückendes, auf einem Hügel gelegenes Nest (Vorort wäre ein zu banales Wort), das aus eibenbestandener Höhe auf den Dom hinunterblickt. Als Studentin im dritten Collegejahr lebte ich im Torre di Bellosguardo, einem Turm aus dem 13. Jahrhundert, der an eine Villa aus dem 15. Jahrhundert grenzte, studierte Italienisch und die Italiener und verliebte mich bis über beide Ohren in Italien.

Der Mond schien heller in Italien. Die Geranien leuchteten in intensiverem Rosa und dufteten stärker. Der Wein war feuriger. Die Männer waren schöner. Zypressen waren poetischer als Eiben. Das Italienische hatte mehr Reime als das Englische. Es war die Sprache der Liebe, die Sprache der Poesie. Ich hielt meine Eindrücke für originell. Ich füllte Notizbücher und viele Seiten Luftpostpapier mit meinen banalen Betrachtungen. Hätte ich damals gewußt, was ich heute weiß – daß ähnliche Betrachtungen von ähnlichen jungen Betrachtern bereits seit tausend Jahren angestellt werden –, hätte ich mich dann kleiner gefühlt? Gott sei Dank wußte ich es nicht. Ich hatte das Gefühl, ich sei etwas ganz Besonderes, eine Erwählte. Italien hat die Macht, dieses Gefühl des Auserwähltseins zu vermitteln.

Vor ein paar Jahren war ich noch einmal in Bellosguardo und wohnte wieder in derselben Villa (heute ein hübsches kleines Hotel, das dem charmanten und hochgebildeten Amerigo Franchetti gehört), diesmal mit meiner Tochter Molly, die gerade im absolut uncharmantesten Alter von Teenager-Töchtern war – zwischen dreizehn und vierzehn. Weil sie wußte, daß ich diesen Teil Italiens heiß und innig liebe und wunderbare Erinnerungen damit verbinde, maulte sie auf der ganzen Strecke von Arezzo bis Florenz, maulte, während wir durch wunderschöne Hügelstädte fuhren, maulte an Tankstellen und in phantastischen Autobahnraststätten, maulte, während wir uns durch einen Stau fädelten, der von einer Prozession zu Ehren von Nostra Signora dell' Autostrada verursacht wurde. Sie haßte Florenz, haßte unser Zimmer in Bellosguardo, haßte den Swimmingpool, das Restaurant und natürlich ihre Mutter – solange, bis ich die Eingebung hatte, eine Flasche eiskaltes San Pellegrino über ihrem Kopf auszuleeren. Woraufhin sie sich in meine Arme warf und rief: »Mommy, ich liebe dich!«

Ob dies auch mit dem verhängnisvollen Charme Italiens zusammenhängt?
Aus solchen Reisen habe ich etwas gelernt. Das Geheimnis, in Italien glücklich zu sein, besteht für mich darin, das Leben *all'italiana* zu leben. Das heißt, ich unternehme nicht mehr den geringsten Versuch als Tourist herumzureisen, sondern bleibe still an einem Ort und lebe nach der eminent vernünftigen italienischen Regel: morgens und abends spazierengehen, mittags ruhen.

In den letzten Jahren habe ich mich auf zwei spezielle Landschaften Italiens konzentriert: die Toskana mit Lucca und das Veneto mit Venedig.
Ich entdeckte Lucca fast zufällig. Meine Freunde Ken und Barbara Follett hatten ein Gebäude namens Villa San Michele gemietet, direkt vor den Toren von Lucca, in einem Städtchen namens Vorno, und sie luden uns dorthin ein. Da der Follett-Clan sich in den Sommerferien nirgendwohin begibt, wo nicht auch Platz für fünf erwachsene Töchter und Söhne, deren verschiedene Freunde und Partner sowie Vettern, Kusinen, Geschwister und Barbaras Genossen aus der Labour Party ist, müssen sie riesige Anwesen mieten. Molly und ich schlossen uns diesem glücklichen Rudel an; später machte sich auch mein Mann von New York los und stieß zu uns.
Lucca liegt an der Autobahn westlich von Florenz, hinter dem Kurort Montecatini und nicht weit von Pisa und Livorno. Als erstes erblickt man Lucca von einer Ringstraße aus, die um eine von Mauern und Bastionen eingefaßte toskanische Altstadt herumführt; Radfahrer kurven auf den breiten Wällen herum, und die Autos parken außerhalb der eindrucksvollen Mauern des *Centro Storico*. Es gibt ein wunderbares Restaurant auf der Stadtmauer (Antico Caffé delle Mura), ein ehemaliges römisches Amphitheater, das im Mittelalter in ein bienenwabenartiges Wohngebilde verwan-

delt wurde, mittelalterliche Gassen, einen prächtigen Dom. Rund um Lucca kann man sich in einer Vielzahl von kleinen Landstädtchen einmieten, was dann die Stadt zu einem Ausflugsziel statt zu einem bloßen Zwischenstopp macht.
Die Villa San Michele in Vorno betritt man durch schmale steinerne Tore, die an Weinberge grenzen, hinter denen malerische Berge aufragen. Es ist eine weit verzweigte Villa aus dem 15. Jahrhundert, eine wiederhergestellte Ruine, mit großartigen Ausblicken und einem riesigen Swimmingpool. Ringsherum erheben sich kleine, mit Rebstöcken bedeckte Hügel.
Was taten wir dort? Meisten *far niente*. Das Schöne an Ferien in Italien ist das *far niente*. Die Teenies schliefen jeden Tag mindestens bis mittags. Die Erwachsenen – falls wir uns so bezeichnen durften – schrieben, faxten und telefonierten morgens und faulenzten nach dem Mittagessen am Pool. Falls wir uns nach Lucca aufmachten, um auf den Wallanlagen zu radeln oder einzukaufen oder Kunstschätze zu besichtigen, geschah dies nie vor halb vier, vier. Ich erinnere mich an einen Lunch, der erst nachmittags um sechs endete – Neil Kinnock spielte Folksongs aus den sechziger Jahren auf seiner Gitarre, und die ganze Truppe sang dazu. Ich erinnere mich an leidenschaftliche politische Diskussionen, während wir alle oben ohne um den Pool saßen. Am Pool, den linierten gelben Schreibblock auf den Knien balancierend, beendete ich auch ein Kapitel von »Keine Angst vor Fünfzig« mit dem Titel »Venezianerin werden«. Ich erinnere mich an eine Bootsfahrt die Küste hinauf, um im Golfo dei Poeti zu schnorcheln und zu schwimmen. Wir legten in Portovenere an, und mittags aßen wir mit Blick auf die weißen Steinbrüche von Carrara (wo Michelangelo seinen Marmor schlagen ließ). Das Schöne an Italien ist oft, daß man ganz gewöhnliche Dinge in einer außergewöhnlicher Umgebung tut.
Da Lucca ursprünglich eine römische Kolonie war (gegrün-

det 180 v. Chr.), aus der dann eine mittelalterliche und schließlich eine Renaissancestadt wurde, weist sie dieselbe historische Schichtung wie Rom oder Verona auf. Die Arkaden des früheren Amphitheaters sind schon vor Urzeiten mit Häusern ausgefüllt worden, doch die ehemalige Hauptbühne ist bis heute als ovale Piazza erhalten.

Lucca erreichte seine Blüte als Handelsstadt im 11., 12. und 13. Jahrhundert. Zwischen dem 14. und 18. Jahrhundert war es ein freier Stadtstaat wie Venedig, bis schließlich beide von Napoleon erobert wurden.

Keiner verläßt Lucca, ohne den weißen Marmor-Sarkophag der schönen Ilaria del Carretto im Dom zu bewundern, den Jacopo della Quercia 1406 schuf. Ilaria war die junge Gattin von Paolo Guinigi, einem der Herren von Lucca im 15. Jahrhundert. Ich weiß nicht mehr, woran sie gestorben ist. Bestimmt habe ich ihre Geschichte absichtlich verdrängt, weil ich Geschichten über früh verstorbene junge Frauen hasse. Ich bevorzuge Gedenkstätten für Frauen, die ihre erste Liebe überlebten und noch viele andere hatten.

Napoleon Bonaparte gefiel Lucca so gut, daß er es in der Familie behalten wollte. Zuerst machte er seine Schwester Elisa zur Herzogin von Lucca, dann ernannte er sie zur Großherzogin der Toskana.

Lucca hat noch heute einen Hang zum Luxus. Das Essen ist selbst in kleinen Pizzerien exzellent. Die Stadt ist voll von eleganten Juweliergeschäften, deren Auslagen von antiken und modernen Kostbarkeiten strotzen. Es gibt wunderbare Schuhmacher, und einer von ihnen (Porselli) fertigt Ballettschuhe für die Tänzer der Mailänder Scala an. Ich bringe mir jedesmal Ballerinas in einem halben Dutzend Farben mit. In einer Stadt mit guten Schuhläden kann man eigentlich nichts verkehrt machen.

Uns gefielen die Ferien in Lucca so gut, daß wir im folgenden Sommer ein Haus in etwa zwanzig Minuten Entfernung von den Folletts mieteten, auf der anderen Seite der

Stadtmauer, in einem Ort namens San Macario al Monte. Molly brachte zwei Freundinnen mit. Ich lud meine beste Freundin Gerri Karetsky ein, das Haus mit uns zu teilen, und ihr Sohn Bob stieß auf dem Rückweg von den Makkabäer-Spielen in Israel dazu. Unser Haus war eher ein Bauernhaus als ein Palazzo, aber es war geräumig, hatte Unmengen von Schlafzimmern, einen tollen Pool und eine umwerfende Aussicht.

Ich habe festgestellt, daß Häuser mit umwerfender Aussicht oft umwerfend trickreiche Zufahrtsstraßen haben, und dieses bildete da keine Ausnahme. An manchen Stellen brach die Auffahrt so steil ab wie die Küstenstraße an der dalmatinischen Küste – nach dem Bombardement.

Nachdem wir den Aufstieg zu unserem Vorgebirge heil überstanden hatten, entdeckten wir ein komfortables, rustikales Haus, mit schönem Fernblick auf andere Anhöhen, einem Pool mit weinumrankter Pergola, silbrigen Olivenbäumen und dunklen Zypressen und fanden heraus, daß wir sowohl den Sonnenaufgang als auch den Sonnenuntergang sehen konnte. Von unserem Haus aus waren es nur zehn Minuten nach Lucca, fünfzehn Minuten zu den Folletts in der Villa San Michele in Vorno und eine halbe Stunde nach Pisa mit seinem Dom und dem berühmten schiefen Turm oder zu den nächsten Seebädern.

Zwischen Lucca und Pisa gibt es reizende Landgasthöfe, Gartenrestaurants, Restaurants auf Hügelterrassen, alles von hochherrschaftlich bis bescheiden. Das netteste Essen erlebten wir in einer Trattoria oben auf einem Berg, deren Küche bei unserer Ankunft schon geschlossen war, wo aber der liebenswürdige Patrone mit großartiger Geste verschiedene Käsesorten, Salami und Prosciutto für uns herbeiholte. Diese namenlose Trattoria hatte nicht den Bekanntheitsgrad der Vipore, Il Giglio, La Mora oder wie die Sterne-Restaurants rund um Lucca heißen. Wieder war es die Liebenswürdigkeit der Menschen, die das Ganze so einmalig machte.

Da Molly im Sternzeichen des Löwen geboren ist (am 19. August), feiert sie, seit sie fünf ist, fast jeden Geburtstag in Italien. Der Sommer, als sie fünfzehn wurde, war einer unserer schönsten. Wir feierten mit allen Folletts und ihren und unseren Gästen in der Villa La Principessa, einem wunderschönen Landhaushotel mit einem Wirtsgarten voller Kastanienbäume. An der u-förmigen Tafel nahmen die Teenager die Mitte in Beschlag, während die Erwachsenen an den beiden Enden das Sagen hatten. Darunter war auch Margaret Kiley, die zehn Jahre Mollys Nanny gewesen und inzwischen Rentnerin war und die wir für zwei Wochen zu uns nach Italien eingeladen hatten. Mit all den Jongs, Burrows, Karetskys und deren Freunden plus dem Follett-Clan mit seinem Anhang waren wir selten weniger als zwanzig Leute, wenn wir etwas unternahmen.

Glücklicherweise halten Italiener das für normal – sie sind selbst selten mit weniger als zwanzig Leuten unterwegs. Gruppen aus Verwandten und Bekannten, großen und kleinen Kindern werden in Italien nicht nur toleriert, sondern *simpatico* gefunden, und deshalb ist Italien das vielleicht sympathischste Land der Welt für einen Familienurlaub. Es gibt keinen Ort, wo Kinder ungern gesehen sind, und nur wenige Häuser, in denen man sie nicht als vollwertige Gäste behandelt.

In einer Villa auf einem fünf Minuten entfernten Hügel wurde exzellenter Wein aus der Gegend verkauft, und die einfachen Mahlzeiten, die wir zu Hause kochten, waren genauso unvergeßlich wie die in den Restaurants. Unter dem aufgehenden Mond draußen auf unserer Terrasse zu sitzen, *prosciutto e melone* und gegrillten Fisch von der nahen Küste zu essen, dazu den preiswerten Wein der Gegend zu trinken und dann mit den Kindern Scharaden zu spielen war besser als jeder Abend im Restaurant.

Worin besteht dieser unwiderstehliche Charme Italiens? Warum betrachten wir uns in diesem Land wie in einem

Spiegel, der Falten wegbügelt, Pfunde verschwinden läßt und unseren Augen ein verwegenes Glitzern verleiht? Warum bleibt Italien bis heute das Land der Saturnalien, dem Fest, bei dem alles erlaubt war? Ist die heidnische Vergangenheit noch lebendig und das Christentum nur ein leichter Firniß, der sie kaum überdeckt? An einem Sonntagmorgen in Italien aufzuwachen und das Krähen der Hähne und das Läuten der Glocken zu hören, gehört zum Schönsten, was das Leben zu bieten hat. Begleitet von dem allseitigen Gebimmel einen Spaziergang oder Dauerlauf zu machen, ist sogar noch schöner. Am Morgen ist es noch kühl, die Vögel streichen im Schrägflug von Hügel zu Hügel, und die Glocken erwecken den Eindruck (wie so vieles hier), sie seien für unser ganz persönliches Vergnügen erfunden und nicht nur, um die Kirchgänger zum Gottesdienst zu rufen.

Wenn Sie lange genug bleiben und sich vom Touristen zum Stammgast entwickeln, wird der Oberkellner Sie bald auch mit Maestro, Contessa, Dottore, vielleicht sogar mit Commendatore anreden. Für Italiener ist diese kleine Schmeichelei fast bedeutungslos, nur Amerikaner nehmen sie halbwegs ernst. Typischerweise finden wir diese schmeichelhaften Übertreibungen anfänglich unwiderstehlich, bis wir etwas später herausfinden, daß sie nur eine Art gesellschaftliches Gleitmittel sind, und prompt alle Italiener zu Schwindlern und Heuchlern erklären. Beide Reaktionen sind falsch. Wenn man den Italienern glaubt, kann der nackten Wahrheit eine kleine Verschönerung nur gut tun.

Seit meiner Studentenzeit war ich oft als Touristin in Venedig, aber ich hatte nie längere Zeit im Veneto gelebt, bis zu dem Zeitpunkt – meine Tochter war noch klein –, als ich mit der Recherche für meinen venezianischen Zeitreiseroman (der später unter dem Titel »Serenissima« veröffentlicht wurde) beschäftigt war. Es ist die Geschichte einer Schauspielerin, die nach Venedig fährt, um bei einer Verfilmung des »Kaufmanns von Venedig« mitzuwirken, dort eine

Reise in die Vergangenheit unternimmt und sich im venezianischen Ghetto des 16. Jahrhunderts in den jungen Will Shakespeare verliebt. Um diese Fabel auszuspinnen, vertiefte ich mich nicht nur in Literatur über Venedig und das Veneto, sondern ließ mich dort auch einige Zeit häuslich nieder. Es gehört zu meiner unmethodischen Methode, an dem betreffenden Ort zu leben, alles darüber zu lesen und die Ideen für mein Buch aus dem Zusammenspiel zwischen der Umgebung und meinem Unbewußten sich entwickeln zu lassen.

Schon seit der Zeit Palladios haben sich die Venezianer gern an den Rand der Dolomiten zurückgezogen und sich dort Sommerhäuser gebaut. Da ich ahnte, daß meine Romanhelden – der hinreißende junge Shakespeare und Jessica Pruitt, die ältere Schauspielerin – ihre *avventura* in den Palladio-Villen des Veneto beenden würden, erlegte ich mir die angenehme Pflicht auf, jede einzelne von ihnen, jedes Bergdorf und jede Kirche zu besichtigen, ob sie berühmt waren oder nicht. Da meine Jessica wie Shakespeares Figur Jüdin ist, vertiefte ich mich außerdem in die jüdische Vergangenheit Venedigs, die Geschichte des venezianischen Ghettos, und ging den Spuren jüdischen Lebens in Bassano, Ásolo, Montebelluna und Castelfranco nach.

Ich entdeckte, daß es eine Reihe von Städten gab, wie zum Beispiel Castelfranco, die im Mittelalter blühende jüdische Gemeinden besaßen; daß es selbst bei den toleranten Italienern Pogrome gegeben hatte, ausgelöst von vermeintlichen blutigen Verbrechen der Juden; daß man jüdische Bankiers mit offenen Armen aufnahm, wenn ihr finanzielles Geschick benötigt wurde, sie aber, genau wie anderswo, oft wieder hinauswarf, sobald sie zu erfolgreich waren. Ich verstand jetzt, warum jüdische Mütter im Mittelalter und zur Zeit der Renaissance davon träumten, ihren Sohn Arzt in Venedig werden zu lassen. Als Ärzte brauchten sie dort nämlich weder den diskriminierenden gelben Judenhut zu tragen noch sich an das nächtliche Ausgehverbot im Ghetto zu halten. Viele Dogen Venedigs hatten jüdische Leibärzte. Für einen Juden bedeutete der Arztberuf eine beispiellose Freiheit.

Der geflügelte Löwe des heiligen Markus, der die meisten öffentlichen Gebäude ziert, erinnert uns daran, daß der größte Teil der Bergstädte des Veneto von La Serenissima, der tausendjährigen Republik Venedig, abhängig waren. Seit dem 16. Jahrhundert bauten adlige venezianische Familien sich Landhäuser am Fuße der Dolomiten, um der Sommerhitze zu entkommen, sich als Gutsherrn zu betätigen, Weinberge auf den steilen Hängen anzulegen und aus Venedig zu flüchten, wenn die Politik oder die Wirtschaft einen eleganten Abgang nötig machten. Venezianische Adelsfamilien pflegten mitsamt Dienerschaft, Gefolgsmännern, Tieren und umfänglicher Garderobe für das elegante Hofleben, das sie aufs Land verlegten, von Venedig mit flachen Flußbooten die Brenta hinaufzufahren. Wie so viele zivilisierte Vergnügungen wurde auch die Reise aufs Land in Italien zum Kunstwerk verfeinert und perfektioniert.

Unser Stützpunkt in den Hügeln des Veneto war bei dieser Gelegenheit (und bei vielen folgenden) das Bauernhaus eines befreundeten Malers, das an einem abschüssigen Berghang oberhalb von Ásolo klebt. Man erreicht es auf einem beängstigend unbefestigten Weg, dessen steil abfallende Ränder einen daran erinnern, nach dem Essen (in einem der zauberhaften Cafés am größten Platz von Ásolo) nicht mehr zu trinken, falls man heil nach Hause kommen möchte. Während der nassen Jahreszeit kann die Straße ausgewaschen sein, doch im Sommer bleibt sie normalerweise fest. Das Haus ist einfach eingerichtet, überall hängen Bilder, und die Aussicht ist atemberaubend. Es ist fast unmöglich zu finden. Kurz, es eignet sich perfekt zum Schreiben. Wie an vielen italienischen Orten findet das Leben bei gutem Wetter im Freien statt, beim Abendessen geht der

Blick auf winzige, funkelnde Bergdörfer, die auf den benachbarten Bergrücken balancieren.

Vom Haus meines Freundes braucht man eine gute Viertelstunde bis zur Villa Barbaro in Maser mit ihren Veronese-Fresken in Trompe-l'œil-Manier und den extravaganten Springbrunnen. Es liegt auch relativ nahe bei der Brenta und dem Brenta-Kanal, wo sich die Villa Foscari (in Malcontenta di Mira) befindet. Auch Vicenza, Bassano del Grappa und die Schuhfabriken des Veneto (wo ein Großteil der schönsten Designer-Schuhe der Welt angefertigt wird) sind nicht weit.

Ken und ich verbrachten einen herrlichen Tag in Marostica mit seiner schachbrettartigen Piazza und dem Castel Superiore (der Burg, die auf einem Berg über der Stadt liegt). Wir entdeckten wunderbare Olivenöle mit Trüffeln in den dortigen Trattorien und Beutel mit getrockneten Pilzen aus den Wäldern der Umgebung. Mein neues Lieblingsrestaurant unter den vielen guten, die in den Hügeln von Àsolo liegen, ist »Al Ringraziamento« in Cavaso del Tomba. Obwohl es einen Michelin-Stern hat, ist es äußerst schlicht – weiße Tischdecken, lokale Weine, ein Kamin. Das Schönste an Ferien in den Hügeln Àsolos ist es, *all'italiana* zu leben. Es gibt sogar ein Wort dafür in *la bella lingua* – nämlich *asolare,* die Kunst, nach Ásolo-Art zu faulenzen.

Zu einem vollkommenen Aufenthalt im Veneto gehören Ásolo und Venedig wie die zwei Seiten einer Medaille. Wenn ich mich im Geist nach Venedig zurückversetzen will, stelle ich mir vor, ich läge auf dem Bett in dem Zimmer in Dorsoduro, wo ich »Serenissima« schrieb, und blickte zur schimmernden Decke hinauf, auf der Reflexionen der plätschernden Wellen eine Lightshow veranstalten. Ein Lachen schallt über den Kanal. Gesprächsfetzen treiben unter meinem geöffneten Fenster vorbei. Hunde bellen. Glocken läuten. Nur das gelegentliche Eintauchen eines Ruders oder das wilde Heulen eines Außenbordmotors durchbricht die Stille. Venedig bleibt ein Ort, wo eine einzelne Stimme noch gehört wird.

Mit neunzehn Jahren, bei meinem ersten Aufenthalt in Venedig, wohnte ich in der Jugendherberge (*ostello di gioventù*) auf der Insel Giudecca, nicht weit von der Palladio-Kirche Il Redentore. Seit damals habe ich Hotels aller Klassen bewohnt – von bescheidenen Pensionen bis zu Luxuspalästen wie dem Gritti und Cipriani. Aber die venezianischste Art, in Venedig zu wohnen, ist, ein altes Haus in Dorsoduro oder einen zerfallenden Palazzo aus dem 15. Jahrhundert (mit einem Hof voller blühender, uralter Rosenstöcke) auf der Giudecca zu mieten. Die Entfernung zu den touristischen Trampelpfaden muß weit genug sein, damit der vom Wasser bestimmte Rhythmus der Stadt in unser Bewußtsein strömen kann.

Dann herrscht Stille, die überirdische Stille eines der letzten Orte dieser Erde, wo keine Autos fahren.

Ich möchte Ihnen empfehlen, sich bei Ihrem Venedigbesuch zu verlieben und durch die schmalen *calli*, über die *campi* und unter den *sottoportegi* hindurch den Spuren Ihrer verbotenen Liebe zu folgen (vielleicht auch vor ihr zu flüchten?). Falls Ihnen kein Liebhaber in die Falle gehen sollte – Venedig wird bestimmt für einen sorgen, und sei es, daß sie sich in die Stadt selbst verlieben.

Venezianische Liebesverwicklungen, wie die Liebe Aschenbachs zu Tadzio, finden in idealen Gefilden statt, doch wenn die Wirklichkeit heraufdämmert, erweisen sie sich selten als dauerhaft. Vielleicht liegt darin das ganze Geheimnis. Venedig nimmt die Gestalt eines ersehnten Liebhabers an, um uns etwas über Zeit, Schönheit und Unbeständigkeit zu sagen. Wenn eine tausendjährige Republik enden kann, so lehrt uns Venedig, dann ist selbst die größte Liebe nur etwas Vorübergehendes. Venedig ist unsere irdische Entsprechung für den unausgesetzten Wandel allen Seins. Ihre bewegendsten Heiligtümer – der alte jüdische Friedhof auf dem Lido,

die Toteninsel San Michele, das Ghetto in Cannaregio, Il Redentore und Santa Maria della Salute (beide nach dem Abklingen einer Seuche erbaut), sind gleichermaßen Schreine des Thanatos wie des Eros.
Venedig ist der Ort, wo diese beiden Mächte sich vermählen.
Manchmal meine ich, daß ich vor allem nach Venedig zurückkehre, um zu träumen. Meine venezianischen Träume sind stets inhaltsschwer und merkwürdig. Das Wasser bringt sie hervor, während ich einschlafe, auf der Stadt dahintreibend wie auf einem Schiff. Immer wieder kommen darin weitläufige Palazzi vor, in denen Prinzessinnen tanzen, bis ihre Sohlen durchlöchert sind. Alle Menschen, die in meinem Leben eine Rolle spielten, mengen sich unter sie, und alles gleitet durch denselben Ballsaal der Träume. Wenn ich aufwache, bebt die Luft vom Dröhnen der Glocken und duftet nach frischem Kaffee.

Kapitel 19

Venedig im besonderen

Ich glaube, Hazlitt hat gesagt, das einzige, was diese Stadt des Wassers übertreffen könne, sei eine in die Luft gebaute.
Joseph Brodsky

Diese Stadt gleicht keiner anderen. Du kommst aus Tokio, New York, Paris, Delhi, Rio oder Rom, und kaum hast du das auf festen Boden angewiesene Fahrzeug verlassen, das dich hergebracht hat – Bahn, Flugzeug oder Auto –, bemerkst du, daß dein Gleichgewicht mit dem ersten Schritt auf der schimmernden, flüssigen Oberfläche ein bißchen ins Schwanken gerät. Denn dies ist die Lagunenstadt (oder eigentlich sind es zwei Städte: eine – die obere –, die ganz fest erscheint; die andere, untere, die sich im Wasser spiegelt), und dieses leichte Schwingen sagt dir schon alles über ihr Wesen. Dies ist die Spiegelstadt, eine Stadt der Fata Morganas, zugleich fest und fließend, gleichermaßen aus Luft wie aus Stein gebaut. Auf ihren Mauern hat sich Geschichte in dicken Schichten abgelagert, und in den Katzen, die durch die engen Gassen flitzen, überleben sicherlich die Geister von verstorbenen Berühmtheiten. Immerhin sind hier viele namhafte Künstler gestorben: Wagner, Browning, Diaghilew – wobei manche, wie zum Beispiel Dante, auch nur Krankheiten erlagen, die sie sich hier bei ihrem letzten Besuch zugezogen hatten. Dank dieser illustren Todesfälle besitzt die Stadt eine gewisse unheimliche Patina und einen leicht makabren Ruf – ähnlich wie New Orleans, nur noch ausgeprägter. Vielleicht ist es aber auch nur die Anmutung des Ortes, der wirkt, als habe die Zeit stillgestanden, und die Tatsache, daß vieles noch immer so aussieht wie auf den Gemälden von Carpaccio oder Bellini (bis auf die Fernsehantennen natürlich). Es weckt die Empfindung, man bräuchte nur um die nächste Ecke zu biegen und würde direkt in die Vergangenheit spazieren.

Zum ersten Mal kam ich nach Venedig während meines Semesters in Florenz, wo ich *la bella lingua* studierte. Ich reiste allein an, mit der Eisenbahn zweiter Klasse, einen kleinen Spiralnotizblock in der einen und einen Kugelschreiber in der anderen Hand, denn ich wußte schon, daß Venedig zum Teil nur deshalb existiert, damit englischsprachige Schriftsteller darüber schreiben können. Shakespeare, Byron, Browning, Ruskin, Henry James, alle waren seinem Zauber erlegen.

Ich ging die Treppenstufen vom Bahnhof hinunter, und beim Anblick des Wassers, das wie ein glänzendes Band vor mir lag, ergriff mich augenblicklich eine Hochstimmung. (Erst später sollten mir die vorbeitreibenden toten Katzen und ungeklärten Abwässereinleitungen, die Schaumteppiche der Waschmittel und die Plastikflaschen auffallen.) Ich war von der Idee und der Wirklichkeit Venedigs wie berauscht, und diese Verzückung hat mich nie wieder ganz verlassen – obwohl ich La Serenissima inzwischen viel zu gut kenne, um einzig von ihren schönen Seiten schwärmen zu können. Trotzdem habe ich bei meinen vielen späteren Besuchen diesen ersten Rausch des Entzückens jedesmal wieder erlebt, dieses Aha! des Wiedererkennens, das teilweise aus dem Körper kommt, teilweise literarisch vermittelt ist.

Ich weiß noch, wie ich bei diesem ersten Besuch in Venedig auf der Piazetta saß, Byron las und staunte, daß ich nur einen Steinwurf von der Stelle entfernt war, die ihn zu folgenden Versen inspiriert hatte:

Als auf Venedigs Seufzerbrück' ich stand,
Rechts mir Palastes, links mir Kerkers Wände,
Sah ich, wie aus der Flut die Stadt sich wand,
Als schufen sie gewalt'gen Zaubers Hände;
Rings um mich her die dunkelhelle Blende
Der Vorzeit, die gesunk'ner Ruhm verlacht,
Wo manches Volk an seines Glückes Ende
Aufschaute zu des Flügellöwen Macht,
Als noch Venedig thront' in seiner Inselpracht.

Und dann passierte etwas, das für Venedig ganz typisch ist. Ein junger Mann, vielleicht angezogen von meinem träumerischen Gesichtsausdruck, dem Gedichtband, in dem ich las, meinem Notizblock oder von der Sinnlichkeit der alten Gemäuer, näherte sich mir, einen Strauß Veilchen in der Hand.

Auch er war Tourist, ein chinesischer Arzt aus Australien, und dazu schüchtern – keiner von denen, die amerikanische Collegestudentinnen mittels Veilchensträußen umgarnen wollen. Im Laufe des Tages, an dem wir zusammen Paläste und Kunstwerke besichtigten, wurde mir klar, daß nur Venedig ihn von seiner Schüchternheit hatte befreien können. So wirkt diese Stadt auf den Menschen. Sie setzt seine Sehnsüchte frei und läßt das Unerwartete eintreffen.

Es ist schon einige Jahre her, da saß ich mit Freunden an einem Sommerabend in einem kleinen Restaurant im Freien, an einem Kanal in Dorsoduro. Ein Bekannter kam in seinem Boot vorbei, einem in leuchtenden Farben gestrichenen Fischerboot aus Torcello, machte fest, um mit uns Kaffee zu trinken und lud uns dann zu einer mitternächtlichen Fahrt durch die Kanäle ein. In unserer Gesellschaft befand sich auch ein Geiger vom Fenice-Theater; er holte seine Geige hervor, setzte sich im Schneidersitz auf den Bug des Bootes und spielte Mozart für uns. Während wir durch ein Gewirr kleiner Kanäle ruderten, wobei die Ruder klatschend in das tintenblaue Wasser eintauchten und die Musik die Luft erfüllte, öffneten immer wieder Venezianer ihre Fenster oder traten auf ihre Balkons hinaus, um Bravo zu rufen.

Das märchenhafte Venedig der Vergangenheit wahrzunehmen, kann an einem dunstigen Hochsommertag schwer fallen, wenn diese Stadt von 338.000 Einwohnern auf das Doppelte anschwillt und die Touristen auf dem Markusplatz herumwuseln, pflichtgemäß die struppigen Tauben füttern, sich von Taschendieben bestehlen lassen und asthmatischen Musikkapellen zuhören, die – aus unerklärlichen Gründen – ausgerechnet »New York, New York« spielen. Aber wer im November oder Dezember, im Februar oder März zurückkehrt, wenn sich *la nebbia*, der Nebel, wie ein ungeheures Ungetüm über die Stadt ausbreitet, der wird ohne weiteres glauben, daß in dieser labyrinthischen Stadt Dinge einfach auftauchen und wieder verschwinden können oder daß hier das Räderwerk der Zeit ganz plötzlich fehlgreift und dich, ob du willst oder nicht, in die Vergangenheit zurückversetzt.

Die meisten Sommertouristen absolvieren eine feststehende 48-Stunden-Pilgerroute, die sie vom Bahnhof zur Piazza San Marco führt. Dort schwärmen sie kurz zwischen den beiden Säulen hin und her (ohne zu ahnen, daß an dieser Stelle die Verbrecher gehängt wurden, und es nach Meinung der Venezianer Unglück bringt, zwischen ihnen hindurchzugehen), werfen sodann über die Köpfe von Tausenden von Gleichgestimmten hinweg einen Blick auf die St. Markus-Basilika und den Dogenpalast, unternehmen danach eine Gondelfahrt, für die sie fast einen Dollar pro Minute bezahlen und haben dabei das zweifelhafte Vergnügen, die allgegenwärtigen japanischen Touristen in Sechserreihen den Canal Grande hinunterrudern zu sehen, während dazu Melodien aus Neapel erklingen (»Come back to Sorrento« wird aus demselben Grund gespielt wie »New York, New York«, nehme ich an).

Ich habe einen Freund in Venedig, dessen Familie in den letzten tausend Jahren immer wieder historisch in Erscheinung getreten ist und dessen Palazzo auf eine der Haupt-Serenaden-Routen der Gondeln hinunterblickt. Im letzten Sommer mietete eine muntere amerikanische Familie mit vier Söhnen das *piano nobile* dieses Palazzos; es war das größte Vergnügen der kleineren Jungen (und meiner Tochter), nach Gondeln Ausschau zu halten und von oben etwas auf sie fallenzulassen, wenn sie vorbeifuhren – zwar keine Eimer mit Wasser (wie es manchmal in Venedig passiert), sondern irgendwelchen Tand, Bonbons, Papierflieger. Solche Spendierfreude öffnet einem die Augen für ein anderes, verstecktes Venedig: das der Touristen mit ihrer uralten Hackordnung.
Da gibt es die Yachten, die ein oder zwei Wochen festmachen, geheimnisvolle, ausländische Milliardäre ausspucken und alle Klatschmäuler Venedigs zum Tuscheln bringen: wer zu welchen Cocktailpartys oder Dinners eingeladen wurde, wer mit nach Jugoslawien oder Griechenland fahren darf. Dann sind da die Filmstars, die das Hotel Cipriani aufsuchen, zu Sekt und Sex, oder um von beidem auszuruhen. Und es gibt die wohlhabenden Amerikaner, die sich vom Pool des Cipriani zu Harry's Bar und wieder zurück schleppen und unterwegs Goldschmuck zu horrenden Preisen kaufen.
Wer einen Palazzo am Canal Grande mietet, sieht auf jene herab, die eine Woche im Cipriani oder Gritti wohnen, und diese wiederum auf jene, die vom Bahnhof kommen, zwei Tage in einer Absteige in der Nähe des Markusplatz wohnen und wieder abreisen, überzeugt, Venedig gesehen zu haben und der Ansicht, es sei wahnsinnig überteuert, gefährlich und voll von Touristen und Taschendieben.
Selbstverständlich kann all dies zu jeder Jahreszeit auf Venedig zutreffen, aber es stimmt auch, daß es Teile Venedigs gibt – die Giudecca, Dorsoduro –, wo man im Hochsommer

wohnen kann und kaum einen anderen Amerikaner trifft, und daß viele von Venedigs treuesten Stammgästen während der Touristensaison nie auch nur in die Nähe des Markusplatzes gehen, und falls sie es versehentlich doch dorthin verschlägt, nicht einmal im Traum dort ein *gelato* kaufen würden. Nicht nur, weil ein *gelato* auf dem Markusplatz viermal soviel kostet wie ein Eis in einem echten venezianischen Viertel, sondern weil dort auch kein Platz ist, um es beim Herumschlendern in Ruhe zu verspeisen.
Venedig hat schon immer Künstler aus fremden Ländern angezogen. Manche, wie zum Beispiel Turner, fanden in ihm ihr ureigenes Thema; andere, wie Corot, räumten ein, daß Venedig über ihre Kräfte ginge. Venedig übt immer noch eine starke Anziehungskraft auf Künstler aus. Arbit Blatas, der litauische Maler, war 1934 zum ersten Mal in Venedig, als die Schwarzhemden über die Riva degli Schiavoni marschierten; heute lebt und arbeitet er auf der Giudecca (einer der größten Inseln Venedigs), zusammen mit seiner Frau Regina Resnik, der früheren Opernsängerin.

Arbit Blatas erklärt, daß Venedig ihn als Maler anspricht, weil seine Oberfläche »sich ständig verwandelt. Wenn man Venedig malt, geht man fast wie ein Restaurator vor, der eine Schicht nach der anderen abträgt und darunter immer neue Bilder findet. Venedig ist unerschöpflich, weil die ständig wechselnde Beleuchtung und die dahintreibenden Nebelschwaden das Gesicht der Stadt unablässig verändern. Im Winter ist Venedig wie ein verlassenes Theater. Das Stück ist aus, doch die Echos klingen noch nach. Wenn man im Winternebel spazieren geht, scheint es keine Trennung zwischen Wasser und Ufersaum zu geben. Du meinst, du kannst durch alles hindurchgehen: die Wände, den Himmel, die Zeit.«
Regina Resnik erinnerte mich daran, daß »die Giudecchini sagen: Die Venezianer können bloß die Giudecca sehen,

während die Einwohner der Giudecca stets Venedig vor Augen haben.« Es stimmt. Aus ihrem Küchenfenster sieht La Resnik die Dogana, den Dogenpalast und den Campanile auf dem Markusplatz. »Manchmal ist der Nebel so dicht, daß draußen nichts zu erkennen ist«, sagte sie. »Aber sobald er sich hebt, ist die Serenissima wieder da. Sie ist der Anker meines Lebens.«

Als die Österreicher 1864 die Eisenbahnbrücke bauten, die das Festland mit Venedig verbindet, war das Inseldasein der Stadt beendet. Aber sie ist immer noch fast so schwer zu erreichen wie eine Insel. (Venedig, auf hundertundachtzehn kleinen Inseln erbaut, wird kreuz und quer von etwa hundertfünfzig Kanälen durchzogen und von etwa vierhundert Brücken überwölbt.) Selbst der vornehmste Venezianer mit dem großartigsten familieneigenen Palazzo muß sein Gepäck persönlich vom Bahnhof zum Vaporetto tragen oder durch das Gewimmel von kleinen Straßen, das den großen Parkplatz an der Piazzale Roma umgibt, und sich seinen Weg zu Fuß durch das Labyrinth Venedigs bahnen, um sein Zuhause zu erreichen. Selbstverständlich gibt es *motoscafi*, Wassertaxis, doch sind sie wahnsinnig teuer und die Fahrer oft mißmutig, wenn sie ihre Passagiere bei Niedrigwasser in kleinere Kanäle bringen sollen. Es ist schon so, wie es eine Freundin von mir ausdrückte: »Venedig scheint Gefallen daran zu finden, uns alle zu demütigen. Es macht aus uns lahme Pilger, die kräftige Beinen und bequeme Schuhe brauchen.« Wenn Sie Glück haben und ein Bekannter holt Sie mit einem Motorboot ab, rauschen Sie mit Glanz und Gloria nach Venedig hinein und kommen sich vor wie der heimgekehrte Marco Polo. Ansonsten geht jeder zu Fuß.

Wonach habe ich bei all meinen Reisen nach Venedig gesucht? Anfangs dachte ich, es sei die venezianische Kunst – Malerei, Skulptur, Architektur, Musik –, die es dort in glorreicher Hülle und Fülle gibt. Selbstverständlich liebte ich Palladio, Longhi, Vivaldi, Albinoni, Bellini, Carpaccio,

Veronese, Tintoretto, doch als Schriftstellerin fühlte ich mich auch von dem sanften Lebensstil angezogen, den der schöpferische Prozeß verlangt, ein Stil, der in Venedig sehr viel leichter zu verwirklichen ist als in einer Stadt wie New York.

Ich fing an, den Sommer in Venedig zu verbringen, mit meiner Familie, in gemieteten Apartments oder Häusern, und ich lernte das gemächliche Zeitmaß dieser Tage lieben, die Art, wie eine Tätigkeit in die nächste übergeht, die Stille, das Leuchten des Lichts, drinnen in den Häusern wie draußen. Venedig ist vielleicht die einzige Stadt der Welt, wo das Wasser im nahen Kanal als ein Schimmern an der Zimmerdecke sichtbar wird. Das Phänomen ist so typisch für Venedig, daß es dafür sogar eine Redewendung im venezianischen Dialekt gibt: *fa la vecia*, was wörtlich übersetzt bedeutet »wie die Greisin machen« oder »die Augen zusammenkneifen«. Wenn Ihr Schlafzimmer auf einen Kanal hinausgeht, bemerken Sie gleich beim Aufwachen dieses köstliche Schimmern an der Decke, vorausgesetzt natürlich, Sie sind so sehr Amerikaner, daß Sie bei geöffneten Fensterläden schlafen. Außerdem nehmen Sie das heitere Geräusch der Wellen wahr, die gegen die Mauern plätschern, und das Geläut der Glocken von den vielen Türmen der Stadt. Selbst die Geräusche von Venedig tun den Ohren wohl – im Vergleich zu den Geräuschen von, sagen wir mal, New York.

Aber in Florenz gibt es ebenfalls Glocken, wenn auch keine plätschernden Wellen, und Rom hat die großartigeren Brunnen. Und nicht jedes Schlafzimmer in Venedig liegt an einem Kanal. Was also ist das Besondere an Venedig? Ich denke, es hat letztendlich damit zu tun, daß Wasser Venedig ringsum wie ein Festungsgraben umgibt. Venedig ist eine Stadt außerhalb der Zeit. Nicht nur sieht es an vielen Stellen noch genauso aus wie vor vier- oder fünfhundert Jahren, sondern auch die Geister vergangener Jahrzehnte und Jahrhunderte scheinen noch in den alten Steinen gefangen zu sein, eingeschlossen von dem Wasser, das die Stadt umgibt. Anscheinend werden bestimmte empfängliche Seelen von Venedig mit einem Zauberbann belegt, und sie kehren immer wieder dorthin zurück, bis sie ihn irgendwie lösen oder sich ihm ergeben. »Ich möchte in Venedig sterben«, bemerkte einmal eine schöne Brasilianerin bei einer Gartenparty zu mir, »und deshalb steht für mich fest, daß ich in Venedig leben will.«

In Venedig zu sterben mag romantisch erscheinen, doch, ach, die Stätte der letzten Ruhe kann schockierend wenig ewig sein. Während die Juden friedlich auf dem Antico Cimitero Israelitico draußen auf dem Lido liegen, in heiliger Erde, die ihnen die Republik Venedig 1386 geschenkt hatte, haben die Christen, die auf der Insel San Michele begraben sind, nur einen Pachtvertrag für zwölf Jahre; danach werden ihre Gebeine ausgegraben und an einen Ort geworfen, von dem die Venezianer mit ominösem Unterton als der »Knocheninsel« sprechen. Nur die berühmten unter den Toten sind von diesem Schicksal ausgenommen. Ezra Pound, Diaghilew, Strawinsky werden nicht ausgelagert, solange ihr Ruhm noch anhält. Das ist eine weitere venezianische Ironie. Der Ruhm ist nicht nur vor, sondern auch nach dem Tod von Bedeutung. So hat Venedig in mancher Hinsicht Ähnlichkeit mit Hollywood. Selbst als Toter sind Sie nur so gut wie Ihre letzten Kritiken.

Nach vielen Venedigaufenthalten begann mir ein Roman aus den Steinen zuzuwachsen. Es begann, wie bei meinem historischen Roman »Fanny«, mit einem Einfühlen in den Schauplatz. So wie Fanny eine Art Huldigung an die Literatur des 18. Jahrhunderts und die englische Landschaft war, so entsprang mein venezianischer Roman meiner Liebe zu Venedig und der Ahnung, daß seine Mauern eine Geschichte für mich bereithielten.

Die Geschichte nahm nach und nach Gestalt an, wie ein Mosaik. Das Gesamtbild war mir anfänglich noch nicht klar. Doch ich kam Jahr für Jahr wieder und füllte dort nur zu meinem eigenen Vergnügen venezianische Notizbücher mit marmorierten Buchdeckeln, und schließlich entdeckte ich die Hauptfigur, eine Shakespeare-Schauspielerin, die nach Venedig gekommen war, um bei einer Verfilmung des »Kaufmanns von Venedig« mitzuwirken. Diese findet sich in Folge einer Reihe von seltsamen Ereignissen und Zufällen auf einmal in der Vergangenheit wieder (wo sie ein galantes Abenteuer im 16. Jahrhundert zu bestehen hat, bevor sie in ihre eigene Zeit zurückkehren kann). Während ich meinen Roman in Venedig und Umgebung niederschrieb und jedes Buch über die Stadt las, das ich in die Finger bekam, hatte ich das Gefühl, von Venedig als eine Art Sekretärin benutzt zu werden, wie bereits viele Autoren vor mir und noch viele, die nach mir kommen werden.

Da die Venezianer die Liebe zu ihrer Stadt liebend gern mit anderen teilen, waren meine venezianischen Freunde von dankenswerter Hilfsbereitschaft bei meinen Recherchen. Marino Zorzi, der Direktor der Marciana-Bibliothek, ließ mich Einblick nehmen in die vielen Bände der handgeschriebenen Tagebücher von Marin Sanudo, dem größten Seefahrer Venedigs zur Zeit der Renaissance. Graf Girolamo Marcello führte mich in das Staatsarchiv der Serenissima ein, das sich seit dem Untergang der Republik Venedig im Jahr 1797 in einer Bibliothek in seinem Palazzo befindet und dort verstaubt, während es auf ihre Wiederauferstehung wartet (und das wäre dann der Augenblick, in dem die Marcellos es wieder dem Staat zurückgeben müßten). Zu guter Letzt wurde ich von Maurizio Crovato, einem Experten für venezianische Schiffe, auf einen Rundgang durch das Arsenale mitgenommen. Bevor ich eintreten durfte, mußte ich einen Sicherheits-Check durchstehen, der für das Weltraumzentrum der NASA passender gewesen wäre als in einem Arsenal, das bereits seit Jahrhunderten so etwas wie

ein Museum ist. Wenn Venedig auch nicht mehr der Schrecken der Meere ist, so verzichtet es auf sein Image als große imperialistische Macht doch nur zögernd, wenn überhaupt.
An einem bitterkalten Nachmittag vor einem Jahr wanderte ich durch das Arsenale und versuchte mir vorzustellen, wie es zu seinen besten Zeiten ausgesehen haben mag, als sich eine Galeere innerhalb eines Tages samt Mannschaft und Proviant ausrüsten ließ. Solch ein Vor- und Zurückreisen in der Zeit fällt in Venedig irgendwie leichter als in anderen Städten. Jedenfalls ist dies einer der Gründe, warum Schriftsteller so gern in Venedig arbeiten, ob sie nun über die Stadt schreiben oder nicht.
Manche Autoren reisen nämlich nach Venedig, um in ihre eigene Vergangenheit einzutauchen. »Wir kommen seit über zwanzig Jahren nach Venedig«, erzählte mir einmal der inzwischen verstorbene Leo Lerman, »und in den letzten Jahren habe ich hier an einem dicken Erinnerungsbuch gearbeitet.« Dann sagte er, als zitiere er aus dem unvollendeten Buch: »Venedig, das so fern von dem Manhattan meiner lang vergangenen Kindheit zu sein scheint, steht dieser Kindheit näher als das Manhattan, in dem ich heute lebe. Ich höre die Inselgeräusche, ich rieche das Meer und die salzige Luft, und schon fühle ich mich in die weit zurückliegende Vergangenheit versetzt. Ich sehe den Himmel meiner frühen Jugend über mir. Ich bin aufgewühlt. Und dann gibt es in Venedig noch die feste, komplizierte, an Proust erinnernde Gesellschaftsstruktur, die ich mir damals immer ausmalte, wenn ich oben im doppelstöckigen Bus die Fifth Avenue entlangfuhr, vorbei an den großartigen Häusern der Reichen und Mächtigen ... Diese Herrenhäuser stammten in vielen Fällen von den venezianischen Palazzi ab, die ich jeden Tag aus meinen Fenstern, die auf den Canal Grande hinausgehen, sehen kann.«
Als ich meinen Roman über Venedig zu schreiben begann,

wußte ich, daß ich in einer ehrwürdigen Tradition stand, aber zu Anfang wußte ich noch nicht, wie ehrwürdig sie war! Die italienische Wissenschaftlerin Marilla Battilana äußert die Vermutung, daß Venedig für englische Autoren »selbst fast zu einem Archetyp geworden ist.« Es verkörpert die ferne, orientalische Stadt, eine Art Xanadu, das man nur nach einer gefahrvollen Seereise erreicht, einen labyrinthischen Ort, zu dem einen die Suche nach der Liebe führt, aber wo man dann nur auf List, Verstellung und Verrat stößt. Laut Battilana erschufen die Autoren im Laufe der Jahrhunderte etwas, das man als »zusammengesetzten Mythos Venedig« bezeichnen könnte; sie haben Venedig auch als Stadt der Gerechtigkeit verewigt, als eine Stadt, wo ein weiser Herrscher größere Gerechtigkeit übte als irgendwer sonst auf der irdischen Welt.

Allem Anschein nach wurde Venedig im 14. Jahrhundert zum ersten Mal in der englischen Literatur erwähnt, und zwar in einem Buch mit dem Titel »Mandeville's Travels«. Zu jener Zeit betrachtete man die Stadt bereits als einen exotischen Ort, eine Art europäisches Kathai, den man auf dem Weg zum Heiligen Land passierte. Doch sein literarischer Ruf als Stadt der Sünde und des Lasters begann mit dem Elisabethaner Roger Ascham, der in seinem Buch »The Schoolmaster« (1570) derart gegen die Lüsternheit und Verworfenheit Venedigs wetterte, daß danach alle Engländer darauf brannten, diese Stadt einmal zu besuchen. »Als ich in Venedig weilte«, schrieb Ascham, »galt dort folgende Maxime: Wenn in einer Familie vier oder fünf Brüder sind, braucht nur einer zu heiraten. Die anderen ergeben sich unverhohlen der Geilheit, mit ebenso wenig Schamgefühl wie bei uns sich die Schweine im Schlamm suhlen.« Wenn dies nicht die kräftigen jungen Engländer aus London herbeilocken mußte, was dann?

Und sie kamen in Scharen. Thomas Nashe, ein Zeitgenosse Shakespeares, ließ sich nicht nur zum Besuch nach Venedig verlocken, sondern er schrieb danach auch ein Buch mit dem Titel »The Unfortunate Traveller« (1594), in dem er den legendären Ruf Venedigs noch weiter ausbaute. Hurerei und Täuschung blühen und gedeihen in Nashes Venedig, und ein weiteres Hauptelement in dem zusammengesetzten Mythus Venedig wird eingeführt: Herr und Diener tauschen ihre Rollen, um die Mysterien Venedigs ganz auskosten zu können. Unweigerlich begegnen sie der venezianischen Gerechtigkeit und erfahren sie als streng und zugleich salomonisch.

Es war aber Shakespeare, der die venezianische Verbindung von Liebe und Gerechtigkeit (»Der Kaufmann von Venedig«) und Liebe und Tod (»Othello«) für alle Ewigkeit festschrieb. Die Inamorata und der Richter im »Kaufmann von Venedig« sind zu einer Figur zusammengeflossen, Verkleidungen und verborgene Identitäten spielen eine wichtige Rolle in der Handlung. Mit Shakespeare ist der Mythos der Lagunenstadt komplett und die beiden Pole abgesteckt. In den Komödien paart sich Liebe mit Gerechtigkeit (»Die Art der Gnade weiß von keinem Zwang«), in den Tragödien sind es Liebe und Tod (»Ich küßte dich, eh' ich dir Tod gab«).

Nach Shakespeare leisteten noch Ben Jonson, Thomas Coryat, Sir Henry Wotton, Thomas Otway, Daniel Defoe, Joseph Addison, Lady Mary Wortley Montagu, Oliver Goldsmith und Lord Chesterfield ihren Beitrag zum Mythos Venedig. Aber erst mit den Autoren des englischen Schauerromans (*gothic novel*), den sogenannten Vorromantikern, nahm das Venedig der angelsächsischen Schriftsteller seine endgültige Gestalt an. Ann Radclyffe ließ »The Mysteries of Udolpho« (1794, dt. »Udolphos Geheimnisse«) in einem Venedig spielen, das sie nie mit eigenen Augen gesehen hatte. Es ist klar, daß ein Venedig, hätte es dies nicht schon gegeben, bestimmt für die Schauergeschichten mit ihren von allerlei Gefahren bedrohten Jungfrauen erfunden worden wäre, ein Genre, das sich bis zur heutigen Zeit gehalten hat.

Für die romantischen Dichter Byron, Shelley und Wordsworth (Keats hat Venedig nie erreicht) bedeutete Venedig noch mehr: Es war ein Ort, um über die längst vergangenen Ruhmestaten der antiken Zivilisationen nachdenken zu können, in düstere Gedanken über die Vergänglichkeit alles Irdischen zu versinken und über die Ewigkeit des poetischen Geistes nachzusinnen. Die Dekadenz Venedigs stand im Mittelpunkt, und Venedig selbst erteilte dem Engländer eine Lektion in Moral – es zeigte ihm nämlich, wie auch sein Land verfallen konnte, wenn er nicht aufpaßte.

Den modernen Schriftstellern von Henry James bis zu Thomas Mann galt Venedig als die Stadt der Liebe und des Todes, und bei heutigen Filmemachern klingt diese Verbindung nach. Venedig ist der Ort, den Künstler aufsuchen, um neu geboren zu werden (wo sie dann aber oft sterben), der Ort, wo die Liebe dem Tod weicht, und die Wasser sich über allem, gnädig oder ungerührt, schließen. Von den beiden Polen des mythischen Venedig, das Shakespeare für uns geformt hat, wählen wir den tragischen Pol. Es ist schwer, sich einen zeitgenössischen Roman oder Film vorzustellen, der in Venedig spielt und nicht »gotisch«, makaber und voll von Geistern und Sinnestäuschungen ist.

Es ist auch schwer zu sagen, wieviel an dem Zauber der Stadt lebendig ist und wieviel Literatur. Inzwischen ist beides so ineinander verwoben, daß es unmöglich ist, es zu entwirren. Wenn man im Winternebel durch Venedigs Straßen geht, kann man sich Shakespeare vorstellen, wie er gerade das Ghetto betritt, um für den »Kaufmann von Venedig« zu recherchieren. Oder wie Byron nach einem Fest im Canal Grande nach Hause schwimmt, während der Diener mit seinen Kleidern hinter ihm herrudert. Oder Browning, nach dem Tod von Elizabeth Barrett allein in der Ca'Rezzonico; Henry James, wie er schreibend im Palazzo Barbaro sitzt und danach einen Spaziergang im darunter gelegenen Campo Santo Stefano unternimmt. Daß Venedig so oft Gegenstand literarischer Porträts wurde, ist genaugenommen ein Teil seines Wesens. Die Stadt ähnelt einer großen, vergreisten Primadonna, die von alternden Porträts ihrer selbst umgeben ist, oder einer alten Filmdiva, die dir ihre vergilbten Zeitungsausschnitte zeigt; sie ist die würdevolle Matrone unter den Städten der Welt.

Auch heutige Autoren finden Venedig absolut unwiderstehlich. Joseph Brodsky, Gore Vidal, Mary McCarthy und Jan Morris haben Reisebücher über die Stadt geschrieben, in denen sie auf wunderbare Weise lebendig wird.

Was den Schriftsteller an Venedig bekümmert, ist zugleich das, was ihn begeistert. Alles, was sich über Venedig sagen läßt, ist bereits gesagt worden. Henry James konnte sich darüber sogar freuen. »Es wäre wirklich ein trauriger Tag, wenn es etwas Neues zu sagen gäbe«, schrieb er. Gore Vidal zitiert diesen Satz mit offensichtlicher Genugtuung in seinem Buch »Vidal in Venice«.

In der Wegwerfgesellschaft des 20. Jahrhunderts ist Venedig wichtiger denn je. Verglichen mit einer Stadt wie New York, die zwanghaft ganze Viertel alle dreißig, vierzig Jahre wieder neu erbaut, scheint Venedig die Beständigkeit selbst zu sein. Aber auch diese Stadt ist gefährdet – das hat immer einen Teil ihres Reizes ausgemacht. Der Wasserspiegel steigt (oder das Land senkt sich, je nachdem, welchen Fachmann Sie fragen). Die Industrieabgase von Mestre, Venedigs Nachbarstadt, schädigen die Steine auf nicht wiedergutzumachende Weise. Die Kanäle, die nicht mehr so gründlich gereinigt werden wie früher, sind meterhoch mit Unrat angefüllt.

Bei jedem Auftreten eines gefährlichen Hochwassers flammt die uralte Diskussion wieder auf, wie die Stadt vor den verheerenden Auswirkungen der modernen Industrie zu schützen sei. Viele Venezianer glauben, daß die Vertiefung der Fahrrinne in der Lagune – damit sie von großen Öltankern befahren werden kann – Venedig dem Wüten der Gezeiten auf eine zuvor nicht mögliche Weise ausgesetzt hat. Das legendäre Venedig ist unvergänglich, doch mit dem konkreten Venedig liegt die Sache anders. Sein Überdauern hängt vielleicht davon ab, ob die großen Öltanker verbannt werden und der ursprüngliche Wasserspiegel der Lagune wieder hergestellt wird. Doch ein entsprechender Beschluß wurde bis heute nicht gefaßt, und die chronische Langsamkeit venezianischer Behörden könnte die Stadt sehr wohl zum Schicksal von Atlantis verdammen.

Mein Venedig ist das winterliche Venedig, das Venedig von Dorsoduro, das Venedig des Nebels. Wenn ich den Zattere in *la nebbia* entlanggehe, in Gummistiefeln wegen des Hochwassers, ist schwer zu sagen, wo die Terra firma endet und Himmel und Wasser beginnen. Die Stadt scheint wie eine Fata Morgana in der Luft zu schweben. Geräusche werden von der Wasseroberfläche zurückgewofen und täuschen dich über ihre Nähe oder Ferne. Gestalten erscheinen und verschwinden hinter Biegungen. Die Vergangenheit winkt dich zu sich. Es ist durchaus vorstellbar, daß sie dich mitnimmt und nie wieder herausgibt.

Kapitel 20

Schreiben aus Liebe

Ein Buch zu schreiben ist nur sinnvoll, wenn man weiß, man muß es tun, weil man sonst verrückt würde oder vielleicht sogar sterben müßte.

Robertson Davies

Trotz aller zynischen Äußerungen von Schriftstellern, daß sie nur schrieben, weil sie damit Geld verdienten, verhält es sich in Wirklichkeit so, daß wir schreiben, weil es uns Freude macht. Und das ist der Grund, warum man uns so leicht ausbeuten kann. Und warum wir uns so abgebrüht geben und zum Beispiel sagen, niemand außer einem Dummkopf habe je aus einem anderen Grund als für Geld geschrieben (Samuel Johnson). Es ist nicht wahr. Niemand außer einem Dummkopf hat jemals aus einem anderen Grund geschrieben als zum Vergnügen.

Um Geld zu verdienen, gibt es eine Fülle einfacherer Methoden als das Schreiben. Eigentlich ist fast alles weniger arbeitsintensiv und besser bezahlt. Fast alles ist weniger riskant. Offenbare dich dein Leben lang auf dem Papier, und du wirst wahrscheinlich mit Exil, Mißachtung oder Gefängnis belohnt. Fragen Sie Dante oder Emily Dickinson oder Oscar Wilde. Wer Intrigen spinnt und seine Freunde betrügt, wird sehr wahrscheinlich mit Reichtum, Denkmälern und anhaltender Anerkennung belohnt. Doch wenn Sie die Wahrheit sagen, behandelt Sie die Familie wahrscheinlich als Pariah, das Finanzamt als halben Kriminellen, und Ihre

Kollegen vernichten Sie mit matten Lobreden. Also, warum tun wir's dann überhaupt? Ganz einfach: Zu sagen, was man denkt, ist die einzige Freiheit, die zählt. »Freiheit«, so Camus, »ist das Recht, nie lügen zu müssen.«

In einer Gesellschaft, in der alles käuflich ist und in der Börsengeschäfte, gute Abschlüsse und Auktionen die fettesten Schlagzeilen bekommen, ist die einzig verbliebene Freiheit die, ein Amateur zu sein – ein Mensch, der etwas aus purem Vergnügen tut. Mach etwas aus Spaß, und niemand kann dich stoppen. Tu es aus purem Vergnügen, und die Finanz- und Geschäftswelt beneidet dich mehr als jeden anderen. In einer Welt der Frackträger ist der Nackte König. In einer Welt der Buchhalter mit ihren Computerprogrammen ist der, der etwas ohne Kostenkalkulation verschenkt, der Größte.

Ich habe das anscheinend von früh auf gewußt. Ich kann mich an keine Zeit erinnern, wo ich *nicht* geschrieben habe. Ob Notizen, Geschichten, Tagebuch oder Gedichte – der bloße Akt des Schreibens gab mir das Gefühl, ungebrochen mit mir eins zu sein. Und so ist es bis heute geblieben. Schreiben ist meine Meditation, meine Medizin, mein Gebet, mein Trost. Ich hatte das Glück, früh genug zu erfahren (bei meinen ersten beiden Gedichtbänden und meinem ersten Roman), daß du, wenn du gnadenlos ehrlich mit dir und deinen Gefühlen und Ängsten bist, in vielen Fällen nicht nur deine eigenen Gefühle ausdrückst, sondern auch die der anderen. Menschen ähneln sich in ganz erstaunlicher Weise auf der Ebene des Herzens – da, wo es wirklich zählt. Schriftsteller sind dazu geboren, das, was wir alle fühlen, in Worte zu fassen. Das ist ihre Gabe. Eine, die wir behalten, indem wir sie verschenken.

Es ist eine Berufung. Und so sehen es auch die Dichter, zu denen ich mich am meisten hingezogen fühle, Thomas Merton, Pablo Neruda, Emily Dickinson. Wenn ich besonders betroffen bin, kehre ich zu meinen Wurzeln zurück, zur Poesie. Ich betrachte mich als Lyrikerin, die ihre Sucht nach Poesie mit Hilfe von Romanen und Sachbüchern finanziert. Ich weiß, daß ich mich glücklich schätzen kann, weil ich seit fünfundzwanzig Jahren als Lyrikerin für mich selbst aufkommen konnte, ohne je ein Buch zu schreiben, an das ich nicht glaubte. Der Roman ist geschmeidiger als das Gedicht. Er bietet Platz auch für Gesellschaftssatire, Kochrezepte, Zahnbürsten, unseren heutigen Lebensstil. Lyrik dagegen reduziert alle Dinge auf das Wesentliche. Ich empfinde es als Privileg, daß ich beides schreiben kann. Ich bin dankbar, daß ich meine Berufung früh gefunden habe und nie ins Wanken gekommen bin. Ich hatte auch das Glück, schon früh mit Widerspruch und Kritik konfrontiert zu werden. Das zwang mich dazu, auf meine innere Stimme zu hören und nicht auf das Geschrei der Welt. Das ist die nützlichste Lektion, die ein Schriftsteller lernen kann.

Letzthin sind Lebenserinnerungen in Mode gekommen. Wieder einmal wird dauernd mit unheilschwangerer Stimme verkündigt, der Roman sei tot. Als Autorin, die unverhohlen autobiographische Fiktion (»Angst vorm Fliegen«), historische Romane (»Fanny«, »Serenissima«) und Autobiographisches (»Keine Angst vor Fünfzig« und »Der Teufel in Person«) geschrieben hat, denke ich, daß ich eine Vorstellung davon habe, wie der Prozeß des fiktionalen Schreibens sich von der Niederschrift eines Erinnerungsbuches unterscheidet. Erinnerungen sind auf eine besonders beengende Weise an die eigenen Erfahrungen gebunden: Das beobachtende Bewußtsein des Buches ist in einer historischen Person verwurzelt. Diese historische Person kann komplex und subtil sein, doch nie so subtil wie die Interaktion zwischen verschiedenen Figuren, die allen Teilaspekten des Autors entstammen. In Erinnerungen dominiert das »Ich«. Im Roman setzt sich das Ich aus den Ichs vieler Figuren zusammen. Das ermöglicht höhere Komplexität, unterschiedliche Sichtweisen, eine tiefergehende Nachbildung des Lebens.

Als ich »Keine Angst vor fünfzig« beendete, hatte ich das Gefühl, ich hätte mein eigenes Leben nun restlos ausgeschöpft und würde möglicherweise nie wieder ein Buch schreiben. Doch am Ende sollte ich entdecken, daß ich mich nicht erschöpft, sondern befreit fühlte. Nachdem ich meine Autobiographie wie eine alte Haut abgestreift hatte, fühlte ich mich bereit, auf eine neue Weise etwas zu erfinden. Ich wollte einen Roman über das 20. Jahrhundert und dessen Auswirkungen auf das Leben der Frauen schreiben. Es sollte ein Roman über eine jüdische Familie sein, die im gleichen Jahrhundert lebt, in dem das jüdische Volk vernichtet wurde.

Als erstes las ich ein Jahr lang geschichtliche und literarische Werke und Literatur. Und als ich wieder anfing zu schreiben, war es mit der Stimme einer Frau, die meine Urgroßmutter hätte sein können. Befreit von der Gegenwart, merkte ich, wie ich die Stimme einer Frau erfand, die sich von meiner eigenen völlig unterschied. Die Dinge, die ich aus meiner Familiengeschichte verwendete, waren bestimmte historische Markierungen. Die Geschichte begann in Rußland und setzte sich in Amerika fort. Die Familie bestand aus bildenden Künstlern, Schriftstellern, Unzufriedenen. Aber während ich diese alternative Familiengeschichte erfand, bemerkte ich, wie ich auf den Feldern meiner Phantasie zu spielen begann. Die Figuren schossen aus dem Boden wie Pilze nach dem Regen. Ich konnte es kaum abwarten, morgens mit der Arbeit anzufangen und herauszufinden, was ich dachte, und wer diese Gedanken verkörpern sollte.

Schließlich stellte ich fest, daß ich vier Hauptfiguren hatte, die in verschiedenen Jahrzehnten geboren waren; sie waren allesamt Mütter und Töchter. Jede hatte eine charakteristische Stimme, jede hatte ihre eigene Sicht der Welt. Jede von ihnen war wie ich und auch wieder nicht.

Graham Greene sagte einmal »Die Hauptfiguren eines Romans müssen notwendigerweise eine verwandtschaftliche

Beziehung zum Autor haben, denn sie entstammen seinem Körper wie ein Kind, das aus dem Mutterleib kommt. Nachdem die Nabelschnur durchtrennt worden ist, entwickeln sie sich zu unabhängigen Personen. Je besser der Autor seinen eigenen Charakter kennt, desto stärker kann er sich von seinen erfundenen Charakteren distanzieren und um so mehr Raum haben diese, um sich zu entwickeln.«

Mir scheint, das ist genau richtig. Ein Romanschriftsteller kann zu dieser Erkenntnis kommen, wenn er/sie die Haut der eigenen Biographie abgeworfen hat. Das soll nicht heißen, daß die Figuren keinerlei Verwandtschaft mit dem Autor haben. Sie sind wesensverwandt. Aber das ist etwas anderes als dieselbe Identität zu haben. Die reale Person bleibt gefesselt. Die Romanfigur kann fliegen.

Eine Figur, die nicht mit einem selbst identisch ist, kann sogar Zugang zu einer tief verankerten Erinnerung haben, die für immer vergessen schien. Fiktionale Charaktere setzen reale Erinnerungen frei. Immerhin war es Flaubert, der sagte, er selbst sei Emma Bovary, und der ihr seine nervöse Unrast und Unzufriedenheit verlieh. In gewisser Weise kann ein Autor vielleicht sogar sein Inneres in einer Figur freier darstellen, die anders ist als er selbst. Das Tragen einer Maske verleiht auch Freiheit. Die Maske kann die Vorbedingung zum Sprechen der Wahrheit sein.

Die Trennungslinie zwischen Roman und Autobiographie war nie so verwischt wie in unserem Jahrhundert. Und das ist wahrscheinlich etwas Gutes. Der Roman bleibt bestehen, weil er ein äußerst flexibles Genre ist. Er ist eine Nachbildung der Wahrheit. Wenn wir also in der heutigen Zeit die Autobiographie als besonders überzeugend empfinden, dann wird auch die Fiktion noch diese Gattung nachahmen. Gattungen an sich spielen heute eine immer geringere Rolle. Den größten Bestand unter den Büchern der Moderne haben solche wie »Ulysses«, die alles enthalten – Exposition, Erzählung, Drama und sogar Lyrik.

Von einem Buch erwarte ich, daß es mich in seine Welt entführt. Neben seiner Welt muß die sogenannte wirkliche Welt verblassen. Seine Welt muß eine nostalgische Sehnsucht nach Rückkehr hervorrufen. Wenn ich das Buch schließe, sollte ich mich fühlen, als hätte ich einen schmerzlichen Verlust erlitten.

Doch wie selten geschieht dies, und wie dankbar bin ich, wenn ich dies erlebe. Das tiefe Vertrauen, das zwischen Leser und Autor existiert, ist wie das Vertrauen zwischen Liebenden. Wenn ich mich vom Autor hintergangen fühle, will ich mich nie wieder hingeben. Ich muß an die Ehrlichkeit des Autors glauben, um mich mitreißen zu lassen.

Filmgesellschaften können sogenanntes *Product placement* (die gut sichtbare Cola-Dose, der Nike-Turnschuh am Fuß des Stars) verkaufen, doch ein Autor, der dies täte, würde seine Glaubwürdigkeit verlieren. Wir erwarten ein ethisches Verhalten, wenn schon nicht von unseren Politikern, so doch wenigstens von den Schriftstellern. Wir möchten, daß sie den Ort markieren, wo der Dollar keine Macht mehr hat.

Deshalb ist es so schwer, ein neues Buch zu beginnen. Die richtige Stimme (oder mehrere) müssen erst gefunden werden – das Timbre, das sogar den Autor von seiner eigenen Autorität überzeugt. Manchmal dauert es Jahre, bis man den Tonfall gefunden hat, der die Geschichte aufschließt.

Die Bücher, die uns am besten gefallen, nehmen uns mit dem ersten Satz gefangen. »Ob ich der Held meines eigenen Lebens werde oder ob ein anderer diese Stelle ausfüllen soll, werden diese Seiten zeigen.« (»David Copperfield«). »Ihr kennt mich nicht, außer ihr habt n Buch gelesen, was ›Tom Sawyers Abenteuer‹ heißt, aber drauf kommts nicht an.« (»Huckleberry Finn«). »In der Pan-Am-Maschine nach Wien befanden sich 117 Psychoanalytiker, und mindestens sechs von ihnen hatten mich behandelt« (mein eigener bescheidener Beitrag). Es ist nicht nur eine Sache des fesselnden Auftakts – der beste Trick eines Schriftstellers –, sondern auch, daß man zugleich die Eigenarten der Hauptfigur aufscheinen läßt. Und das läßt sich leichter in der ersten als in der dritten Person erreichen. Doch auch die dritte Person beruht auf der Stimme. Alles Schreiben tut das.

Man muß es aus bloßem Vergnügen tun, wie ich bereits zu Anfang sagte. Wenn man es für Geld tut, wird die Summe nie groß genug sein, und schließlich beginnt man, seine ersten Erfolge zu imitieren und gießt noch einmal heißes Wasser auf einen bereits benutzten Teebeutel. Das funktioniert bei Tee nicht, und beim Schreiben ebensowenig. Du mußt alles geben, was du hast, und nie die Kosten berechnen. (»Setz dich an die Maschine und öffne eine Ader«, wie Red Smith sagte.) In jedem Buch, das ich geschrieben habe, sind die Kämpfe der Jahre, in denen ich es schrieb, enthalten. Ich weiß nicht, wie man sich zügelt. Ich überarbeite meinen Text erst später, wobei ich manchmal Hunderte von Seiten streiche. Aber während des Niederschreibens lasse ich alles raus. Später hacken meine Lektorin und ich Stücke heraus. Wenn das Buch beendet ist, fühle ich mich leer und ausgeplündert. Ich muß warten, bis sich wieder genügend Worte in mir gesammelt haben.

Großzügigkeit ist die Seele des Schreibens. Du schreibst, um ein Geschenk zu machen. Dir. Dem Leser. Gott. Du sagst Dank dafür, daß dir die Worte geschenkt worden sind. Du betest, daß dir auch morgen wieder Worte geschenkt werden.

Laurence Sterne wußte das: »Ich beginne mit dem ersten Satz und vertraue auf den Allmächtigen, auf daß er mir den zweiten schenke.« Amen.

Kapitel 21

Reifungen

Fleisch ist bloß eine Lektion.
Wir lernen sie
& schreiten weiter

Die Leute stellen immer wieder die Frage, wo Gedichte herkommen; die Wahrheit ist, daß nicht einmal der Dichter es weiß. Er am allerwenigsten.

Eine Zeile kommt dir in den Sinn. Oder ein Bild. Wenn du mit Achtsamkeit darauf wartest, daß ein Gedicht an deinen Schädel klopft, dann schnappst du dir diese Zeile und hältst sie schriftlich fest. Vielleicht erwischst du auch nur den Bruchteil einer Zeile und läßt dich davon zu einem weiteren Stückchen anregen und dann zu noch einem und noch einem. Manchmal wartet die Zeile oder das Fragment jahrelang in einem Notizbuch, bevor du sie wieder aufgreifst. Manchmal gehen sie verloren. Aber wie bei den Träumen ist es wichtig, alles festzuhalten, was du erwischen kannst. Womöglich nur die Zehen. Der Rest des Körpers folgt vielleicht später.

»Der Buddha im Schoß« fing auf diese Weise an. »Auf den Wassern des Schoßes tanzend« kam mir in den Sinn. Und dann folgte das ganze Gedicht. Oder folgte ich dem Gedicht? Es ist schwer zu sagen, ob der Dichter dem Gedicht hinterherläuft oder ob es auf ihn herabsinkt, wie Mary Poppins an der Drachenschnur.

Was war der Auslöser für das Gedicht? Ein Kopfstand. Ich

machte nämlich gerade Jogaübungen. Mit dem Kopf nach unten dachte ich: Wenn ich jetzt schwanger wäre – läge das Ungeborene jetzt richtig herum, während ich mich verkehrt herum befinde? Aus Paradoxien erwachsen Gedichte.
Also, ich balanciere auf dem Kopf. Ich finde es schön, die Welt verkehrt herum zu sehen und zu spüren, wie das Blut in mein Gehirn strömt – das bewirkt ein kostenloses, natürliches Hochgefühl. Und dann erscheint auf einmal in meiner Vorstellung ein Baby, das glüht, hinter meinem Magen. Sein kleiner Kopf glüht wegen des Lichts, der Energie, des Prana, das übertragen wurde, als ich es mir vorstellte. Jede Form von Kreativität ist ein Energieaustausch. Schöpfung bringt Licht und Wärme hervor.
Ich war damals keineswegs schwanger. Ich gestand mir nicht einmal ein, daß ich gern schwanger geworden wäre. Aber ich war Anfang dreißig, in dem gefährlichen Alter, wo zwanzig Jahre pünktlicher Menstruation einer Frau klargemacht haben: »Du wurdest geboren, um dich fortzupflanzen und zu sterben, und in jedem Fall wird das Herz brechen« (wie ich es in einem anderen Gedicht ausdrückte, das ich in jener Zeit schrieb).
Ich spielte also gedanklich mit der Fruchtbarkeit, wenn auch nicht in der Realität. Und ich dachte mir aus, ich sei eine Schwangere, die einen Kopfstand macht und dabei überlegt, wie es dem Geschöpf da drinnen ergeht.

Der Buddha im Schoß

Auf den Wassern des Schoßes tanzend,
kleine Gottheit, zehn Zehen, zehn Finger
& grenzenlose Hoffnung,
segelt sie verkehrt herum durch die Welt.

Meine Knochen, ich weiß, sind nur ein Käfig
für den Tod.

Meditierend kann ich meinen Schädel sehen,
ein Totenkopf,
von innen
durch Kerzen erleuchtet
die vielleicht die Sonnen
anderer Systeme sind.

Ich weiß der Tod
ist ein Streben nach Licht,
ein froher Traum
aus dem du ungern erwachst,
ein Liebster
in einem Lande zurückgelassen
für das du kein Visum hast,
& ich weiß daß die Pferde des Geistes
galoppieren, galoppieren, galoppieren
aus der Zeit hinaus
& hinein in den Moment genannt JETZT.

Warum also sorge ich mich
um diesen verkehrt herum liegenden Buddha,
der durch die Welt hüpft,
seine Zehen, seine Finger
erfüllt von Blut
das nur singen & sterben wird?

In meinem Schädel ist ein Licht
& ein Licht ist in seinem.
Wir meditieren über unsere Knochen nur
um sie mit geringerem Bedauern
fortblasen zu lassen.

Fleisch ist bloß eine Lektion.
Wir lernen sie
& schreiten weiter.

Das Gedicht, das ich mit Hilfe der ersten Zeile aus mir herausholte, ist in Wirklichkeit ein Gedicht über die Reise unseres Geistes durch das Fleisch, um über das Fleisch hinaus zu gelangen. Es fragt: Warum ein Kind bekommen, wenn wir nur Geist sind? Warum Nachwuchs zeugen, wenn wir sterben müssen? Und es antwortet: Weil die Seele durch das Erschaffen von Dingen weit wird, selbst wenn das Erschaffene nicht von Dauer ist. Dauer ist nicht unser Beruf, aber etwas zu erschaffen ist es.

Und was ist das Geschöpf, das wir erschaffen, tatsächlich? Das Geschöpf ist »grenzenlose Hoffnung«, eine »kleine Gottheit«, das Versprechen künftigen Lebens. Das Erschaffene kann ein Gedicht sein oder die eigene Buddhanatur oder die Hoffnung, das Schicksal gewöhnlicher Sterblicher, die singen und sterben, zu überdauern. Der springende Punkt ist, daß wir Dinge erschaffen, weil wir es müssen, denn wir sind Geschöpfe, in deren Selbstdefinition das Schöpferische impliziert ist.

Wir sind Erzeuger, Mütter, Erfinder, Dichter. Selbst wenn das von uns Erschaffene keinen Bestand hat, währt unser Bedürfnis nach Schöpfung ewig. Der leidenschaftliche Wunsch, etwas zu erschaffen, definiert unser Menschsein. Er erklärt, warum wir mit einem Schöpfer-Gott auf einer Wellenlänge liegen. Wir haben denselben Drang, Ebenbilder von uns zu erschaffen und unseren Geschöpfen Namen zu geben, sie in mißliche Lagen zu bringen und ihre Lebensgeschichte zu erzählen. »Da das Fleisch nicht dauern kann, geben wir das Wort weiter«, sagte ich in einem Gedicht mit dem Titel »Lieber Keats«. Und ich glaube das immer noch. Worte sind unser Gegengift gegen die Sterblichkeit.

»Der Buddha im Schoß« wurde mehrfach in Gedicht-Anthologien über Mutterschaft und Schwangerschaft aufgenommen. Ich war nicht schwanger, als ich es schrieb, aber meine Phantasie war es. Es ist eines von vielen Gedichte, die

ich geschrieben habe, die über Fortpflanzung und Kreativität nachsinnen, über die weibliche Fähigkeit, sowohl mit dem Körper als auch mit dem Geist schöpferisch zu sein.
Frauen neigen dazu, von dieser Dualität geradezu besessen zu sein, zumindest im gebärfähigen Alter. Wir finden es verwirrend, daß uns zwei Arten der Kreativität offenstehen, und wir meinen, wir müßten zwischen ihnen wählen. Die meisten Dichterinnen wuchsen in einer Welt auf, in der man die Frauen nicht ehrte, auch nicht als Mütter. Unter den Gedichten, die wir lasen, befand sich nicht eines, das sich mit dem Thema Mutterschaft befaßte. Die Dichterinnen, die wir lasen und verehrten, waren die göttlichen Ausnahmen – die göttliche Dickinson, der verrückte Flapper Millay, Marianne Moore, die ein jungfräuliches Dasein mit ihrer Mutter in Brooklyn führte. Es gab zwar tatsächlich auch Dichterinnen, die Mutter waren – Muriel Rukeyser und Adrienne Rich unter anderen – doch man hielt ihnen die Probleme, die ihre Entscheidung mit sich brachte, nicht zugute. Dichtung, so vermittelte man uns, war das Reich der Kinderlosen. Und die Bestimmung der Frau war es, Muse oder Mutter zu werden.
Meine Generation sollte all dies ändern. Natürlich konnten wir dies während unserer Studienzeit noch nicht wissen. Wir waren dazu ausersehen, Dichterinnen wie Eavan Boland hervorzubringen, die sich später dazu äußern sollte, wie es ist, in einer Welt aufzuwachsen, »wo das Wort Frau und das Wort Dichter sich fast so sehr abstießen wie zwei Magneten«. Und es bedurfte keiner irischen Abstammung, um die Stärke dieser Magneten zu spüren. Sie war auch in Amerika so stark zu spüren, daß eine Dichterin wie Sylvia Plath das Gefühl hatte, sie müsse ihren mythischen »Daddy« töten, um überhaupt eine Dichterin werden zu können. Und eine Dichterin wie Anne Sexton im Konflikt zwischen Dichten und Mutterschaft lebte und dies zum Angelpunkt ihres Werkes machte.

Die Dichterinnen, die mit diesen paradoxen Tatsachen kämpften, mußten manchmal ihr Leben dafür lassen. Für Frauen war Dichten eine gefährliche Kunst. Virginia Woolf fragte: »Wer kann die Hitze und Gewalt des Dichterherzens ermessen, wenn es verstrickt in einen Frauenkörper ist?« Es ergab sich der Eindruck, eine Dichterin müsse sich gegen ein Leben als Frau entscheiden, andernfalls sie der Kunst zu entsagen hätte. Eine Dichterin mußte einen Pakt mit dem Teufel schließen. Sie mußte ihr Herz auf den Hackblock in der Küche legen und zusehen, wie das Blut langsam heraustropft.

Das Kind oder das Buch? Der Tenor dieser Alternative hat jede der mir bekannten Schriftstellerinnen verfolgt, die sich entschlossen hatte, Mutter zu werden. Es ist deshalb nicht erstaunlich, daß sie bis in unser Werk hineinreicht. Für mich ist »Der Buddha im Schoß« eine frühe Erkundung dieses Zwiespalts. Damals gab es noch kein reales Kind zu bedenken, aber später. In »Ordinary Miracles« kehrte ich zu dem Thema zurück, mit größerer Selbsterkenntnis, und ich schrieb viele Gedichte für meine Tochter Molly, die von Dichtung und Mutterschaft und deren Gemeinsamkeiten und Unterschieden handeln. Aber ob ich die Konflikte lösen konnte, die in »Der Buddha im Schoß« aufgezeigt wurden, bleibt abzuwarten. In dem Gedicht «Die Geburt des Wasserbabys« bringt die tiefe Identifikation zwischen Mutter und Tochter die Problematik zum Schweigen, das dualistische Wesen Mutter einerseits werden zu wollen, andererseits aber auch nicht.

Kleines Ei,
kleines Klümpchen,
vollzählige Ansammlung von
Fingern, Zehen,
kleine blühende Rose
in einem roten Universum,

welches dich weniger wollte
als Leersein,
aber nun hält es dich
fest,
umschließt deinen schnellen
Herzschlag mit seinem
langsameren
so wie die Erde
das Meer umschließt ...

Wenn die Mutter das Kind und das Kind die Mutter ist, wie könnte es zwischen ihnen überhaupt eine Frage der freien Entscheidung geben? Wie wäre es möglich, zwischen zwei Geschöpfen zu wählen, die eins sind?
In dem Gedicht »Anti-Empfängnis« wird die seltsame Tatsache betrachtet, daß ein Geschöpf ein anderes hervorbringt.

Könnte ich dich wieder wegdenken,
kleines Herz,
was würde ich tun?
Dich vor die Tür setzen
mit dem Müll von gestern Abend,
meine eigenen Entscheidungen,
mein eigenes Fleisch
zunichte machen
& dich wieder der Leere
übergeben?

Die Dichterin und Mutter erkennt, daß sie sich zurücknehmen und die Schöpfung geschehen lassen muß. Sie betrachtet sich selbst als Verlegerin, Produzentin, Amme bei dem großen Auftritt des Kindes:

Du bist der Star,
& wie dein geringster Fan
frage ich mich
(während ich dein Abbild
auf der Leinwand betrachte)
wer du wirklich bist.

Obwohl die Gedichte in »Ordinary Miracles« zu meinen liebsten gehören, sind sie nicht so sperrig wie »Der Buddha im Schoß«, das geschrieben wurde, bevor mich ein reales Kind von dem Paradox ablenkte.

Das Kind und das Gedicht sind für alle Zeiten ungleich geartet. Das eine wächst und verändert sich. Das andere bleibt in Wörter gebannt. Die beiden Formen der Schöpfung verspotten sich bis in alle Ewigkeit. Aber Fleisch ist die Lektion für beide. Fleisch ist jedoch vergänglich. Wenn überhaupt etwas bleibt, dann sind es die Worte. Wir lernen sie und schreiten fort. Und in diesem Wissen schreiben wir, als ob unser Leben davon abhängt. Was es auch tut.

Kapitel 22

Yeats' Lichtung und Bashōs Biene:
Von der Unmöglichkeit, ohne Gedichte auszukommen

Gedichte müssen nicht unbedingt schön sein, um sich tief in unser Gedächtnis einzuprägen.

Colette

Die Leute glauben, sie könnten ohne Gedichte auskommen. Und es geht. Jedenfalls solange, bis sie sich verlieben oder bis sie einen Freund, ein Kind oder einen Elternteil verlieren – oder den Boden unter den Füßen. Die Leute denken, sie könnten ohne Gedichte leben. Und es geht. Zumindest solange, bis sie todkrank werden, ein Kind bekommen oder hoffnungslos, wahnsinnig verliebt sind.

Was schert mich der Himmel, was ängstigt mich die Hölle,
wenn mich sein stolzer junger Mund nur küßt ...

schrieb Moireen Fox in einem Gedicht mit dem Titel »The Faery Lover« (»Der Geliebte aus dem Feenland«). Es läßt sich kaum eine bessere Beschwörung des Klischees »wahnsinnig verliebt« denken. Statt einer toten Metapher haben wir hier aber ein lebendiges Bild – ein Bild voller Farbe, Tempo, herausforderndem Trotz. Alles ist darin, die Liebe, die wahnsinnige Sehnsucht nach dem Geliebten und auch die Gefühle, die die Liebe hervorruft – alles in zwei Versen. Wir wissen, daß es sich um eine Liebe handelt, für die es sich nicht nur zu sterben, sondern sogar in die Hölle zu kommen lohnt. Und wir wissen, daß die Sprecherin – wer sie auch sein mag – ein heftiger, leidenschaftlicher Mensch ist, der alle Warnungen in den Wind schlägt. Aus zwei knappen Versen erfahren wir mehr über diese Person als über viele Menschen, mit denen wir uns stundenlang unterhalten haben – wir kennen nämlich ihre Gedanken *und* ihre Gefühle. Wir kennen den Tonfall ihrer Stimme: unbedenklich, leidenschaftlich, stolz. Wir wissen, daß sie frei ist und bereit, den Preis der Freiheit zu zahlen. Dank zweier Gedichtzeilen kennen wir den Charakter dieser Frau.

Das kann nur Dichtung. Nur Dichtung bietet uns eine Sprache randvoll mit Empfindung und Charakter. Und deshalb gibt es Zeiten im Leben, wo uns nur Gedichte helfen können. Interessanterweise sind dies die Momente, in denen wir uns besonders verwundbar, besonders menschlich fühlen.

»Der Blutstrom ist ein Gedicht«, sagte Sylvia Plath, »stillen kann man ihn nicht«. Und das ist ein weiteres Beispiel, warum zu bestimmten Zeiten Gedichte das einzige sind, was uns zufrieden stellt. »Blut« sagt uns: wesentlich, lebensnotwendig, vergießbar. »Strom« sagt uns: es fließt schnell, es steht unter Druck, und wenn es einmal im Gang ist, läßt es sich nicht so leicht wieder anhalten. Die Sprache der Poesie ist überhöht, gefühlsbetont, bilderreich, verdichtet. Sie ist ein Konzentrat aus Bedeutungen, so wie ein Parfüm ein Konzentrat aus Blüten ist.

Wie ich schon sagte, brauchen wir Poesie am meisten in Momenten, wo uns das Leben mit Verlusten, Erfolgen oder Festlichkeiten aus der Fassung bringt. Wir brauchen sie am meisten, wenn wir zutiefst verletzt oder überglücklich, am Boden zerstört oder hochgestimmt sind. Poesie ist die Sprache, die wir in Zeiten ärgster Bedrängnis sprechen. Und daß sie in unserer Kultur eine vom Aussterben bedrohte Art darstellt, sagt uns, daß wir in großen Schwierigkeiten stecken. Wir behandeln unsere Dichter wie Außenseiter, arme Irre,

Kümmerlinge. Ausgerechnet denen, die uns am meisten respektieren, erweisen wir den wenigsten Respekt.

Die Einstellung der Öffentlichkeit gegenüber der Dichtkunst und den Dichtern zeigt, daß die Bedürfnisse des Geistes in Amerika nur wenig gelten. Schon möglich, daß wir uns um den äußeren Menschen kümmern, aber zugleich lassen wir es zu, daß unser Innenleben verdorrt. Wir tun alles für die Pflege unserer Haut, doch nicht für die unserer Seele – trotz aller gegenteiligen Beteuerungen. Und viele von uns sterben, weil es ihnen an Fürsorge für die Seele mangelt. Der Dichter ist ein Seel-Sorger; in vielen Zivilisationen genießt sein Beitrag zentrale Bedeutung.

Gedichte brauchen nicht nur aus Bildern zu bestehen. Ein Gedicht kann die Form einer klaren Aussage haben, und zugleich von großer Sinnfülle sein. Wenn Yeats anordnet, daß bestimmte Worte auf seinen Turm geschrieben werden sollen (»Inscription at Thoor Ballylee«):

> Und mögen diese Zeichen bleiben,
> Wenn alles wieder zur Ruine ward

vermittelt er uns eine Vorstellung von der Ungerührtheit der Zeit. Es ist auch ein Hinweis auf Wandel und Wechsel. Auch Shakespeare ist von der Zeit besessen. Ihr Vergehen ruft seine leidenschaftlichsten Worte hervor.

»Zerstörer Zeit, mach stumpf des Löwen Tatze« ist ein Bild, das in eine Befehlsform eingebettet ist. Es ist, als vertausche der Dichter einen Augenblick lang den menschlichen Blickwinkel mit der Perspektive Gottes.

Und warum sollte ein Dichter sich nicht in die Perspektive Gottes versetzen, wenn auch nur zeitweise? Wie Anne Sexton einmal zu mir sagte: »Wir schreiben alle an Gottes Gedicht.« Die Identität des Dichters spielt kaum eine Rolle. Wichtig ist, daß der Blutstrom der Dichtung weiter fließt.

Der Blutstrom ist in unserer Kultur nicht nur deshalb bedroht, weil wir unsere Dichter nicht respektieren (Dichter, wenn sie wirkliche Dichter sind, überstehen es, nicht beachtet zu werden – man denke an Emily Dickinson), sondern auch weil wir sowohl Einsamkeit und Stille als auch die Fähigkeit, diese zu *genießen*, vernichten. Versuchen Sie mal, einen medienfreien Ort zu finden, einen Ort ohne Verkehrslärm, ohrenbetäubende Musik, ablenkende Werbemittel. Sie müssen schon Milliardär sein, um der geräuschvollen Reizüberflutung durch die Verkaufsmaschinerie zu entfliehen, die in unseren Innenstädten und Vororten, in Flugzeugen, Flughäfen und Zügen allgegenwärtig ist. Einsamkeit und Stille beginnen uns fremd zu werden. Wir kommen nach Hause und stellen als erstes den Fernseher an, damit wir Gesellschaft haben. Die Geräusche der Stille erscheinen uns absonderlich. Doch dem Dichten, wie jeder kreativen Tätigkeit, ist die Abgeschiedenheit förderlich. Wenn Yeats in dem Gedicht »The Lake Isle of Innisfree« (»Die Insel im See von Innisfree«) »the bee-loud glade«, die bienenlaute Lichtung beschreibt, dann wissen wir, daß er dem Summen der Bienen gelauscht hat und nicht dem Verkehrslärm. Wie laut die Bienen in der bienenlauten Lichtung sind, weiß nur, wer darauf verzichtet, mit Ghetto-Blaster oder Walkman über die Wiesen zu wandern. Ständiger Audio- und Video-»Input« übertönt unseren eigenen »Output«. Der »ungezähmte Geist« (wie die Dichterin Natalie Goldberg die poesieproduzierende Stelle in unserem Gehirn nennt) braucht Platz zum Träumen und um sich Bilder ins Gedächtnis zurückzurufen. Wir haben diesen Freiraum fast verloren. Vielleicht haben wir ihn auch absichtlich abgeschafft. Doch der hektische Konsum materieller Güter kann uns nicht dasselbe geben wie die Dichtung.

Wohin wendet sich der Dichter, um die notwendige Abgeschiedenheit zu finden? Und wo findet der Leser von Gedichten den abgelegenen Freiraum, wo er *lesen oder lauschen* kann? Tatsache ist, daß Schreiben und Lesen vom Aussterben bedroht sind. Doch das Verlangen nach Poesie ist ein menschliches Grundbedürfnis und paßt sich deshalb auch neuen Gegebenheiten an. Wenn die etablierten Verlage aufhören, Lyrik zu publizieren, und damit die Bedürfnisse der Jugend nach Dichtern ihrer eigenen Generation ignorieren, dann veranstalten die jungen Leute Poetry-Slams und Lesungen in Cafés. Oder sie machen Rapmusik. Wenn die Verlagswelt der Poesie den Rücken kehrt, entfaltet sich diese auf dem Gebiet der Musik. Als mündliches Medium kehrt sie zu ihrem Ursprung zurück – der Zunge.

Das bringt uns zu den Dichtern und ihren Lesungen und zur Poesie als einem Medium sowohl für das Ohr als auch für das Auge. Ich entdeckte meine Liebe zur Lyrik als Teenager zum Teil dadurch, daß ich Dichtern zuhörte. Ich ging zu den Lesungen in der *Poetry Corner*, der Dichterecke des New Yorker Y in der 92. Straße. Und ich hörte die großartigen Schallplattenaufnahmen von Dylan Thomas. Es ist die Stimme, die der Dichtung Leben einhaucht, denn Poesie ist im Grunde eine Transkription von Stimme und Atem – und der Stille dazwischen. Wenn ein Dichter liest, kommt es auf irgendeine Weise zu einer Wiederholung des Schöpfungsprozesses. Wir können fast hören, wie die Muse dem Dichter ins Ohr flüstert.

Unsere Zeit ist reich an Aufzeichnungen von Gedichten und Mitschnitten von Dichterlesungen, und vielleicht wird der Drang zur Poesie trotz unseres Desinteresses überleben. Eines ist sicher: Poesie läßt sich nicht umbringen. Wir dichten aus Liebe, nicht wegen Geld. Künste, die ohne Hintergedanken ausgeübt werden, sind die beständigsten. Der »Markt« oder auch das Fehlen eines solchen kann sie nicht ausrotten. Ihr Wechselkurs ist die Liebe – und deren Hilflosigkeit im Angesicht der fortschreitenden Zeit.

Poesie bewahrt den lebendigen Augenblick und unsere

Lust, ihn bis zur Neige auszukosten. Der japanische Dichter Bashō, der im siebzehnten Jahrhundert lebte, drückte es so aus:

Eine Biene kriecht
aus der Päonienblüte.
Sattgetrunken.

Geht es bei der Dichtung immer um Lust? Manchmal scheint es so. Lust ist das Gegenteil von Tod. Und da wir alle wissen, daß der Tod uns am Ende verschlingt, gelüstet es uns nach Lustgefühlen. Wir saugen Worte, wie Bashōs Biene Honig saugte. Die süße Päonie macht uns hungrig, während sie uns am tiefsten befriedigt.

Kapitel 23

Bücher und Häuser

Das Haus hat schon immer unsere Vorstellung vom Glück verkörpert.

Simone de Beauvoir

»Mir laufen Schauer des Entzückens über den Rücken ... es ist ein Gefühl, als würde ich demnächst heiraten – und zwar endlich den Richtigen!« schrieb Edith Wharton an eine Freundin; sie bezog sich auf die Freude, die sie erfüllte, als sie eine Festungsruine hoch über dem Mittelmeer bei Hyères renovieren ließ. Tatsächlich sollte diese Periode in den zwanziger Jahren, als sie abwechselnd in diesem mediterranen Refugium und im »Pavillon Colombe«, einem großen Haus außerhalb von Paris, lebte, zu der produktivsten ihrer Laufbahn werden. Offensichtlich waren beide Häuser mehr als bloß Wohnsitze. Es waren Gebäude, die so etwas wie eine innere Ordnung widerspiegelten und die die Kreativität der Schriftstellerin freizusetzen vermochten.

Das Haus eines Schriftstellers hat viele Räume. Seine Mauersteine bestehen nicht aus Lehm, sondern aus Phantasie. Seine Fenster sind die Augen des Autors. Der Rauch aus seinen Schornsteinen speist sich aus unseren Sehnsüchten, und in seinen Kaminen lodert das Feuer der Bäume, die wir in unseren geheimen Gärten fällen.

Wenn wir Edith Whartons Suche nach dem vollkommenen Haus betrachten – von dem »Häuschen« ihrer Eltern in Newport bis zu ihrem eigenen, »The Mount« getauften Haus in

Lenox und den beiden französischen Wohnsitzen, wo sie als Fünfzig- und Sechzigjährige eine fruchtbare Schaffenszeit verlebte –, dann erkennen wir, daß die Häuser von Schriftstellern ein bißchen mehr sind als ein bloßes Dach über dem Kopf. Sie rufen die Art von Ekstase hervor, die wir mit dem Verliebtsein verbinden. Sie spielen Amor, Geburtshelfer, Judas und sogar den Schnitter Tod. Der Leser denkt vielleicht, daß Autoren reale Häuser kopieren, aber tatsächlich handelt es sich um freie Erfindungen; wir denken sie uns aus, genau wie Architekten. In unseren Träumen nehmen wir mehrere Häuser zusammen, modeln sie in der alchimistischen Trance des Dichtens um und bauen daraus ein Haus, das Unterschiedlichstes verkörpern kann – die Mutter, Träume, Alpträume, Ambitionen.

Das prächtige elisabethanische Haus in Virginia Woolfs »Orlando« ist ein perfektes Beispiel solcher Alchimie. Es beruht zum Teil auf Vita Sackville-Wests Sissinghurst Castle (eine elisabethanische Burgruine, die sie in den dreißiger Jahren kaufte und gemeinsam mit ihrem Ehemann Harold Nicolson liebevoll restaurierte), Knole (das Herrenhaus, in dem Vita aufwuchs, das aber zu ihrem Leidwesen an einen entfernten männlichen Verwandten fiel) und Long Barn, das Vita bewohnte, bevor sie Sissinghurst wieder herrichtete.

Das elisabethanische Ambiente des fiktionalen Hauses in »Orlando« hat jedem dieser kolossalen Gebäude etwas zu verdanken. Die silbernen Kerzenleuchter, die glühenden Holzscheite, die Samtdraperien, von denen Orlando umgeben ist, sind Virginia Woolfs Beschwörungen des Glanzes, in dem sich in ihren Augen das Leben Vita Sackville-Wests abspielte.

Woolf selbst lebte in relativer Armut. Sie war schließlich »nur« Romanschriftstellerin und stammte aus einer zwar hochgebildeten, jedoch keineswegs wohlhabenden Familie. Sackville-West führt das Leben einer Erbin der elisabethanischen Vergangenheit. Doch weil sie eine Frau war, konnte sie Knole, das Stammhaus der Familie, nicht übernehmen. Verbannt von dessen Glanz, schuf sie sich deshalb in Sissinghurst ein eigenes Erbe. Und während sie damit befaßt war, inspirierte sie Virginia Woolf zu ihrer männlich-weiblichen Romanfigur.

Aber worin besteht die Beziehung zwischen einem Haus und dichterischer Inspiration? In einem Gedicht mit dem Titel »Hausfrau« setzt Anne Sexton das Haus mit der Frau gleich. Sie bechreibt die Hausfrau wie sie »den ganzen Tag auf den Knien rutscht,/sich treu ergeben runterspült«. Ihr Nachdenken über Häuser entwickelt sich zu einem Nachdenken über Mütter: »eine Frau *ist* ihre Mutter./Das ist die Hauptsache.«

In Marge Piercys Zukunftsroman »Er, Sie und Es« ist das Haus der Hauptfigur eine Mischung aus Mutter und Roboter; es begrüßt Gäste, erzieht die Kinder und weiß die gesamte Stammesgeschichte auswendig. Entweder ist es Gott selbst, oder es wurde von Gott programmiert. Es ist Erzieherin und oberste Moralinstanz, zugleich eine Quelle der Wärme und der Bildung. Kurz, es ist eine Art Muttergöttin, eine weibliche höhere Macht.

Sexton und Piercy machen deutlich, daß in unserem Unbewußten Haus und Mutter identisch sind. Wahrscheinlich würden viele Psychoanalytiker mir beipflichten. (Die Erkenntnisse von Dichtern und Psychoanalytikern liegen selten weit auseinander). Wir sind wählerisch in bezug auf unsere Häuser, weil wir unbewußt ihre Bedeutung verstehen. »Mutterschoß mit Aussicht«, witzeln wir, denn die Häuser bringen uns zur Welt – oder zumindest unser besseres Selbst.

Deshalb wundern wir uns auch nicht sehr darüber, daß wir roteingerichtete Räume so gemütlich finden. Warm, leidenschaftlich und traulich, ruft uns ein rotes Zimmer zurück in die Vergangenheit. Wir halten es für normal, daß zwischen Heim und Bewohner eine nabelschnurähnliche Verbin-

dung besteht. Wir kennen einen Menschen erst richtig, wenn wir sein Zuhause gesehen haben.
Auch Häuser, in denen es spukt, faszinieren uns. Diktieren Gespenster Geschichten? Selbstverständlich gehen wir davon aus. Ein gutes Beispiel für diese Faszination ist »The Amityville Horror«, ein Dauerseller als Buch wie als Film (von den Fortsetzungen ganz zu schweigen). Die ursprüngliche Geschichte handelt von einem Ehepaar, das von unheimlichen Phänomenen (die angeblich durch einen Mordfall verursacht werden, der sich viele Jahre vor Erwerb des Hauses ereignete, als ein Bruder seine gesamte Familie ermordete) aus seinem Haus getrieben wird. Fast jeder kennt eine Geschichte über ein Spukhaus, ob es nun verkauft werden mußte, weil die Gespenster zu laut flüsterten oder ob es darin seltsame Luftzüge, Geräusche und andere nächtliche Erscheinungen gab, oder vielleicht sogar eins, in dem eine Frau ohne Kopf nachts auf dem Treppenabsatz stand.
Die meisten SchriftstellerInnen, die ich kenne, behaupten, sie hätten in ihrem Leben schon einmal in einem Geisterhaus gewohnt. Besteht eine besondere Verwandtschaft zwischen Schreibenden und Spukhäusern oder haben wir nur einfach schärfere Ohren für die Gespenstergeschichten, die in den Mauern wohnen? Ziehen wir in Spukhäuser, weil allein schon die Geschichten uns anlocken? Ist das Geisterhaus eine andere Version der Mutter, die noch lange nach ihrem Tod zu uns spricht?
Als ich vor einiger Zeit behauptete, ich hätte in New York ein Haus besessen, in dem es spukte, waren meine Bekannten fasziniert. »In welcher Form traten die Gespenster in Erscheinung?« wurde ich häufig gefragt.
»Also, ich hatte ständig wahnsinnige Kopfschmerzen in dem Haus. Ich konnte dort nicht schreiben und flüchtete dauernd raus aufs Land.«
»Ach, geh«, meinten sie, »das ist doch kein *Spuk.*«
»Aber ich träumte die falschen Träume«, sagte ich dann.

Jetzt horchten alle auf.
»Du hast die *falschen Träume* geträumt?«
»Es waren Träume voll von mir unbekannten Personen und von Situationen, die ich nicht wiedererkannte.«
»Erzähl weiter!« riefen dann alle. »Die ganze Geschichte, von Anfang an.«

War das wirklich das Werk von *Geistern*? Es hörte sich interessant an, aber ich wollte nicht zu sehr darüber nachdenken. Das Haus hatte vorher einem Psychoanalytiker gehört, über dessen Ehebett ein Wandspruch hing: »Geistige Gesundheit ist unser größtes Gut.« Ich sagte mir, daß ich die Träume seiner Patienten träumte – nicht alle, sondern nur die unterdrückten, die nicht gedeutet worden waren. Vielleicht waren die Leute in meinen Träumen wirklich Gespenster. Insgeheim hoffe ich es.
Schriftsteller haben eine Neigung, eine Abhängigkeit von Häusern zu entwickeln, ob es darin nun spukt oder nicht. Wir arbeiten zu Hause und frönen der für uns typischen Platzangst. Wir sind in einer fast schon morbiden Weise in unsere Umgebung eingebettet. Wir sehen nicht nur schreckliche Erscheinungen, die den übrigen Familienmitgliedern entgehen, wir hören auch manchmal lautes Flüstern und spüren ein schauerliches Frösteln im Rücken. Manchmal ist Orgelmusik zu hören oder das Plätschern eines Brunnens – und das im siebenundzwanzigsten Stockwerk! In unseren Büchern vermengen sich erträumte und reale Häuser; wir restaurieren sie mit den Werkzeugen unserer Phantasie.
Mutter, Schoß, Spukhotel – kein Wunder, daß ein interessantes Haus dazugehört, will man einen interessanten Roman schreiben. Ein Haus liebt, hegt und pflegt uns. Es läßt uns ungern ziehen.
Als Vladimir Nabokov noch in Amerika lebte und Literatur unterrichtete, legte er stets Wert auf die Architektur des

Hauses, in dem sich die Handlung des Buchs abspielte. Er glaubte, wenn man mit einem Haus anfinge, Figuren hineinstellte und diese in Marsch setzte, dann würde am Ende ein Roman daraus. Ob es Gregor Samsas Wohnung in Kafkas »Die Verwandlung« war oder Dr. Jekylls Haus in Robert Louis Stevensons »Der seltsame Fall des Doctor Jekyll und des Herrn Hyde«, in jedem Fall war Nabokov überzeugt, daß in bestimmten Häusern nur bestimmte Charaktere leben können und daß nur diese Häuser bestimmte Ereignisse in Gang setzen.

Wir wissen instinktiv, daß Nabokov recht hat. Wenn wir Edith Whartons »The Mount« in Lenox, Massachusetts betreten oder 18 Villa Seurat in Paris, wo Henry Miller »Wendekreis des Krebses« und »Schwarzer Frühling« vollendete, oder das Haus mit den sieben Giebeln, das Nathaniel Hawthorne zu dem gleichnamigen Roman inspirierte, dann spüren wir, daß wir es mit mehr als einem bloßen Wohnhaus zu tun haben. Wir dringen in die Inspirationsquelle des Autors ein.

Viele Schriftsteller kommen in mein Haus in Connecticut zu Besuch. Es steht auf einem Felsenriff oberhalb einer steilen Schlucht. Unten fließt der Aspetuck River. Auch wenn die Gegend in den vielen Jahren, die ich hier lebe, zum Teil gerodet und bebaut worden ist, ist mein Riff immer noch abgelegen genug, um mich von der Welt abzuschirmen.

Wenn ein Schriftsteller bei seinem Besuch feststellt, daß er hier arbeiten kann, bin ich begeistert. Fay Weldon war vor kurzem übers Wochenende zu Gast. Ziemlich früh am Sonntagmorgen verschwand sie nach nur einer Tasse Tee ohne ein Wort wieder im Gästezimmer. Bald darauf erschien ihr Freund, um frischen Tee aufzugießen. Er ging damit zurück in ihr Zimmer, wobei er noch schnell eine getoastete Muffin mitnahm.

»Pst!« sagte ich zu meinem Mann. »Fay schreibt bestimmt.«

»Pst!« sagte Fays Freund zu mir. »Sie schreibt.«

Ich pusselte in der Küche herum, mit einem köstlichen Gefühl der Erwartung. Es war fast so schön wie selbst zu schreiben! Es war, als schriebe das Haus. Jeder spürte den *frisson* der Kreativität. Ich bekam selbst Lust zu schreiben, obwohl mich Hausgäste normalerweise blockieren. Aber ich blieb in der Küche und spielte Gastgeberin (oder Muse) für eine andere Schöpferin.

Schließlich sammelten wir uns alle zu einem verspäteten Mittagessen.

»Ich habe eine Geschichte geschrieben!« sagte Fay, ohne damit irgend jemanden besonders zu überraschen. »Hier läßt es sich großartig schreiben!«

Wir hüteten uns, sie zu fragen: Und wovon handelt sie? Stattdessen setzten wir uns an den Tisch und hingen unseren unterschiedlichen Gedanken nach. Ich wußte, ich brauchte mir nicht den Kopf zu zerbrechen, ob mein Haus in Fays Geschichte vorkam. Falls es so war, würde es nicht mehr mein Haus sein, sondern ihres, errichtet durch ihre Vorstellungskraft. Dieses Haus gehört mir nur dem Namen nach und namens der Bücher, die ich hier geschrieben habe.

»Ich freue mich, Besitzer eines Hauses zu sein, das zu Gedichten inspiriert«, schrieb mir der Rechtsanwalt Michael Kennedy, als ich ihm und seiner Frau Eleanore zwei Gedichte schickte, die ich in ihrem Strandhaus am Atlantik geschrieben hatte. »Kilkare« (so heißt es) sieht wie ein Schoner aus dem 19. Jahrhundert aus, der auf die See hinausblickt. Der stürmische Meereswind kann es nicht von seinem Liegeplatz reißen, wenn der Strand auch mit jedem neuen Hurrikan weiter zurückweicht. Für mich stellen dieses Haus und dieser Strand eine Lehrstunde zum Thema Bleiben und Vergehen dar. Die Millionäre können dort zwar ihre Strandhäuser bauen, doch den Ozean beherrschen sie deshalb noch lange nicht.

Aber ein Haus existiert ja schließlich, um ein Gefäß unserer Träume zu sein. Der Komfort spielt stets die kleinere Rolle.

Schläfst du dort gut, kannst du nach dem Aufwachen schreiben. Bringt dir jemand, den du liebst, eine Tasse Tee, um so besser. Und das Rauschen des Meeres ist auch kein Fehler. Edna St. Vincent Millay drückte es so aus:

> *Sicher auf dem festen Fels stehn die häßlichen Häuser*
> *Komm her und schau: Gebaut auf Sand, wie leuchtet mein Palast!*

> *Dort auf harten Fels gebaut, die Häuser häßlich anzusehen*
> *Komm schau dir an, wie hier auf Sand meine Schlösser stehen.*

Kapitel 24

Heimkehr nach Connecticut

Ich mag Bäume, weil sie mehr als andere Dinge den Eindruck erwecken, sie hätten sich mit der Art und Weise, wie sie leben müssen, abgefunden.

Willa Cather

Zu Hause – das ist der Ort, wo du dich sicher fühlst, wo du trotz der beunruhigenden Nachrichten, die per Kabel oder Glasfaser eintreffen, die Tür angelehnt lassen und in deinem alten Frotteebademantel und einem Paar lehmverkrusteter Clogs nach draußen gehen kannst, um nachzusehen, ob die Krokusse schon aus dem Schnee gucken.

Als Kind, das keine Alternative kennt, weißt du dein Zuhause nicht wirklich zu würdigen. Als Jugendliche ist es für dich der Ort, von dem du so bald wie möglich abhauen möchtest, wobei du drohend deinen neuen Führerschein schwenkst und auf die Existenz eines festen Freundes hinweist.

Erst in der Mitte des Lebens (oder *midlife* – unserem modischen Ausdruck für das gefürchtete mittlere Alter) zwinkert uns das Zuhause wieder verführerisch zu und lädt uns zu Lustbarkeiten ein, die das Weggehen uns niemals bieten kann. Zu Hause ist dort, wo deine Bücher sind. Wo du die ausgestellten Hosen aus den Sechzigern aufbewahrst, für den Fall, daß sie wieder modern werden, wenn sie deiner Tochter passen. Zu Hause ist dort, wo du sämtliche Macken der Sanitärinstallation kennst, was dich sogar eher beruhigt als ärgert. Wo du um drei Uhr morgens aus dem Bett steigst,

dem Vollmond vom Badezimmerfenster aus zuwinkst und rundum zufrieden wieder einschläfst, weil du weißt, daß dir hierhin keine Dämonen folgen können. Zu Hause ist dort, wo alle Bäume ein Stück deiner Lebensgeschichte sind: die Trauerkirsche, die zur Geburt deiner Tochter gepflanzt wurde, die Fichte, die einmal ein Weihnachtsbaum war, die Birke, die der Blitz traf, die aber im darauffolgenden Frühjahr wieder ausschlug, die Eiche, die im Winter, als du geschieden wurdest, einzugehen schien, doch mit Geduld und guter Pflege nach drei Jahren wieder wuchs und gedieh.
Zu Hause ist dort, wo die Wanderdrossel Jahr für Jahr ihre Eier wieder in das Vogelnest auf den Vorsprung über der Haustür legt. Zu Hause ist »etwas, das du aus irgendeinem Grund nicht verdient zu haben brauchst«, wie Robert Frost in »The Death of the Hired Man« sagt. Amen!
Ich reise soviel in der Welt herum, daß ich plötzlich aus dem Schlaf schrecke und überlege, ob ich in Rom, Hongkong oder Auckland bin, doch in meinem Haus inmitten der Hemlocktannenwälder weiß ich immer – auch wenn ich noch so sehr unter Jetlag leide –, daß ich zu Hause bin.
Ich habe es vor zweiundzwanzig Jahren gekauft – mein erstes Haus, von meinem ersten richtigen Geld, das ich mit Schreiben verdient hatte. Als meine Tochter drei Tage alt war, trug ich sie auf meinen Armen über seine Schwelle. Es wurde auf einem Felsplateau über einem Fluß errichtet, aus alten Scheunenbalken aus Vermont, aus Feldsteinen und Glas. Es hat nie einen Innenarchitekten gesehen. Statt dessen enthält es das Sammelgut meines Lebens: die verschmierte Malpalette meines Großvaters, das alte Klavier meines Vaters, antike Quilts, die auf Ausflügen nach Vermont gekauft wurden, aus Faenza nach Hause geschickte Majolikateller, Weingläser aus Venedig, bei denen ich zugesehen habe, wie sie geblasen wurden, eine zusammengewürfelte Ansammlung von Familienporträts, gemalt von meiner malenden Familie.

Ich habe ein Schreibzimmer auf Stelzen – ein Baumhaus, das mit dem Haupthaus durch einen erhöhten, gedeckten Gang verbunden ist. Den Gang säumen Regale, auf denen sämtliche ausländischen Ausgaben meiner Bücher stehen. Auf meinem Schreibtisch, der mich in einer U-Form einschließt, türmen sich die Bücher für das laufende Projekt. (Nur zwischen zwei Romanen mache ich reinen Tisch.) Er steht auf einem Podest vor einer verglasten Wand, die Schreibfläche ist aus polierter Eiche, so breit wie ein alter Baum. Zu meiner Linken befindet sich eine Wand mit Gedichtbänden, Kabinettschränke enthalten alle meine Ordner und Kästen mit Fotografien und Manuskripten. Ich bin niemals glücklicher, als wenn ich an meinem Schreibtisch in Connecticut sitze. Hier ist der Ort, wo meine Verletzungen heilen und ich meinen Träumen nachhänge.

Im Herbst spielen die Eichhörnchen auf dem Dach meines Studios mit Eicheln Football. Im Frühling nisten Vögel im Gesims, die beim ersten rötlichen Schein der Dämmerung aufwachen. Auf dem Land macht mir sogar Schlaflosigkeit Freude, weil ich dann vor den Vögeln auf sein und auf das Einsetzen ihres Morgenlieds warten kann.

Vom Sonnendeck meines Baumhauses aus kann ich beobachten, wie sich die Weißwedelhirsche auf Zehenspitzen nähern, um meine Rosen abzufressen. Sie warten, bis die zarten Knospen da sind und zermalmen sie dann rücksichtslos, bis die Büsche leer sind. Ich schieße nicht auf sie. Jedes Jahr schwöre ich mir, einen Wildzaun anzulegen, aber ich tue es nie. Wenigstens überlassen die Hirsche mir den Berglorbeer und die Brombeerranken.

Dann kommt der Hochsommer, und die Brombeeren glänzen beiderseits meiner steilen Auffahrt und ringsum in meinen Wäldern. Ich tue es den Hirschen in den Rosensträuchern gleich, lasse ihr Rot auf meiner Zunge zerplatzen und suche weiter zwischen den Dornen nach rubinroten Juwelen.

Ich weiß, daß ich zu Hause bin, weil Poochini, der Bichon frisé, sich auf dem Treppenabsatz zwischen dem Erdgeschoß und dem ersten Stock zusammengerollt hat. Ich weiß, daß ich zu Hause bin, weil Basil, die Katze, den riesigen Feigenbaum im Wohnzimmer hinaufsaust und nach einem sicheren Hochsitz in seinem schwankenden Wipfel sucht. Ich weiß, daß ich zu Hause bin, weil sich auf meinem Schreibtisch die neuen Schreibblöcke und die Stapel mit markierten Büchern häufen. Ich weiß, daß ich zu Hause bin, weil mein Gemüt ruhig ist und mein Stift sich im steten Rhythmus meines Herzschlags über die Seiten bewegt.

Im letzten Sommer habe ich Buchsbaumhecken angepflanzt, um die Hirsche zu täuschen. (Sie hassen das Aroma von Buchsbaumholz ebenso sehr, wie ich es liebe.) Ich ersetzte die Rosen, die die Hirsche dezimiert hatten und betete um einen guten Ausgang. Ich pflanzte Friedensrosen, blaßgelb mit einem rosigen Hauch an den Rändern. Im letzten Frühling ließ ich das Dach neu decken. Stücke von Zederschindeln regneten monatelang hinunter und fügten ihren herben Geruch dem harzigen Duft der Hemlocktannen hinzu.

Seit fast zwanzig Jahren habe ich vor, einen Pool anzulegen. Doch in ökonomischer Hinsicht sieht es bei einer Schriftstellerin so aus, daß sie – kaum hat sie die Steuer für das letzte Buch gezahlt sowie die Rechnungen, die sich während des Schreibens angesammelt haben – kein Geld mehr hat. Ich lebe in einem ständigen Auf und Ab (allen freien Autoren wohlbekannt) zwischen üppigen Zeiten und leeren Kassen. Also freue ich mich, daß ich das Haus habe, auch wenn der Swimmingpool fehlt.

Der Pool ist keine Kleinigkeit, denn da das Haus auf einem Felsenriff gebaut ist, muß die entsprechende Höhlung dafür aus dem Kliff gesprengt werden. Und das wird jedes Jahr teurer.

»Das lasse ich nächstes Jahr machen«, sage ich mir, bevor

ich mich dem nächsten Schreibprojekt zuwende. Wenn ich doch einen Pool *schreiben* könnte! Ich stelle ihn mir wie ein im Freien gelegenes römisches Bad vor, umgeben von Säulen mit den Statuen der inspirierendsten Frauen der Welt. Sappho, Boadicea, Elisabeth I. von England, Mary Wollstonecraft, Colette, Emma Goldman und Golda Meir würden auf mich als schwimmende Seejungfrauen herabblicken. Im Sommer würde mein Pool ein *tepidarium,* im Winter ein *caldarium* sein. Selbstverständlich würde ich nackt schwimmen, während mit Handtüchern beladene junge Masseure mir aufwarteten.

Was stimmt an diesem Bild nicht? Der Pool paßt nicht zum Haus, denn das ist behaglich und warm, wenn nicht gar bescheiden. Es ist ein Kokon zum Schreiben, Träumen, Schlafen, für lange Gespräche mit meiner Tochter, für Gäste und fürs Kuscheln. Der Whirlpool auf dem Dach tut zugleich Dienst als Kessel für Hexengebräu. Er hat im Laufe von rund zwanzig Jahren mehrere Wandlungen durchgemacht, vom Weinfaß aus Redwoodholz bis zu isoliertem Fiberglas, in dem das Wasser den ganzen Winter lang heiß bleibt.

In dieser Wanne plane ich schon seit Ewigkeiten mein Leben und meine Bücher, empfange (und entlasse) Liebhaber und denke mir Abenteuer aus. Ich würde dieses zauberhafte Haus im Wald nie gegen The Mount, die Villa Adriana oder San Simeon eintauschen. Seine geräumige Schlichtheit ist das Richtige für mich. Das Haus hat mich bemuttert, wie ich Molly und meine Bücher bemuttert habe.

Ich habe den Verdacht, daß es noch ein anderes Haus in meinem Leben geben wird, aber wo das letzte sein wird, ahne ich nicht. In der Nähe des Meeres – aber ob es die Adria, die Ägäis, der Atlantik oder der Pazifik sein wird, weiß ich noch nicht. Theoretisch sieht es total modern aus, ein Bauhaus-Kasten aus Glas, mit Futons statt der Betten, Tatami-Matten statt Teppichen und einem geharkten Zen-Garten, der die Ewigkeit darstellen soll.

In Wirklichkeit bewundere ich solche Häuser zwar, aber ich könnte nie darin leben. Was würde ich mit dem ganzen Klimbim von Manuskripten, Bildern und Sammlungen anfangen? Was würde aus meinen Bücherwänden werden? Und was würde ich mit den Verwandten und Freunden machen, die hier hereinschneien, um auf der Veranda zu malen oder auf meines Vaters altem Klavier im Gästezimmer Concerti zu komponieren?
Worte können viele Häuser bauen. Ich bin dankbar, daß dieses mir gehört.